EIS = MEER
GRÖNLAND
Baffins Bay
Hudsons Bay
Labrador
N. Fundland
BRITISCH NORD AMERICA
VEREINIGTE STAATEN
Canada
Cumberland
Cockburn
Busen v. Mexico
WEST INDIEN
Antillen
Cuba
SÜD AMERICA
BRASILIEN
Bolivia
Patagonien
Falklands
Feuerland
C. Horn
Süd Georgien
Schetland Ins.
Trinitat Land
ATLANTISCHES MEER
GROSSE OCEAN
DIE SÜD SEE
Aequator
Wendekreis des Krebses
Wendekreis des Steinbocks
Kreis
Azoren
Sandwich I.
Owaihi
Gallopagos I.
Peter I.
Alexander I.
Cooks Wendepunkt.
Weddells Wendepunkt 1823 d. 23 Feb.
Seeland
Antipoden I.

IMPERIUM II

Herausgegeben
von Hans-Christian Huf

IMPERIUM II

Vom Aufstieg und Fall großer Reiche

Herausgegeben
von Hans-Christian Huf

List

List ist ein Verlag der
Ullstein Buchverlage GmbH

ISBN-13: 978-3-471-79537-8
ISBN-10: 3-471-79537-5

Printed in Germany

Lektorat und Redaktion:
Hubert Leber
Buchgestaltung und Layout:
Büro Jorge Schmidt, München
Repro: Franzis print & media GmbH, München
Druck und Bindearbeiten:
Westermann Druck, Zwickau

Inhalt

VOM ENDE
DER IMPERIEN

Das Zeitalter des Mittelmeers änderte sich mit der Entdeckung Amerikas.
Das Zeitalter des Atlantik ist auf der Höhe seiner Entwicklung und wird bald die Hilfsquelle erschöpfen, die zu seiner Verfügung steht.
Das Zeitalter des Pazifik, das dazu bestimmt ist, das größte von allen zu werden, steigt in der Morgendämmerung empor. THEODORE ROOSEVELT

Erinnern heißt ganz allein in einem ausgetrockneten Flussbett zurückgehen zu müssen«, schrieb der Dichter Ossip Mandelstam im Jahr 1925 in seinem Werk »Das Rauschen der Zeit« im postrevolutionären Russland. Erinnerung, das soll damit gesagt werden, ist immer eine Konstruktion aus den Spuren der vergangenen Zeit. Sie ist stets subjektiv und damit ein einsames Unterfangen. Wie alles, was Menschen herstellen, ist Erinnerung gerade deshalb fehlbar.

Auch die historische Erinnerung an »große Geschehnisse«, an »Helden« und »Imperien« sollte immer unter dem Vorbehalt des Irrtums stehen. Das Römische Reich der Antike, viel gerühmt und noch immer Vorbild für ein machtvolles Staatswesen, nimmt eine ganz andere Gestalt an, wenn man es aus ungewohnter Perspektive betrachtet. Aus der Sicht von Angehörigen eines »Grenzvolks« vielleicht, oder eines besiegten Soldaten, der bei einer Siegesparade in Ketten durch Rom geführt wurde, oder eines Sklaven in den

◂◂ Hafen in Konstantinopel.

◂ Die Hochzeit von Zar Nikolaus II. in Moskau 1896.

Steinbrüchen, die das Rohmaterial für die Prunkbauten der Stadt lieferten. Auch die Gladiatoren, die im Circus Maximus um ihr Leben kämpften und es selten behalten durften, werden die imperiale Größe Roms ganz anders wahrgenommen haben als spätere Historiker. Zudem ist die Geschichte des Siegers eine andere als die des Verlierers, insbesondere dann, wenn zwei völlig verschiedene Kulturkreise aufeinander prallen, wie dies am Ende des osmanischen und auch des chinesischen Weltreichs geschah.

Jean Paul, einer der scharfsinnigsten deutschen Schriftsteller, hat einmal geschrieben: »Nicht bloß auf dem Schlachtfeld, auch auf dem geweihten Boden der Tugend, auf dem klassischen Boden der Wahrheit türmet sich erst aus 1000 fallenden und kämpfenden unbenannten Helden das Fußgestell, auf dem die Geschichte einen benannten bluten, siegen und glänzen sieht.« Gemeint war damit Napoleon; seine am Ende uferlosen Eroberungszüge machten ihn zum Herrscher über Europa, zum strahlenden Helden der Intellektuellen – und kosteten Millionen Menschen das Leben. Nicht nur die Soldaten, die seinen Befehlen folgten und in den eiskalten Weiten Russlands und anderswo zugrunde gingen, auch unzählige Zivilisten, darunter viele Frauen und Kinder, starben an den Folgen seines Willens zur imperialen Größe. Das so genannte »bellum iustum«, den gerechten Krieg als Antwort auf erlittenes Unheil, zur Verteidigung des eigenen Landes oder der Bundesgenossen, diesen gerechten Krieg gibt es nicht, wenn es um die Errichtung von Weltreichen geht.

Und doch hat der Begriff Imperium in diesen Zeiten wieder Konjunktur. Oft, zu oft ist die Rede vom »amerikanischen Imperium«, von einem vermeintlich »weltgeschichtlichen Zwang« zur Neugründung hegemonialer Weltreiche. So vergleicht der deutsche Politikwissenschaftler Herfried Münkler in einem jüngst erschienenen Buch verschiedene Großreiche von der Antike bis zur Gegenwart und kommt zu dem Schluss: Man müsse die Existenz von Imperien, in unserem Fall des amerikanischen Imperiums, anerkennen und sich in die von ihnen geschaffene Ordnung – durchaus unter Verfolgung eigener Ziele – einfügen. Im Übrigen brauche ein Imperium eine Mission, das habe die Geschichte bewiesen.

Kann man so die Vergangenheit mit der Gegenwart gleichsetzen? Nach Leopold Ranke, dem großen deutschen Historiker, darf es hier keine allgemein gültigen Regeln geben, denn jede Epoche sei »unmittelbar zu Gott«. Jedes historische Phänomen sollte daher aus den besonderen Umständen seiner Zeit heraus erklärt werden. Auch wenn sich gelegentlich Vergleiche aufdrängen, bleibt jede historische Situation einzigartig in Bezug auf Raum, Zeit und Akteure. Jeder einzelne dieser Faktoren macht das Ereignis unverwechselbar und unwiederholbar.

Andererseits hat der Verlauf der Weltgeschichte eindrücklich vor Augen geführt, dass es durchaus möglich ist, aus der Historie zu lernen. Zugleich zeigt sich aber, dass es den Menschen offensichtlich sehr schwer fällt, diese Lektionen dann auch erfolgreich umzusetzen. So wird es wohl in Zukunft eher den Historikern überlassen bleiben, parallele Entwicklungen in verschiedenen Phasen der Geschichte zu resümieren.

Die Geschichte vom Ende der großen Imperien zu Beginn des 20. Jahrhunderts ist auch eine Geschichte gewaltiger Katastrophen, die nicht nur das jeweils betroffene Staatsvolk in Mitleidenschaft gezogen haben. Die in dieser Geschichte zu erkennenden »Gesetzmäßigkeiten« legen nahe, den Sinn und die Opportunität von imperialen Neugründungen am Anfang des 21. Jahrhunderts zu bezweifeln, gerade wenn damit die Errichtung einer neuen Weltordnung beabsichtigt ist.

Das zweite Kaiserreich auf deutschem Boden wird im Jahr 1871 nach dem Sieg über Frankreich aus der Taufe gehoben und geht im Ersten Weltkrieg wieder unter, nur 47 Jahre nach seiner Gründung. Das Osmanische Reich, das auf eine ruhmreiche Vergangenheit blickt, hat zu diesem Zeitpunkt bereits eine lange Periode des Niedergangs erlebt. Auch das russische Zarenreich wird den Weltkrieg, den man damals noch den »Großen Krieg« nennt, letztendlich nicht überleben. Der letzte Herrscher auf dem Zarenthron, Nikolaus II., und seine Familie sterben im Kugelhagel kommunistischer Revolutionäre.

Ein allmähliches Ende findet dagegen das chinesische Kaiserreich, nach 2132 Jahren seines Bestehens. Immer stärker gerät es in den Griff fremder Eroberer, bis der letzte Kaiser schließlich nur noch eine Marionette in einem grausamen und grotesken Spiel japanischer Militärs ist. Die prächtigen Paläste und Festungsbauten waren für Jahrtausende Garanten des Machterhalts, boten Weltabgeschiedenheit und Schutz, wie sie in Peking auch noch die kaiserliche Konkubine Yehe Nara in der »Verbotenen Stadt« genoss. Aber dann können aller Reichtum und Besitz die Herrscher nicht mehr vor ihrem bitteren Schicksal bewahren.

Es scheint, als hätten die großen Imperien zu Beginn des 20. Jahrhunderts eine Schwelle erreicht, die sie nicht überwinden konnten. Die Voraussetzungen, von denen ihr Machterhalt abhing, das Festhalten an Traditionen und die damit verbundene Unterwerfung eines ganzen Reiches unter einen dynastischen Herrscher, hatten sich dramatisch verändert. Die Zeit der Untertanen, die Beschützer brauchten, so der Historiker Alexander Demandt, war abgelaufen. Die Welt war zusammengewachsen. Viele Menschen in Europa konnten die Lebensverhältnisse in ihrem Staat mit denen anderer Staaten vergleichen, sie konnten reisen, sich bilden, ihre Interessen vertreten. Den Bewohnern des russischen, osmanischen oder chinesischen Reiches, denen die eigene Mobilität verwehrt blieb, eröffneten sich durch eine größere Durchlässigkeit der Grenzen, durch Besuche von Forschungsreisenden oder durch die Anwesenheit ausländischer Soldaten neue Horizonte und Kulturen.

Allerdings stießen nun auch die Interessensphären bisher unangefochten nebeneinander existierender Weltreiche aufeinander, wodurch ihrer weiteren Expansion plötzlich enge Grenzen gesetzt und kriegerische Konflikte provoziert wurden. So spielte beim Untergang der neuzeitlichen Imperien am Ende ein ganz klassisches Ereignis die entscheidende Rolle: eine vernichtende militärische Niederlage. Allerdings sollte sich die Vorstellung, einen endgültigen Sieg, wie in der Antike möglich und üblich, durch einen Triumph auf dem Schlachtfeld erringen zu können, in den Stahlgewittern des Ersten Weltkriegs als verheerend erweisen. Mit der Industrialisierung im Westen und Teilen des Ostens konnte sich ein Krieg über Jahre hinziehen und dabei Millionen von Menschenleben fordern, bevor er einer Seite den Sieg brachte.

Den Verlierern brachte er Revolution und Niedergang: Das Zarenreich zerbarst, ebenso das Osmanische und das Deutsche Reich. Der Versuch, in Deutschland, sozusagen als Antwort auf die Niederlage, ein »Drittes Reich« zu errichten, hat in eine unvorstellbare Katastrophe geführt. Der planmäßige Mord an Millionen unschuldiger Menschen und das durch den Zweiten Weltkrieg verursachte Massensterben kannten bis dahin kein Vorbild. Das gilt es zu bedenken, wenn in unseren Tagen über positive und negative Seiten der Errichtung moderner Imperien zum Zwecke einer neuen Weltordnung gestritten wird.

Die letzten Großreiche mussten zu Beginn des 20. Jahrhunderts untergehen, das ist unsere These, weil sie nicht mehr in die Zeit passten, weil sie sich den stetigen Veränderungen der Zeitläufte verweigerten. Wie wichtig die Bereitschaft zu politischer Veränderung ist, haben gerade wir Deutschen in unserer jüngsten Geschichte erfahren. »Wer zu spät kommt, den bestraft das Leben« – mit diesen Worten soll Michail Gorbatschow im Oktober 1989 den DDR-Staatschef Erich Honecker wegen dessen Reformunwilligkeit gerügt haben. Tausende DDR-Bürger waren längst von Ungarn aus über die grüne Grenze in den Westen geflüchtet oder versammelten sich zu den Leipziger Montagsdemonstrationen. Trotzdem sah Honecker keinen Bedarf für Veränderungen. Das Leben, um bei dem griffigen Zitat zu bleiben, bestrafte ihn umgehend.

Tatsächlich handelt es sich bei dem berühmten Ausspruch, wie er ins allgemeine Gedächtnis eingegangen ist, bereits um eine »bearbeitete« Fassung, so jedenfalls erinnert sich Gorbatschow in seinen Memoiren. Die ursprüngliche Formulierung traf das eigentliche Problem noch sehr viel genauer: »Ich glaube, Gefahren warten nur auf jene, die nicht auf das Leben reagieren.«

Dem Untergang eines Reiches ist oft, das zeigen unsere Fallgeschichten, ein Kampf zwischen Traditionalisten und Reformern vorausgegangen. Es ist dieser epochale Konflikt, der letztendlich über Weiterbestehen oder Fall eines Reiches entschieden hat. Er untergrub die Kraft der Imperien und machte sie über kurz oder lang zu ohnmächtigen Riesen, die den Herausforderungen des 20. Jahrhunderts nicht mehr gewachsen waren.

»Die Unbeweglichkeit des Tankers«, wie der SPD-Vordenker Peter Glotz es genannt hat, ist ihnen zum Verhängnis geworden. Sie konnten sich den veränderten Gegebenheiten einer Welt im Umbruch, die nach neuen Strategien im Umgang mit Freund und Feind verlangte, nicht schnell genug anpassen – wie ein Supertanker auf hoher See, bei dem die Steuerbefehle des Kapitäns erst viele Meilen nach Ausführung der Ruderbewegung wirksam werden. Der rasante Zeitenwechsel machte es unmöglich, dass die Imperien nach althergebrachten Traditionen weiter existierten, und der Globus war längst zu klein geworden, um noch isoliert in einer Ecke zu verharren. Nur wer zum Wandel bereit war, konnte überleben.

Die zweite Hälfte des 19. Jahrhunderts ist das Zeitalter der Industrialisierung. In dieser modernen Welt ist immer weniger Platz für Autokraten und adlige Eliten. Das Herrscherrecht kraft Abstammung wird schließlich vom Prinzip der Wirksamkeit verdrängt. Fähige »Newcomer« ersetzen nun die alten Potentaten. Doch es handelt sich nicht einfach um einen Austausch von Herrschern, sondern um eine umfassende Veränderung der Machtstrukturen. Jahrhundertealte Gefüge geraten ins Wanken, als immer mehr Menschen in Fabriken Lohnarbeit leisten und dadurch eine gewisse finanzielle Unabhängigkeit erlangen. Was in Deutschland von der Aufklärung begonnen und in Frankreich von der politischen Revolution vollendet wurde, führte die industrielle Revolution in England schließlich auf eine neue Stufe: die Emanzipation des Volkes. Jeder ist von nun an in der Lage, sein Leben selbst zu bestimmen – sofern er es sich leisten kann.

Während europäische Mächte wie Frankreich und Deutschland in militärische Konflikte verwickelt sind, forciert England einerseits den Ausbau seines Handelsimperiums unter dem Schutz der königlichen Flotte und andererseits die Modernisierung seiner Betriebe. Diese beiden Faktoren machen das Land zur führenden Hegemonialmacht des 19. Jahrhunderts. Auf dem Höhepunkt seiner Macht, zu Beginn des 20. Jahrhunderts, umfasst das britische Imperium knapp 40 Prozent der von Land bedeckten Erdoberfläche mit einer Bevölkerung von rund 500 Millionen Menschen, etwa einem Viertel der damaligen Weltbevölkerung. Die »Pax Britannica«

erstreckt sich um den gesamten Globus. Wer sich den Interessen des Empire widersetzt, muss mit ernsthaften Konsequenzen rechnen. Die Ersten, die diese Lektion lernen, sind der Sultan des Osmanischen Reiches und der Kaiser von China.

Doch auch das britische Weltreich, das erste ausschließlich wirtschaftlich orientierte Imperium, war nicht von Bestand. Die Ursachen für seinen Untergang lagen in ihm selbst, denn die durch die Kolonialherrschaft geförderte politische und technische Entwicklung der einzelnen Länder sowie die verbesserten Bildungschancen der einheimischen Eliten führten über kurz oder lang zu Unabhängigkeitsbestrebungen. Der Schritt zur Selbstbestimmung des jeweiligen Volkes war dann die logische Folge. Aber das gehört bereits in eine andere Geschichte.

HANS-CHRISTIAN HUF

DIE LETZTEN TAGE VON PEKING

大清國慈禧皇太后

Wehrhaft, gefürchtet und unvorstellbar mächtig war die älteste Hochkultur der Erde, das Reich der Mitte. Seit ewigen Zeiten herrschten in China die Kaiser in sagenhaftem Reichtum, verborgen hinter riesigen, scheinbar unüberwindlichen Mauern, hermetisch abgeschirmt vom Rest der Welt.

Der Riese im Osten schien unverwundbar, er beherrschte »alles unter dem Himmel«, den gesamten Erdkreis. Dabei gründete sich die Macht der »Söhne des Himmels« weniger auf Armeen und Furcht erregende Waffen als vielmehr auf eine außergewöhnlich effiziente Verwaltung und die Strahlkraft einer einzigartigen Zivilisation.

Schon in frühester Zeit hatte sich in China eine Kultur entwickelt, in der die großen Erfindungen der Menschheit Jahrhunderte früher stattfanden als im Abendland. Papier zum Beispiel wurde schon um 100 n. Chr. zur Zeit der Han-Dynastie hergestellt, wie aus einem Bericht des Eunuchen Cai Lun hervorgeht. Bereits lange vor Gutenberg druckten die Chinesen Bücher – das älteste gedruckte Buch der Welt stammt aus dem Jahr 868. Eine andere chinesische Erfindung von weltweiter Bedeutung war das Porzellan, das im Reich der Mitte mindestens tausend Jahre früher als in Europa hergestellt wurde. Das Schwarzpulver war ebenfalls eine Entdeckung der Chinesen, und die erste genaue Beschreibung der Magnetnadel stammt aus der Zeit um 1060. Ihr Gebrauch zur Bestimmung der

◂◂ *Die große Mauer bei Jingshan Ling.*

◂ *Porträt der Kaiserin Cixi, gemalt von Hubert Vos.*

Himmelsrichtung geht sogar auf die Mitte des 10. Jahrhunderts zurück. Spätestens Ende des 11. Jahrhunderts verwendeten die Chinesen den Schiffskompass, und sie begannen schon einige Zeit vor Kolumbus, mit riesigen Schiffen über die Ozeane zu segeln und die Welt zu entdecken.

In seinem Buch »Aufstieg und Fall der großen Mächte« bescheinigt der englische Historiker Paul Kennedy den Chinesen eine »technologische Frühreife« und kommt zu dem Schluss: »Von allen Zivilisationen der vormodernen Zeit erschien keine so fortgeschritten, empfand sich keine als so überlegen wie die Chinas. Seine beträchtliche Bevölkerungszahl, 100–130 Millionen verglichen mit Europas 50–55 Millionen im 15. Jahrhundert; seine bemerkenswerte Kultur; seine außerordentlich fruchtbaren und bewässerten Ebenen, verbunden durch ein ... hervorragendes Kanalsystem; und seine vereinheitlichte, hierarchische und von wohlausgebildeten konfuzianischen Bürokraten geleitete Verwaltung hatten der chinesischen Gesellschaft einen Zusammenhalt und eine Kultiviertheit gegeben, die den Neid der ausländischen Besucher erregten.«

Diese Kultur hatte eine starke Ausstrahlung auf die Nachbarn, auf Japan, Korea und Vietnam. Sie erkannten Chinas Oberhoheit an und schickten jährlich Tributgesandtschaften an den chinesischen Kaiserhof. Die kostbaren Geschenke, Seide, Porzellan und Kunstgegenstände, die sie von dort in ihre Heimat mitbrachten, waren meist sehr viel wertvoller als ihre Tribute. Deshalb kamen sie gern und regelmäßig, um vor dem Sohn des Himmels ihren Kotau zu machen. Wer sich dem chinesischen Kulturkreis nicht anschloss, gehörte für das Reich der Mitte zu den Barbaren. Vor ihnen versuchten sich die Chinesen durch die 5000 Kilometer lange »Große Mauer« zu schützen. Auch um ihre Städte und Häuser errichteten sie hohe Mauern. Die stärkste Mauer aber umgab die »Verbotene Stadt«, in der die Söhne des Himmels mit Tausenden von Konkubinen und Eunuchen lebten. So gut wie nichts drang von hier nach draußen.

Als in der zweiten Hälfte des 19. Jahrhunderts das Reich der Mitte von Aufständen im Innern erschüttert wird, nutzen westliche Großmächte die Chance, den Drachen am östlichen Ende der Welt

Vergoldete Bronzefigur aus einem Grab aus der Han-Zeit in Mancheng.

zu wecken. Sie glauben leichtes Spiel zu haben, da China damals von Kindkaisern und deren Regentinnen verwaltet wird. Ein halbes Jahrhundert lang lenkt eine mächtige Kaiserwitwe mit ihrer »Regierung hinter dem Vorhang« Chinas Geschicke. Als wunderschöne Konkubine aus dem tapferen Stamm der Yehe Nara kommt sie 1852 an den Hof, gebiert dem Kaiser den einzigen männlichen Thronfolger, avanciert so zur Kaisermutter und nach dem Tod des Herrschers zur Regentin des Riesenreichs.

Sie erlebt und überlebt vier schwache Kaiser und entwickelt sich zur überragenden historischen Persönlichkeit ihrer Zeit. Einmal sagt sie über sich selbst: »Wissen Sie, ich habe oft gedacht, ich sei die gescheiteste Frau, die jemals gelebt hat, und dass andere sich nicht mit mir vergleichen könnten. Obwohl ich viel von Königin Victoria gehört, auch etwas über ihr Leben gelesen habe ..., halte ich doch ihr Leben für nur halb so interessant und ereignisreich wie mein eigenes. ... Ich habe 400 Millionen Menschen, die alle von meiner Entscheidung abhängig sind.«

Über keine Frau der jüngeren chinesischen Geschichte wurde mehr geschrieben als über diese Yehe Nara, die später als Regentin den Namen Cixi erhielt – »die Mütterliche, Glückbringende«. Und fast alles basierte auf der ersten Biographie »China unter der Kaiserin Witwe« von J.O.P. Bland und Edmund Backhouse. Sie erschien zwei Jahre nach Cixis Tod 1908 und bot eine raffinierte Mischung aus Fakten und erfundenen Sensationsgeschichten.

Kann eine Konkubine wirklich schuld sein am Ende des chinesischen Kaiserreichs, wie die Zeitungen und die Cixi-Biographien es damals ihren Lesern suggerieren wollten? Oder haben vielleicht die westlichen Regierungen durch gezielte Pressekampagnen versucht, sie zum Sündenbock für das eigene rücksichtslose Vorgehen gegen China zu machen?

Die Antworten auf viele offene Fragen ruhten lange Zeit in mehr als 150 vergoldeten Truhen des kaiserlichen Archivs in Peking. Die Regierung der kommunistischen Volksrepublik hatte früher wenig Interesse, sich mit der Geschichte vom Ende des kaiserlichen China zu beschäftigen. Das gesamte Aktenmaterial, alle Aufzeichnungen, Verlautbarungen und Dekrete des mandschurischen Kaiserhofs, waren in einem alten Gebäudekomplex neben der Verbotenen Stadt hinter tonnenschweren Steintüren verschlossen. Erst vor einigen Jahren wurden die Dokumente sorgfältig archiviert und Historikern zugänglich gemacht.

Am Hof der Himmelssöhne

Yehe Nara wird in Peking geboren, am 29. November 1835 im Stadtteil Xisi, in der Picai-Gasse. Anscheinend bemüht sie sich schon früh, ihr Zuhause zu verlassen. Mit vierzehn Jahren bewirbt sich Yehe Nara, die aus einer verarmten Adelsfamilie stammt, als kaiserliche Konkubine in der Verbotenen Stadt.

Im Juni 1852 findet die endgültige Auswahl statt. Yehe Nara ist inzwischen sechzehn Jahre alt, ein auffallend hübsches Mädchen mit glänzenden Augen und von ernstem Wesen. Nur sechzig Kandidatinnen aus adligen Mandschu-Familien sind nach langwierigen Prüfungen übrig geblieben, weil sie die hohen Anforderungen bei der Untersuchung ihrer Gesundheit, ihrer Abstammung und ihrer Bildung erfüllt haben und weil ihr Horoskop mit dem des Kaisers harmonieren könnte. Die Entscheidung, wer von ihnen tatsächlich in die »Besatzung« des Kaiserpalastes aufgenommen wird, fällt die Witwe des letzten verstorbenen Kaisers. Sie hat die höchste Befehlsgewalt in allen inneren Angelegenheiten des Hofstaates.

Yehe Nara ist überglücklich, als sie nach endlosen Vorbereitungen und Prüfungen als Konkubine 4. Grades, als so genannte »Gui Ren« (ehrenwerte Person), am Hof aufgenommen wird. Als sie dann aber, getrennt von Familie und Freunden, in der Verbotenen Stadt lebt, einer Art Seniorenheim mit Hunderten von alten Konkubinen und Kaiserwitwen, erkennt sie ihre undankbare Position. Jede Kammerfrau hat es besser getroffen als sie. Die kann eines Tages heiraten, mit einer guten Abfindung den Kaiserhof verlassen und Kinder bekommen. Yehe Nara begreift: Wenn sie in dieser Welt von weiblichen Intrigen und Machtkämpfen Erfolg haben will, muss sie ihr Schicksal als Herausforderung annehmen und sich auf eine verantwortungsvolle Rolle am Hof vorbereiten. Eifrig lernt sie die chinesische wie die mandschurische Schrift und lässt sich von den berühmten Lehrern der kaiserlichen Akademie in den klassischen Texten, in der Malerei und in der Dichtkunst ausbilden. Nebenbei pflegt sie gute Beziehungen zur alten Kaiserwitwe und zur neuen Kaiserin.

Junge kaiserliche Konkubine.

Kaiser Xianfeng, der siebte Mandschu-Herrscher Chinas, war neunzehn Jahre alt, als sein Vater 1850 starb. Schon bei seiner Thronbesteigung sah er sich mit fast unlösbaren Problemen konfrontiert. Die mandschurischen Kaiser der Qing-Dynastie und ihre Landsleute mussten als kleine Minderheit von 5 Millionen einen Vielvölkerstaat mit fast 400 Millionen Einwohnern regieren, von denen die meisten Chinesen waren – das war der Grundkonflikt dieser Dynastie.

Die nomadischen Mandschuren stammten aus einem Gebiet nordöstlich von China. Sie hatten bei ihrer Machtübernahme im Jahr 1644 China nicht erobert. Vielmehr waren sie dem letzten Ming-Kaiser mit einem vergleichsweise kleinen Heer zu Hilfe gekommen, um einen Bauernaufstand niederzuschlagen. Nach ihrem erfolgreichen Kampf gegen die Rebellen konnten sie viele chinesische Generäle überreden, sich ihnen anzuschließen. Da sich der letzte Ming-Kaiser in Peking erhängt hatte, riefen sie eine neue, mandschurische Dynastie aus – die Qing, »die Reinen«. Nordchina fiel ihnen fast kampflos zu, nur im Süden regte sich noch bis in die achtziger Jahre des 17. Jahrhunderts erbitterter Widerstand.

Da die Mandschus zu keiner Zeit ihrer 268-jährigen Herrschaft in der Lage waren, das gesamte Reich militärisch zu beherrschen, mussten sie einen anderen Weg wählen, um das fremde Volk zu regieren. Einerseits zwangen sie die Chinesen, sich in Kleidung und Haartracht ihnen anzupassen, andererseits übernahmen sie von den Chinesen die gut organisierte staatliche Verwaltung und die gesamte konfuzianische Kultur. Alle Ministerien blieben erhalten, wurden aber unter ihrer Regierung von einem Chinesen und einem Mandschu gemeinsam geleitet. Nach zwei Generationen waren die mandschurischen Herrscher die besten Konfuzianer im Lande der Chinesen, obwohl sie sehr darauf achteten, dass sich ihr Volk nicht mit den Einheimischen vermischte. Ehen zwischen den Völkern waren verpönt. Zur deutlichen Abgrenzung wurden in Peking eine Chinesen- und eine mandschurische Tatarenstadt eingerichtet.

Außerdem schlossen die Qing-Herrscher ihr Reich nach außen hermetisch ab, da sie fürchteten, die Chinesen könnten sich mit ausländischen Mächten gegen sie verbünden. Es gab nur einen einzigen Hafen, über den der Außenhandel abgewickelt wurde, nämlich Kanton. Ansonsten wurde das Land nach dem uralten System regiert, das Qin Shi Huangdi, der »Erste erhabene Kaiser« von China, und die frühen Kaiser der Han-Dynastie geschaffen hatten.

Der erste Kaiser

In der chinesischen Geschichte hat es unzählige Aufstände, Revolten und Umstürze gegeben. Aber nur zwei von ihnen haben die politischen und sozialen Verhältnisse des Landes grundlegend verändert. Durch die große kaiserliche Revolution von 221 v. Chr. wurde das Feudalsystem des vorgeschichtlichen China völlig zerschlagen und durch ein absolutes, zentralisiertes Kaisertum von erstaunlicher Effektivität ersetzt. Erst mehr als 2000 Jahre später kam es wieder zu einem ähnlich radikalen Systemwechsel. In der bürgerlichen Revolution von 1912 wurde die alte Kaiserherrschaft vom chinesischen Volk gestürzt. Zunächst entstand eine Republik, nach langen Wirren und Kämpfen schließlich die kommunistische Volksrepublik. Die Tatsache, dass Mao Zedong, der Große Vorsitzende und Steuermann der Volksrepublik, viel Sympathie für den ersten Kaiser hegte und beide Herrscher eine Kampagne gegen die Konfuzianer führten, zeigt eine gewisse Ähnlichkeit der beiden Umbruche.

Von 475 bis 221 v. Chr., während der »Zeit der streitenden Reiche«, kämpften zahlreiche Kleinstaaten erbittert um die Vorherrschaft im Lande. Schließlich waren nur noch sieben größere Fürstentümer übrig – jedes erhoffte sich eine Einigung Chinas unter seiner Oberherrschaft. Von allen Staaten war das Fürstentum Qin am stärksten. Es lag im äußersten Westen Chinas, dahinter kam nur noch Wüste. Qin war unter den Fürstenstaaten des alten China, was Sparta für Griechenland oder Preußen für Deutschland war. Man rümpfte die Nase über diesen unkultivierten Staat, aber man respektierte und fürchtete ihn.

Vom Humanismus des Konfuzius (um 551–479 v. Chr.) wollte man im Fürstentum Qin nichts wissen. Man hielt seine Lehre für eine weltfremde Ideologie. Der Staat Qin stützte sich auf die Macht- und Staatsphilosophie Shang Yangs, der einst Kanzler in dem Land gewesen war und es stark gemacht hatte. Sein Regierungsprinzip beruhte auf Effizienz ohne Rücksichtnahme auf Tugend oder Ehrenhaftigkeit.

Nach den Jahrhunderten des Bürgerkriegs, in denen die Menschen in ständiger Angst vor Plünderung, Vergewaltigung und Mord gelebt

Ältestes Porträt des Ersten Kaisers aus der Enzyklopädie »Sancai Tuhui«.

hatten, begannen chinesische Philosophen darüber nachzudenken, wie sich die ruinierte Gesellschaft wieder in Ordnung bringen ließ. Hundert verschiedene philosophische Schulen suchten nach dem richtigen Weg zu Harmonie und Frieden. Drei dieser »Hundert Schulen« sollten die geistige Entwicklung Chinas später entscheidend prägen – die Legalisten, die Daoisten und die Konfuzianer. Das Fürstentum Qin, das China schließlich vereinigte, hatte sich schon früh für den Legalismus entschieden.

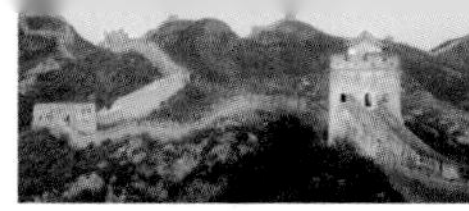

Die Legalisten gingen davon aus, dass der Mensch von Grund auf schlecht sei und durch einen starken Staat gezügelt werden müsse. Die Ideen dieser Schule sind in den »Schriften des Meisters Han Fei« überliefert. Ihm zufolge ließen sich Frieden und Ordnung nur durch ein radikal neues Herrschaftssystem wiederherstellen. Dieses System berief sich nicht auf ein göttliches Moralgesetz, sondern zwang die Untertanen, sich einem vom Herrscher gesetzten Recht zu beugen. In strengen Strafgesetzen und großzügigen Belohnungen sah man die effektivsten Mittel der Herrschaft.

Als der junge König Ying Zheng 246 v. Chr. mit dreizehn Jahren die Regierung im Fürstentum Qin übernahm, waren die innen- und außenpolitischen Grundlagen für eine Vereinigung Chinas schon vorhanden. Mit fähigen Lehrern an seiner Seite konnte er diesen Prozess schnell vollenden. In weniger als einem Jahrzehnt besiegte Ying Zheng alle rivalisierenden Fürstentümer. Für die Übernahme der Herrschaft im gesamten chinesischen Kulturraum musste er einen neuen Amtstitel erfinden. Er nannte sich Qin Shi Huangdi, »Erster erhabener Kaiser von Qin«. Von diesem »Qin« leitet sich unsere Bezeichnung »China« her.

Nach der Einigung schuf er in unglaublich kurzer Zeit, zwischen 221 und 210 v. Chr., einen straff durchorganisierten Staatsapparat, der in 36 Kommandanturen aufgeteilt war. An deren Spitze standen jeweils ein ziviler Gouverneur und ein militärischer Befehlshaber, die beide von einem kaiserlichen Inspektor überwacht wurden. Außerdem verordnete Qin Shi Huangdi seinem neuen Riesenreich einheitliche Maße und Gewichte, führte eine gemeinsame Währung ein und zwang dem Vielvölkerstaat eine Einheitsschrift auf. Diese Schrift, auf der auch das heutige Chinesisch basiert, wurde eine der wichtigsten Grundlagen für den Zusammenhalt des Reiches – die einzelnen Völker konnten zwar nach wie vor ihre eigene Sprache sprechen, mussten diese aber nach demselben Zeichensystem schreiben.

Im neuen Reich galt auch nur eine Weltanschauung: die legalistische. Die spätere, konfuzianische Geschichtsschreibung überliefert, dass alle anderen Philosophenschulen verboten, ihre Bücher verbrannt und 460 konfuzianische Gelehrte lebendig begraben wurden.

Das Volk wurde zur Fronarbeit bei gigantischen staatlichen Bauprojekten gezwungen. In seiner kurzen Regierungszeit als Kaiser legte Qin Shi Huangdi die Grundlage für den »Kaiserkanal«, der später die fruchtbare Yangzi-Region mit der Hauptstadt verband. Er ordnete an, dass Zwangsarbeiter ein Straßensystem mit genauer Spurbreite im gesamten Reich anlegten, das eine größere Ausdehnung hatte als das römische Imperium. Aus schon vorhandenen Verteidigungsanlagen der eroberten Fürstentümer, die miteinander verbunden und durch riesige Neubauten im Nordwesten des Reiches ergänzt wurden, entstand die erste »Große Mauer«.

Dieses gigantische Bauwerk, das in der Geschichte der Menschheit seinesgleichen sucht, wurde von Millionen Zwangsarbeitern errichtet, die zum großen Teil ihr Leben dafür gaben. Vor allem Soldaten, Sträflinge und Bauern führten die Arbeit in den gefährlichen Grenzregionen aus. Kein anderes Bauwerk hat den Charakter eines Volkes so sehr geprägt wie die »Große Mauer«. Sie ermöglichte es, dass die Chinesen sich in ihrer langen Geschichte immer wieder vom Rest der Welt isolierten.

Die »10 000 Li (5000 km) lange Mauer«, wie sie in China genannt wird, bildete die Grenze, hinter der Ackerbau und Zivilisation nicht möglich schienen. Die Annahme, dass es jenseits dieses Walles nur Steppen und Wüsten gab, vermittelte den Chinesen ein Bewusstsein der Überlegenheit über alle anderen Völker. Sie betrachteten ihre Kultur nicht als eine neben anderen, sondern als die Kultur schlechthin. Nach alter chinesischer Vorstellung nahm ihr Reich die Mitte der Erde ein. Im Osten wurde es vom Ozean begrenzt, ansonsten von Gebieten, in denen nur Barbaren lebten.

Der Kaiser beherrschte nach dem Amtsverständnis, das Qin Shi Huangdi prägte, nicht nur das Reich, sondern »Alles unter dem Himmel«. Seine beiden Titel beschrieben die Doppelrolle im Universum: Als »Sohn des Himmels« vollzog er die Riten und Opfer, die erforderlich waren, um die Harmonie zwischen Himmel und Menschen zu bewahren. Als »Kaiser« war er der Universalherrscher über die gesamte Menschheit.

Reste der Großen Mauer des Qi-Reiches in der Provinz Shandong.

Die Furcht vor dem Tod trieb seltsame Blüten bei Qin Shi Huangdi: Sein Leben lang ließ er nach einem Elixier für Unsterblichkeit suchen, und schon mit dreizehn Jahren, bei seinem Regierungsantritt als Herrscher des Fürstentums Qin, erteilte er den Auftrag für sein Grabmal – so entstand die Anlage mit der heute weltberühmten Terrakotta-Armee. Es heißt, 700 000 Fronarbeiter hätten die gigantische unterirdische Grabkammer gebaut, in der sein Riesenreich als Modell nachgebildet sein soll. Bisher ausgegraben sind nur die 7000 lebensgroßen Tonkrieger, die als Leibgarde den Zugang zu seinem Grab bewachen sollten.

Die Historiker haben kein gutes Haar am ersten Kaiser Chinas gelassen. Qin Shi Huangdi wurde zum Inbegriff des Tyrannen. China ist eines der wenigen Weltreiche, die ihren Gründer nicht als Helden feiern, sondern in ihm einen fürchterlichen Despoten sehen. »Er war ein Mann mit einer hervorstechenden Nase, großen Augen, der Brust eines Raubvogels, der Stimme eines Schakals und dem Geist eines Tigers, ohne Güte«, schrieb Sima Qian (um 145–86 v. Chr.), der erste chinesische Historiker.

Qin Shi Huangdi hatte zwar davon geträumt, dass seine Nachkommen China über 10 000 Generationen hinweg regieren würden, doch sein Reich währte nicht lange. Wegen überhöhter Steuern, harter Fronarbeit und der Grausamkeit der Strafen verbreitete sich schon zu seinen Lebzeiten eine revolutionäre Stimmung im ganzen Land. Nachdem mehrere Attentate auf den Kaiser verübt worden waren, musste er sich schließlich am Ende seines Lebens in einem riesigen Palast verstecken.

Der Staatskonfuzianismus

Qin Shi Huangdi starb 210 v. Chr. im Alter von fünfzig Jahren. Nach seinem Tod brach ein fünfjähriger Krieg aus. Der Heerführer Liu Bang ging als Sieger daraus hervor, ein Landarbeitersohn, der zunächst zum kleinen Beamten aufgestiegen war. Die von ihm begründete Han-Dynastie sollte vier Jahrhunderte lang währen, von 206 v. Chr. bis 220 n. Chr.

Liu Bang übernahm den zentralisierten Gesetzes- und Beamtenstaat des Qin-Reiches, legitimierte ihn aber durch eine moralische Ordnung. Dabei griff er auf die bislang offiziell geächtete konfuzianische Lehre zurück. Konfuzius war überzeugt, dass Ordnung und Harmonie in der Gesellschaft sich nicht durch Strafgesetze erreichen ließen, die einen rein äußerlichen Gehorsam verlangten, sondern nur dadurch, dass die Menschen einer verinnerlichten Moral folgten.

Leitbild der konfuzianischen Gesellschaftsordnung ist die hierarchische Ordnung der patriarchalischen Familie, die als naturgegeben betrachtet wird. Der Herrscher ist der Vater des Volkes, der Staat ein »Familienstaat« und damit grundsätzlich autoritär. Mit dieser hierarchischen Ethik sind aber zwei Forderungen verbunden: Erstens bedeuten die hierarchischen Beziehungen keine einseitige Unterordnung, sondern eine gegenseitige Verpflichtung. Der Untergeordnete schuldet dem Übergeordneten zwar Gehorsam und Treue, dafür schuldet der Übergeordnete dem Untergeordneten jedoch Einfühlung in seine Probleme und Sorge für sein Wohlergehen. Zweitens soll der Übergeordnete seinen Willen nicht durch Zwang und Strafe durchsetzen, sondern durch vorbildliches Verhalten.

Darstellung des Konfuzius aus der Qing-Zeit.

至聖先師像
雍正甲寅九月望日和碩果親王敬繪

Für die Söhne des Himmels ergab sich daraus die Forderung, »Führer in der Tugend zu sein, dem das Volk nacheifert«. Dieser Satz stammt vom Herzog von Zhou, dem Gründer der westlichen Zhou-Dynastie (ca. 1025 v. Chr.), und er sollte für mehr als zwei Jahrtausende der Grundgedanke für das konfuzianische Kaisertum sein. Konfuzius verehrte den Herzog als Vorbild eines tugendhaften Herrschers. Der Kaiser herrscht durch die moralische Autorität seines vorbildlichen Verhaltens, das auf seine Beamten und das Volk ausstrahlt und sie zu ebenso moralischem Verhalten motiviert.

Eine schicksalhafte Begegnung

Im 19. Jahrhundert, gegen Ende der Qing-Dynastie, zeigte sich, dass das System der konfuzianischen Ethik im Laufe der Zeit zu einer in Ritualen und Formalismus erstarrten Gesellschaft geführt hatte. Der Konfuzianismus mochte in der Theorie zutiefst human erscheinen, doch er lieferte weder sichere Rechtsgrundlagen noch verbindliche Regeln zur Lösung konkreter Probleme.

Kaiser Xianfeng scheint sehr schnell Opfer dieses lähmenden Systems geworden zu sein. Als Kind hatte er zu großen Hoffnungen Anlass gegeben. Sein Vater wählte ihn nämlich nicht als Thronfolger aus, weil er der älteste Sohn war, sondern weil er besonders klug und menschlich zu sein schien. Aber schon bald nach seinem Regierungsantritt im Jahr 1850 verbreitete sich die Ansicht, dass mit ihm die Qing-Dynastie das Mandat des Himmels verlieren werde. Man hielt ihn für einen »schwachen Schwelger«, der keine wirkliche Beziehung zu seinem Volk habe.

Viele Autoren haben sich damit beschäftigt, aber keiner kann sagen, was genau geschah, nachdem drei Eunuchen die in ein rotes Seidentuch gewickelte Konkubine Yehe Nara in das Schlafgemach des Kaisers getragen hatten. Kolportiert wurde eine Äußerung Yehe Naras, die sie viel später gemacht haben soll: »Als ich an den Hof kam, war mir der ... Kaiser sehr zugetan und hatte für die anderen Damen kaum noch einen Blick übrig.« Man erzählte, sie sei nach der Begegnung mit dem Kaiser aufgeblüht wie eine Weide im Regen, die

lange Zeit im Trockenen gestanden hat. Weniger poetisch klingt, was weltweit in unzähligen Artikeln und Büchern verbreitet wurde: Yehe Nara habe Xianfeng sexuell von sich abhängig gemacht, sodass er schwachsinnig geworden sei und sich nicht mehr um das Schicksal seines Reiches habe kümmern können.

Eine nüchterne Betrachtung der historischen Situation ergibt jedoch ein vollkommen anderes Bild von Yehe Naras Einfluss auf den Kaiser: Aufständische der so genannten Taiping-Rebellion haben die Hälfte Chinas erobert, eine Gegenregierung gebildet, das »Reich des Himmlischen Friedens« ausgerufen und Nanjing zu ihrer eigenen Hauptstadt erklärt.

In dieser verzweifelten Lage macht die junge Yehe Nara dem Kaiser kurz nach ihrer ersten Begegnung einen Vorschlag, an den keiner der mandschurischen Prinzen oder kaiserlichen Ratgeber auch nur zu denken gewagt hätte: Sie empfiehlt, den Oberbefehl über die kaiserlichen Truppen einem chinesischen Intellektuellen anzuvertrauen, der nach allen offiziellen Vorschriften nicht dienstfähig ist, weil er um seine Mutter trauert. Ihr Vorschlag erscheint besonders ungewöhnlich, weil der von ihr empfohlene Zeng Guofan Lehrer an der kaiserlichen Hanlin-Akademie für Ritual und Etikette ist und es ihm deshalb besonders schwer fallen muss, sich über die geltenden Regeln hinwegzusetzen. Außerdem hegen die Mandschus seit jeher großes Misstrauen gegen Chinesen in militärischen Schlüsselpositionen.

Doch der Kaiser lässt sich, gegen den erbitterten Widerstand der konservativen Prinzen und Berater, von Yehe Nara überzeugen. Dem neuen Oberbefehlshaber Zeng Guofan gelingt es nach jahrelangen Kämpfen tatsächlich, die Taiping-Rebellion niederzuschlagen und das Reich vor dem Untergang zu bewahren. Auch Yehe Naras Biografen Bland und Backhouse können ihr in diesem Zusammenhang die Bewunderung nicht versagen: »So vermochte sie früh schon ihre Überlegenheit über hindernde Umstände und die Fesseln der Überlieferung zu zeigen, indem sie im Augenblick nationaler Gefahr den großen Sinn und die rasche Entscheidung entwickelte, die eben nur ihr zu eigen waren.«

Das Qing-Reich

Grenzgebiet zu China unter dem Frieden von Nerchinsk 1689
MANDSCHUREI
Expedition gegen die Mongolen 1696
Khorchin 1629–30
Mukden (Hauptstadt von 1625–44)
INNERE MONGOLEI (Chahar) 1635
Mauer
Beijing (Peking)
Bo Hai
KOREA
JAPAN
1645 SHANDONG
Sekte des Göttlichen Prinzips 1811–14
1644–45 SHANXI
1645 JIANGSU
1644–45 HENAN
1645 ANHUI
llion des
en Lotos
5–1804
1645 HUBEI
OST-CHINESISCHES MEER
1646 ZHEJIAN
1647–50 HUNAN
1649–52 JIANGXI
nmesaufstände
95–97, 1833
1646 FUJIAN
nmes-
tände
0
1650–55 GUANGDONG
Guangzhou
Macao
TAIWAN unter holländischer Regierung 1624–62, besetzt von den Qing 1683
PHILIPPINEN
Kernland der Mandschu
Mandschu-Expansion 1644
Mandschu-Expansion 1659
Mandschu-Expansion Ende 18. Jh.
1666 Einverleibung in das Reich im Jahr ...
Grenzverlauf der größten Ausdehnung
Tributpflichtige Staaten
Hauptgebiet des Taiping-Aufstandes und der Besetzung 1853–63
Rebellionen
Feldzüge

Taiping – das Reich des Himmlischen Friedens

Als im Jahr 1837 der Leiter des konfuzianischen Prüfungsausschusses in Kanton die Ergebnisse der Beamtenprüfungen verkündet, bricht einer der Kandidaten zusammen und muss nach Hause getragen werden. Hong Xiuquan hat das schwierige Examen, bei dem die fünf konfuzianischen Klassiker geprüft werden, zum dritten Mal nicht bestanden. Ohne diese Prüfung kann er in China keinen gehobenen Beamtenposten bekleiden.

Im Haus der Eltern, die sich seine Ausbildung vom Munde abgespart haben, wacht er kurz auf, macht sich die schlimmsten Selbstvorwürfe und verfällt dann in einen psychotischen Dämmerzustand. Als er nach vierzig Tagen wieder erwacht, berichtet er, dass

Hong Xiuquan auf einem Wandgemälde in Nanjing.

er zum Himmel aufgefahren sei; dort habe er von einem ehrwürdigen Greis, dem christlichen Gott, den Auftrag erhalten, auf die Erde zurückzukehren, um die bösen Dämonen auszurotten und die Welt zur wahren Lehre zu führen.

Von diesem Augenblick an betrachtet sich Hong Xiuquan als ein jüngerer Bruder Christi. Er geht zurück in seine alte Heimat, in die »Distelberge« im Osten der Provinz Guangxi, und beginnt zu predigen. In leidenschaftlichen Reden mobilisiert er die von erdrückender Steuerlast gepeinigten Bauern und Bergarbeiter gegen die Mandschu-Herrschaft: »Können sich die Chinesen noch Männer nennen? Seit die Mandschu China vergiftet haben, ist die Flamme der Unterdrückung zum Himmel aufgestiegen, hat das Gift der Korruption den Kaiserthron befleckt, der eklige Geruch sich über die vier Meere verbreitet und der Einfluss der Dämonen das Reich gepeinigt.«

Solche Reden verfehlen ihre Wirkung nicht. 1849 hat Hong Xiuquan bereits 10 000 Anhänger; er gründet die »Gesellschaft der Gottesverehrer«. Soldaten der Provinzbehörde und private Söldnertruppen gehen militärisch gegen sie vor. Die Rebellen verschanzen sich zunächst in den Bergen und bauen dort eine disziplinierte Armee auf. 1850 beschließen sie, die Provinz zu verlassen. Sie verbrennen ihre Häuser und ziehen mit Kind und Kegel Richtung Nordosten. Wie einst Moses das Volk Israel aus Ägypten herausführte, so will Hong Xiuquan seine Anhänger auf einem langen Marsch in die reichen Regionen am Fluss Yangzi bringen. Nach ersten Gefechten mit Regierungstruppen, aus denen die Aufständischen als Sieger hervorgehen, wird ihr Anführer an seinem 38. Geburtstag zum »Himmelskönig« ernannt.

In langen nächtlichen Diskussionen am Lagerfeuer entstehen kühne Utopien, die Hong Xiuquan dann in flammenden Reden vor seinen Anhängern verkündet: In ihrem neuen Reich soll das Privateigentum abgeschafft werden, Grund und Boden sind an die Familien zu verteilen, entsprechend ihrer Größe. Alle Menschen, alle Nationen sollen gleich sein, Frauen die gleichen Rechte und Pflichten haben wie Männer – sie sollen auch Beamtenposten bekleiden dürfen und in der Armee dienen. Opium, Prostitution, Tanz und Alkohol will man verbieten.

Auf ihrem Marsch zum Yangzi-Gebiet schließen sich den Rebellen Tausende von verelendeten Bauern, Schiffern und Arbeitern an; auch einige Geheimbünde gegen die Mandschu-Herrschaft reihen sich ein. Die Taiping-Rebellen gewinnen eine Schlacht nach der anderen. Die wenig motivierten Regierungssoldaten, vielfach vom Opiumkonsum erschöpft, sind den bestens gedrillten und fanatisierten Revolutionären nicht gewachsen. Die Städte Yueyang, Hankou und Wuhan fallen ihnen in die Hände, überall machen sie reiche Beute an Schiffen, Geld, Waffen und Munition. 500 000 Menschen gehören der Bewegung inzwischen an, ihr Siegesmarsch ist nicht mehr aufzuhalten. 1853 erobern sie die alte Kaiserstadt Nanjing. Es wird ihr »Neues Jerusalem«. Sie erklären den Ort, in dem einst die Kaiser der Ming-Dynastie residierten, zur Hauptstadt ihres »Reiches des Himmlischen Friedens«.

Damit scheint das Ende der Qing-Dynastie besiegelt. Die meisten chinesischen Gelehrten sind sich darin einig, dass die Mandschu-Herrscher den Auftrag des Himmels verloren haben. Man wartet darauf, dass nun ein neuer dynastischer Zyklus beginnt. Geschichte schreitet für konfuzianische Historiker nicht geradlinig voran, sondern vollzieht sich in ewig wiederkehrenden Zyklen von Aufstieg und Abstieg, Geburt und Tod – wie alles in der Natur und im Leben.

In jeder chinesischen Dynastie beobachten diese Geschichtsforscher einen ähnlichen Ablauf: Irgendwann verliert das regierende Herrschergeschlecht das Mandat des Himmels. Untrügliche Zeichen dafür sind Hungersnöte, Bauernaufstände und der Einfall von Barbaren. Ein neuer Zyklus beginnt. Wer als siegreicher Anführer aus den Auseinandersetzungen hervorgeht, hat bewiesen, dass der Auftrag des Himmels auf ihn übergegangen ist. Das Land ist danach meistens verwüstet, die Bevölkerung stark dezimiert. Eine neue Regierung schafft Ruhe und Frieden, Stadt und Land blühen wieder auf, die Bevölkerung wächst.

Warum die Qing-Dynastie im Jahr 1853 nicht untergegangen ist, obwohl alle Anzeichen untrüglich für ihr Ende sprachen, erklärt der chinesische Historiker Wang Daocheng so: »Einer der Gründe war, dass die Taiping-Rebellen den Fehler begingen, sich in Nanjing

niederzulassen. Sie hätten mit ihrer revolutionären Begeisterung nach Peking weitermarschieren, die Hauptstadt erobern und den Kaiser entmachten müssen.«

Aber auch dann wäre ihr Erfolg nicht sicher gewesen, denn die Taiping-Rebellion war viel mehr als ein traditioneller Bauernaufstand. Sie zielte, von einer fremden Religion inspiriert, auf eine soziale Revolution. Ihre radikalen Ideen von der Umverteilung des Landes stellten das gesamte Feudalsystem in Frage, und die Parole von der Vernichtung der »bösen Dämonen« des Konfuzianismus brachte die traditionell geprägte Beamtenschaft gegen sie auf. Die Provinzfürsten und Beamten wären daher nie bereit gewesen, diese Bewegung zu unterstützen. In dem Augenblick, als sich die zwei Millionen vorwärts stürmenden Revolutionäre in sesshafte Untertanen des »Himmelskönigs« verwandelten, ohne das alte System völlig zerschlagen zu haben, war ihre Niederlage vorprogrammiert.

Hong Xiuquan bezieht als Himmelskönig mit mehreren Unterkönigen den alten Kaiserpalast in Nanjing. Sie umgeben sich mit großer Pracht, führen ein sehr luxuriöses Leben mit Vielweiberei, obwohl für das einfache Volk nach wie vor strenge Moralgebote gelten. Neid und Zwietracht führen bald zu Machtkämpfen zwischen einzelnen Unterkönigen und ihren Anhängern. Trotzdem gelingen den Taiping-Revolutionären weitere militärische Erfolge gegen die Truppen des Qing-Kaisers.

Doch dann wird mit Zeng Guofan einer der profiliertesten chinesischen Konfuzianer als Oberbefehlshaber der kaiserlichen Armee eingesetzt. Dieser Schachzug führt schließlich dazu, dass sich die Provinzfürsten und hohen Beamten mit den Regierungstruppen zusammenschließen. Zeng Guofan wird zum Helden, zur Galionsfigur einer Anti-Taiping-Bewegung. Selbst die christlichen Ausländer kämpfen nicht auf der Seite der christlichen Rebellen für das »Reich des Himmlischen Friedens«, sondern schließen sich dem Anti-Taiping-Bündnis an.

Der konfuzianische Staat zeigt zum letzten Mal, welche moralischen Energien er mobilisieren kann. Nach jahrelangen Kämpfen erobert Zeng Guofan 1864 Nanjing zurück und macht die Taiping in einem erbarmungslosen Massaker bis zum letzten Mann nieder.

Kampf der Taiping-Rebellen in Nanjing (Holzschnitt).

Im Juli dieses Jahres nimmt sich Hong Xiuquan das Leben. Der Oberbefehlshaber der Regierungstruppen schreibt seinem Kaiser: »Von den 10 000 Rebellen in Nanjing hat sich bei Einnahme der Stadt kein einziger ergeben; stattdessen kamen sie vielfach zusammen, um sich selbst zu verbrennen, und verschieden ohne Reue. Eine derart furchteinflößende Rebellenbande hat es von den ältesten Zeiten bis heute wohl nur selten gegeben.«

Mit der Niederlage der Taiping-Rebellen ging eine der größten revolutionären Bewegungen der Weltgeschichte zu Ende. Die Aufständischen hatten ganz Mittelchina sowie große Teile von Nord- und Südchina erobert, ein Gebiet mit mehr als hundert Millionen Einwohnern. In den vierzehn Jahre dauernden Kämpfen starben rund zwanzig Millionen Menschen – weit mehr als im Ersten Weltkrieg.

Neue Hoffnung für das Reich

Ein Leben lang wird Yehe Nara von der glücklichen Zeit der jungen Liebe und ihren ersten politischen Erfolgen zehren. Als Favoritin des Kaisers verbringt sie nicht nur schöne Stunden mit ihm; sie lernt

auch, die Sorgen und Nöte eines Herrschers zu teilen. Es ist eine wichtige Lehrzeit, in der sie sich alle Kenntnisse aneignet, die sie später für ihre eigene Herrschaft benötigen wird.

Im alten Sommerpalast kommen sich der Kaiser und seine Lieblingskonkubine schließlich auch politisch näher. Xianfeng schätzt Yehe Naras große Wissbegierde, ihre Entschiedenheit und ihr Engagement in politischen Angelegenheiten. Aus den Darstellungen chinesischer Historiker gewinnt man den Eindruck, dass der Kaiser sich diese Schülerin ganz bewusst heranzieht – zur Unterstützung gegen die mächtige »Fraktion der Eisenhüte«, eine Gruppe ultrakonservativer Konfuzianer, die sein älterer Bruder, Prinz Dun, um sich geschart hat.

Anfänglich sortiert Yehe Nara nur die Eingaben an den Kaiser. Als der Herrscher die beachtlichen politischen Fähigkeiten seiner Konkubine entdeckt, lässt er sie immer öfter auch an offiziellen Beratungen teilnehmen. Sie macht es sich zur Gewohnheit, sämtliche Berichte aus den Provinzen zu lesen und mit dem Sohn des Himmels darüber zu diskutieren. Die konservativen Prinzen, Minister und Berater sind empört, dass sich eine Frau in ihre Angelegenheiten einmischt. Heißt es doch in einer Redensart dieser konfuzianisch geprägten Männergesellschaft: »Eine Frau kann genauso wenig Politik betreiben, wie ein Huhn krähen kann.«

Aber die Männer am Hof beginnen zu spät, der Konkubine 4. Ranges ihren Platz streitig zu machen. Der Kaiser hat bereits beschlossen, die »Gui Ren« zu einer »Bin«, einer Konkubine 3. Grades, zu befördern, um allen zu zeigen, wie sehr er ihren Rat schätzt. Vielleicht ist der Grund für diese Beförderung aber auch ein ganz anderer – kurze Zeit später wird öffentlich verkündet, dass sie ein Kind von Xianfeng erwartet. Der 27. April 1856 wird ein Tag des persönlichen Triumphes für Yehe Nara und ein Tag großer Hoffnung für die Qing-Dynastie: Die Konkubine gebiert dem Kaiser und seiner Familie den lang ersehnten Sohn.

Yehe Nara wird nun als Kaisermutter eine wichtige Rolle am Hof spielen. Sollte sie aber gehofft haben, sich durch die Geburt ihres Sohnes den Platz an der Seite des Kaisers zu sichern, so muss sie bald erkennen, dass genau das Gegenteil der Fall ist. Während ihrer

Schwangerschaft durfte sich der Kaiser ihr nicht nähern; er ist deshalb zu seiner ehemaligen Lieblingskonkubine zurückgekehrt.

Während Xianfeng die gewaltigen Probleme seines Reiches immer weniger zu lösen vermag, gerät er mehr und mehr unter den Einfluss von Hofschranzen und Prinzen, die von ihren Gegnern nur die »Achterbande« genannt werden. Sie versuchen schon seit Jahren, die Macht im Staate an sich zu reißen. Die treibende Kraft dieser Clique ist Su Shun, ein Mann niederen Adels, der es durch Beziehungen und Intrigen geschafft hat, einen wichtigen Posten nach dem anderen zu erlangen.

Der sechzehn Jahre ältere Su Shun hat genau das Temperament, um den jungen Kaiser zu beeindrucken. Er begann seine Karriere als Leiter der kaiserlichen Vergnügungsstätten, wodurch er Zugang zum Privatleben des Kaisers gewann und zu seinem wichtigsten Spitzel werden konnte. So war es nur folgerichtig, dass er bald zum Generalleutnant des mandschurischen Heeres, dann zum Präsidenten des Zensuramts und schließlich zum Leiter der obersten Steuerbehörde ernannt wurde. Damit war er nach dem Kaiser der mächtigste Mann in Peking.

Der Kaiser auf der Flucht

Am 8. Oktober des Jahres 1856 begeben sich vier chinesische Offiziere mit sechzig Marinesoldaten auf ein altes Lastschiff, die »Arrow«, die noch unter britischer Flagge fährt, obwohl die Lizenz dazu eigentlich bereits abgelaufen ist. Solche Kähne werden meist von Opiumschmugglern benutzt.

Die chinesischen Soldaten sind auf der Suche nach einem berüchtigten Piraten, der kurz zuvor auf der »Arrow« gesehen worden sein soll. Obwohl sie den Mann nicht finden, verhaften sie die gesamte chinesische Mannschaft und holen die britische Flagge ein. Die Engländer betrachten das als Verletzung ihrer Souveränität. Im Dezember 1856 beginnen sie einen Krieg, dem sich die Franzosen und später auch die Amerikaner anschließen – den Zweiten Opiumkrieg (1856–1860). Ihr Ziel ist, den Opiumhandel zu legalisieren und den Kaiser zu einem fundamentalen Zugeständnis zu zwingen:

Kolorierte Fotografie der Kaiserin Cixi.

zur Einrichtung ausländischer Gesandtschaften in Peking. Der Sohn des Himmels wehrt sich verzweifelt gegen diese Forderung.

Die schlecht bewaffneten Chinesen können die Westmächte jedoch nicht aufhalten. Der Leiter der britischen Strafexpedition, Lord Elgin, behauptet sogar großspurig, »dass 24 entschlossene Männer mit Revolvern und ausreichend Munition China von einem Ende zum anderen hätten durchqueren können«.

Noch vor dem Morgengrauen des 22. September 1860 verlässt eine acht Kilometer lange Wagenkolonne mit Kaiser Xianfeng, der Kaiserin, Yehe Nara und ihrem gemeinsamen Sohn, den anderen Konkubinen und einem Teil des Hofstaates den alten Sommerpalast Yuanming Yuan. Begleitet werden sie von der Achterbande unter Su Shun. Prinz Gong, der jüngere Lieblingsbruder Xianfengs, hat bis zuletzt noch versucht, den Kaiser zu überreden, in Peking zu bleiben. Er selbst weigert sich, die Hauptstadt zu verlassen, und erhält den Auftrag, während der Abwesenheit des Hofes die Regierungsgeschäfte zu führen.

Offiziell verkündet man, der Kaiser und sein Gefolge würden sich zu einem Jagdausflug nach Chengde begeben. In Wirklichkeit aber ist es eine Flucht – eine Flucht vor übermächtigen ausländischen Feinden, die schon Xianfengs Vater im Ersten Opiumkrieg eine schwere Niederlage beigebracht haben.

Ein modernes Imperium

Chinas Verhältnis zum Ausland war nicht immer so problematisch wie unter den Qing-Herrschern. In seiner großen Blütezeit während der Tang-Dynastie (618–907) entwickelte sich das Reich der Mitte zum Zentrum einer kosmopolitischen Kultur. Dieser Prozess begann, als der Pilgermönch Xuanzang im Jahr 627 seine epochale »Reise nach Westen« antrat. Sein Bericht über die Pilgerfahrt erfuhr später zahlreiche literarische Bearbeitungen – die berühmteste unter ihnen ist der bis heute viel gelesene Volksroman »Die Reise nach dem Westen« von Wu Chang'en aus dem Jahr 1570.

Xuanzang, der häufig als »Marco Polo des Ostens« bezeichnet wird, zog von der damaligen Hauptstadt Chang'an, dem heutigen Xi'an, die Seidenstraße entlang bis nach Indien. Er pilgerte dorthin, um die buddhistischen Originaltexte nach China zu holen, wie damals offiziell verkündet wurde.

Die Folge war eine Weltoffenheit des Tang-Reiches, wie sie China nie zuvor gekannt hatte und bis zum Ende der Kaiserzeit auch nie mehr kennen sollte. Die Hauptstadt Chang'an wurde zur größten Stadt der Welt. Fast 2 Millionen Einwohner bevölkerten die blühen-

Kaiserhof auf dem Weg zur Sommerresidenz bei Chengde (Jehol). Gemälde eines Hofmalers des Kaisers Qianlong.

Kamelkarawane auf der alten Seidenstraße.

de Handels- und Kulturmetropole, die sich auf etwa 77 Quadratkilometern erstreckte. (Rom umfasste zu seiner Blütezeit nur etwa 13 Quadratkilometer.) Chang'an beherbergte Kolonien mit Türken, Uiguren, Persern, Arabern, Indern, Singhalesen, Tibetanern und Koreanern. Insgesamt lebten mehr als 100 000 ausländische Kaufleute und Missionare in der Stadt. Alle wichtigen Religionen hatten hier ihre eigenen Kultstätten: Buddhisten, Moslems, Manichäer, Zarathustra-Anhänger, Juden und nestorianische Christen. Die Buddhisten schufen imposante Statuen aus Stein und Bronze und großartige Wandmalereien für ihre Tempel und Felsgrotten. Die chinesische Kultur erlebte ein goldenes Zeitalter der Architektur, Malerei, Musik und vor allem der Lyrik.

In den folgenden Jahrhunderten, besonders während der nördlichen und südlichen Song-Dynastie (960–1279), gab es – nach den vier großen Erfindungen Papier, Buchdruck, Schießpulver und Magnetkompass – noch viele andere Innovationen, durch die China dem mittelalterlichen Europa technologisch und wirtschaftlich mit Riesenschritten vorauseilte.

Den größten und dauerhaftesten Vorsprung hatten die Chinesen in der Agrartechnik. Ihre Bewässerungsmethode war hervorragend, ebenso ihr Kanalsystem. Nur dadurch konnte die chinesische Landwirtschaft die ständig wachsende Bevölkerung ernähren. In der Technik der Eisengewinnung waren die Chinesen ebenso weit vor-

aus. Schon im 4. Jahrhundert v. Chr. erreichten ihre Hochöfen Temperaturen, mit denen sich Gusseisen erzeugen ließ, und sie erfanden eine Methode, diesem Eisen die Brüchigkeit zu nehmen. Vor allem aber: Von der Song-Zeit bis zur letzten See-Expedition des Admirals Zheng He 1433 war China ein halbes Jahrtausend lang die größte Seemacht der Welt.

Im Spätsommer des Jahres 1405, nach dem Herrschaftsantritt des Ming-Kaisers Zhudi, lief eine Flotte in den Indischen Ozean aus, wie sie die Welt noch nie gesehen hatte. Sie bestand aus 317 Schiffen mit 28 000 Mann Besatzung und Kampftruppen. In der Mitte der Flotte segelten 62 neunmastige »Schatzschiffe«, die größten jemals aus Holz gebauten Wasserfahrzeuge. Die mehrstöckigen Ozeanriesen waren bis zum Bersten gefüllt mit Seide, Brokat, Porzellan, Lackkunstwerken und anderen Kostbarkeiten – als Geschenke für ausländische Fürsten, die man auf der großen Expedition für das chinesische Reich gewinnen wollte.

Zu der Flotte gehörten über 250 Begleit- und Kriegsschiffe für den Transport von Tieren und die Verfolgung von Piraten. Alle Welt sollte von der Thronbesteigung des Kaisers Zhudi, von der Macht und dem Reichtum des chinesischen Himmelssohnes erfahren. Unter dem Befehl des Eunuchen Zheng He segelte die Flotte an der chinesischen Küste entlang bis nach Nordsumatra. Nach Überquerung des Indischen Ozeans legte sie in Ceylon an, segelte weiter nach Indien und machte bis April 1407 Station im Handelszentrum von Calicut, bevor sie wieder nach China zurückkehrte.

Admiral Zheng He unternahm noch fünf weitere See-Expeditionen. Er segelte durch die chinesischen Meere und den Indischen Ozean bis zum Persischen Golf und ganz bis nach Afrika. Ziel dieser Fahrten war es, die neu entdeckten Länder davon zu überzeugen, die Oberhoheit des chinesischen Kaisers über alle Menschen formal anzuerkennen. Das war die Grundvoraussetzung für die Aufnahme von lukrativen Handelsbeziehungen mit China und für die Zugehörigkeit zum chinesischen Kulturkreis. Die Herrscher der meist kleineren Länder waren zutiefst beeindruckt, wenn die gigantische Flotte an ihren Gestaden auftauchte und die fürstlichen Geschenke des Kaisers überreicht wurden.

Chronik

Chinesische Dynastien

ca. 2100–1600 v. Chr.	Xia-Dynastie (legendär)
ca. 1600–1100 v. Chr.	Shang- (Yin-) Dynastie
	Zhou-Dynastie:
ca. 1100–770 v. Chr.	Westliche Zhou-Dynastie
770–476 v. Chr.	Frühlings- und Herbst-Periode
475–221 v. Chr.	Zeit der streitenden Reiche
	Erste Reichseinigung
221–206 v. Chr.	Qin-Dynastie
	Han-Dynastie:
206 v. Chr.–9 n. Chr.	Westliche Han-Dynastie
9–23	Xin-Interregnum / Wang Mang
24–220	Östliche Han-Dynastie
	Erste Reichsteilung
	Die drei Reiche:
220–265	Wei
221–263	Shu (Han)
222–280	Wu
	Zweite Reichseinigung
	Jin-Dynastie:
265–316	Westliche Jin
317–420	Östliche Jin
	Zweite Reichsteilung
	Südliche und nördliche Dynastien:
420–479	(Liu-) Song-Dynastie
479–502	Qi
502–557	Liang
557–589	Chen

386–534	Nördliche Wei
535–557	Westliche Wei
534–550	Östliche Wei
550–577	Nördliche Qi-Dynastie
557–581	Nördliche Zhou-Dynastie
	Dritte Reichseinigung
581–618	Sui-Dynastie
618–907	Tang-Dynastie
	Dritte Reichsteilung
	Zeit der fünf Dynastien:
907 – 960	Spätere Tang, spätere Jin, spätere Han, spätere Liang und spätere Zho
	Vierte Reichseinigung
	Song-Dynastie:
960–1127	Nördliche Song-Dynastie
1127–1279	Südliche Song-Dynastie
916–1125	Liao-Dynastie (Qidan-Tataren)
1125–1168	Westliche Liao-Dynastie
1115–1234	Jin-Dynastie (Jurchen-Tataren)
1271–1368	Yuan-Dynastie (Mongolen)
1368–1644	Ming-Dynastie
1644–1911	Qing-Dynastie (Mandschu)
1912–1949	Republik China
seit 1949	Volksrepublik China / Republik Taiwan

Der Kaiser in einem Pavillon im alten Sommerpalast Yuanming Yuan in Peking. Gemälde eines Hofmalers des Kaisers Yongzheng.

Die Zugehörigkeit zum chinesischen Reich brachte ihnen außer Handelsvorteilen auch Schutz gegen Rebellen im Innern und äußere Feinde. Deshalb waren sie gern bereit, hin und wieder einen Tributgesandten an den chinesischen Hof zu schicken. Wenn der Glanz des Kaisertums und die Aussicht auf wirtschaftlichen Nutzen nicht ausreichten, um einen Herrscher zur Anerkennung der chinesischen Oberhoheit zu bringen, halfen Zheng Hes Kampftruppen nach. Aber auch in solchen Fällen wurde das Land nicht erobert; die Chinesen begnügten sich damit, den uneinsichtigen Herrscher auszuwechseln. Sie errichteten keine Überseekolonien, sondern sorgten nur dafür, dass die Mitglieder ihres Handelsreiches die Oberhoheit der Söhne des Himmels akzeptierten und den Handel mit China nach chinesischen Regeln führten. Diese indirekte Herrschaft war viel moderner, rationaler und kostengünstiger als der spätere europäische Kolonialismus mit der Besetzung von Territorien.

Abkehr von der Welt

Mit den Expeditionen Zheng Hes erreichte China schließlich den Höhepunkt seiner Macht. Der Kaiser herrschte formell nun über ganz Asien: von Japan und Korea bis nach Indien, vom Persischen Golf bis zur ostafrikanischen Küste. Die reale Herrschaft über die ganze Welt wäre damals durchaus möglich gewesen. Doch unmittelbar vor dem größten Triumph brach China seine Expeditionen völlig unerwartet ab.

Der Bau von Hochseeschiffen wurde eingestellt, die Baupläne vernichtete man. Auch die private Hochseeschifffahrt wurde untersagt. Im Jahr 1525 erging die Anweisung an die Hafenbehörden, alle Riesenschiffe zu zerstören und ihre Eigentümer zu verhaften. Keine zukünftige Generation sollte in Versuchung geführt werden, die Weltmeere zu befahren.

Der Ökonom Jeffrey Sachs von der Columbia University hält diese radikale außenpolitische Kehrtwendung für »eine der größten Fehlentscheidungen in der Geschichte der Menschheit«. Es fällt Forschern schwer, einen bestimmten Grund dafür zu nennen. Wahrscheinlich hatte der Kurswechsel mehrere Ursachen.

Die schrittweise Verlagerung der Hauptstadt von Nanjing nach Peking seit dem Jahr 1421 zeigte bereits an, dass China sich von der »Blauen Kultur« der Meere abzuwenden begann und sich auf seine »Kultur der gelben Erde« zurückbesann. Wahrscheinlich war das Reich mehreren sehr teuren Projekten zur gleichen Zeit finanziell nicht gewachsen. Bei den See-Expeditionen handelte es sich um Prestigeunternehmen, die kurzfristig keinen Gewinn brachten, sondern sehr viel kosteten. Der Ausbau des Kaiserpalastes in Peking, die Verlagerung des Regierungssitzes dorthin und die Erweiterung des Kaiserkanals waren auch nicht billig. Außerdem verschlang der Krieg in Nordvietnam, bei dem ein Heer von 47 000 Mann eingesetzt wurde, ungeheure Summen. Das Wiedererstarken der Mongolen führte schließlich dazu, dass sich der Kaiser um den Schutz der Nordgrenzen kümmern musste.

Manche Historiker sehen den eigentlichen Grund für das Verbot der Hochseeschifffahrt allerdings darin, dass China zur alten konfuzianischen Tradition zurückkehren wollte. Unter dem Ming-Kaiser Zhudi hatte sich China immer mehr zu einem Reich der Händler entwickelt, und das war ganz und gar nicht im Sinne des Konfuzius, der Geschäftemacher verachtet hatte. Außerdem brachte der Handel fremde Ideen ins Land, die die soziale Harmonie störten. Er machte Kaufleute und Abenteurer reich und stärkte die Macht der Eunuchen. Leute wie der einflussreiche Eunuch Zheng He waren am Kaiserhof die größten Rivalen der konfuzianischen Beamten.

Als die Konfuzianer unter den folgenden Kaisern schließlich die Oberhand gewannen, setzten sie die Abkehr von der Hochseeschifffahrt durch. Statt weiterhin Ozeanriesen zu bauen, erneuerten die Ming-Kaiser die »Große Mauer« und bauten sie weiter aus. China schloss sich von der Welt ab.

Diese Entwicklung um die Mitte des 15. Jahrhunderts war nicht nur für die chinesische Geschichte ein Wendepunkt, sondern für die Weltgeschichte. Die Chinesen gaben die Hochseeschifffahrt mit ihrer gigantischen Flotte in dem Augenblick auf, als die Europäer ganz klein begannen, die Meere zu erkunden und den Seeweg nach Asien zu suchen. Viele Historiker haben sich gefragt, was wohl geschehen wäre, wenn die Chinesen damals ihre Kultur über die ganze

Chronik

Die Eunuchen

Die Praxis, Männer durch Kastration zeugungsunfähig zu machen und in den Dienst eines Herrschers zu stellen, war in China seit ältester Zeit verbreitet. Schon um 1100 v. Chr. gehörten Eunuchen zum chinesischen Regierungssystem. Herrscher, die über einen Harem, eine Verbotene Stadt oder wenigstens über mehrere Frauen verfügten, konnten nur so sicher sein, dass keiner ihrer Vertrauten sich insgeheim fortpflanzte und die eigenen Nachkommen zum Thronfolger machte.

Als im 14. Jahrhundert die Ming-Dynastie begründet wurde, überrannten ihre siegreichen Truppen die Provinzfestungen der Widersacher und machten Jagd auf alle männlichen Wesen, um sie zu kastrieren. Viele Tau-

Eunuchen in der Verbotenen Stadt.

sende wurden auf diese Weise verstümmelt. Diejenigen, die über besondere Talente verfügten oder großes Glück hatten, erhielten eine Anstellung im kaiserlichen Dienst. Der berühmteste unter ihnen war Zheng He (um 1371–1433), ein Eunuch aus der Provinz Yunnan. Er wurde Admiral einer großen chinesischen Flotte und erforschte Südostasien, Südindien und Ostafrika. Seine Expeditionen sicherten dem Kaiserreich während der Ming-Zeit die Vormachtstellung als asiatische Seemacht.

Während dieser Dynastie stieg die Zahl der Eunuchen beträchtlich, zeitweise lebten mehr als 10 000 von ihnen in der Hauptstadt. Es kam immer wieder vor, dass Palast-Eunuchen so mächtig wurden, dass ohne ihre Einwilligung keine Beschlüsse möglich waren. Ihr Einfluss wurde so groß, dass er schließlich zum Niedergang der Ming-Dynastie beitrug.

In der darauf folgenden Mandschu-Ära ab 1644 sorgten deshalb strenge Vorschriften dafür, dass Eunuchen sich nicht in die Politik einmischten. Trotzdem waren sie in der Verbotenen Stadt allgegenwärtig, und nichts geschah, ohne dass sie ihre Finger im Spiel hatten.

Zur Zeit Cixis in der zweiten Hälfte des 19. Jahrhunderts ließen sich nur Männer, die keine Beschäftigung hatten, freiwillig kastrieren. Nicht jeder wurde in die ausgewählte Schar der dreitausend Palast-Eunuchen aufgenommen. Die Kandidaten mussten sehr gewandt sein, aber auch überdurchschnittlich gut aussehen. Nur die klügsten und hübschesten von ihnen hatten eine Chance. Meistens ließen mittellose Eltern ihre Söhne entmannen, um ihnen dadurch ein angenehmes Leben am Hof zu ermöglichen und damit selbst an Geld zu kommen.

Die Spezialisten, die den chirurgischen Eingriff vornahmen, wurden als »Messerstecher« bezeichnet, ihr Beruf war erblich. Da eine Teilkastration mitunter die Erektionsfähigkeit erhielt, wurde am chinesischen Kaiserhof die Totalkastration verlangt. Mit einem schnellen Schnitt wurden Hoden und Penis des kindlichen Opfers abgetrennt, die Harnröhre verschloss man mit einem Zinn-Nagel. Verwuchs oder entzündete sich der Harnausgang, war der Junge dem Tod geweiht. Erwies sich die Operation aber als erfolgreich – was nur bei wenigen der Fall war –, so stieg der »Wert« des Kindes. Die meisten Eunuchen konnten wegen des Eingriffs ihren Harn nicht mehr halten. Sie trugen deshalb dicke Unterwäsche und gingen stets im Trippelschritt. Außerdem kam es oft zu Bettnässen. Daher rührt der chinesische Ausdruck: »Er stinkt wie ein Eunuch.«

Weil sie selbst so viel leiden mussten, legten die Eunuchen eine erstaunliche Ausdauer an den Tag, wenn es darum ging, andere zu quälen. Neuankömmlinge peitschte man täglich aus. Schwere Vergehen von Eunuchen wurden mit dem Tode bestraft. Die Exekution erfolgte in Gegenwart aller. Eine Hinrichtungsart bestand darin, dass der für schuldig Befundene auf eine Bank gebunden und sein Gesicht so lange mit nassen Seidentüchern bedeckt wurde, bis er erstickt war.

Niedere Eunuchen führten ein hartes Leben. Sie wurden schlecht ernährt, häufig verprügelt, und im Alter kümmerte sich niemand um ihre Versorgung. Innerhalb der Verbotenen Stadt lebten sie wie Mönche in winzigen Zellen. Wenn sie wegen eines Fehlers aus dem Palast gejagt wurden, blieb ihnen nichts anderes übrig als zu betteln. So ist es kein Wunder, dass die Eunuchen zu extremem Hass und unvorstellbarer Grausamkeit fähig waren, aber auch zu Loyalität und Hingabe.

Eunuchen waren einer strengen Hierarchie unterworfen. Ein Aufstieg war nur möglich, wenn es ihnen gelang, sich bei einer einflussreichen Persönlichkeit des Hofes einzuschmeicheln. Aber auch dann war ihr offizieller Lohn sehr niedrig. Sie konnten allerdings durch Korruption mit erheblichen Nebeneinkünften rechnen. Jede Audienz beim Kaiser wurde mit Schmiergeldern erkauft, von allen Gastgeschenken erhielten sie einen Anteil. Dazu kamen verschiedene illegale »Sondereinnahmen«, etwa aus Erlösen vom Verkauf gestohlener Kunstobjekte oder Juwelen. Wenn es einem Kastraten gelang, eine höhere Position zu erreichen, wurde er in der Hauptstadt zur Berühmtheit, dann konnte er im Luxus leben. Alle Generaleunuchen und viele Obereunuchen hatten eigene Küchen, manche sogar eigene Haushalte mit Familien und Dienerinnen.

Aus Cixis letzten Worten lässt sich ermessen, welchen Einfluss die Eunuchen am Kaiserhof tatsächlich gehabt haben: »Niemals wieder soll ein Weib die höchste Macht im Staate innehaben. Es ist gegen das Hausgesetz unserer Dynastie. Sorget auch dafür, dass niemals Eunuchen sich in die Regierungsgeschäfte mischen.«

Welt verbreitet hätten. Stattdessen tauchten die »europäischen Barbaren« nun in China auf, und damit begann der langsame Abstieg dieser großen Kultur.

China und die Barbaren

Im Europa des ausgehenden Mittelalters machte sich der Venezianer Marco Polo (um 1254–1324) zu einer großen Reise über Persien und Afghanistan in den Fernen Osten auf. Sein Zeugnis wurde zu einem der berühmtesten und umstrittensten Reiseberichte der Weltliteratur. Bis heute hält die Kontroverse an, ob er wirklich mehrere Jahre am chinesischen Kaiserhof verbracht hat oder nicht. Er beschrieb Städte von riesigem Ausmaß und mit Einwohnerzahlen, die für damalige Europäer unvorstellbar waren, und er verblüffte seine Leser mit Schilderungen des unfassbaren Reichtums und der technologischen Überlegenheit der Chinesen. Was er berichtete, wich dermaßen von der damaligen europäischen Wirklichkeit ab, dass viele Leser seine Geschichten für Märchen hielten. Trotzdem prägte Mar-

Palast des Großen Khan nach der Beschreibung Marco Polos.

co Polos Bericht das Chinabild der Europäer bis in die Neuzeit. Christoph Kolumbus wurde durch das Buch animiert, den Seeweg nach Indien zu suchen, und landete in Amerika.

Die ersten christlichen Missionare, die Ende des 16. Jahrhunderts nach China kamen, waren ebenso begeistert von dieser fremden Welt wie Marco Polo. Es handelte sich um jesuitische Gelehrte, die sich bemühten, die chinesische Sprache und Schrift zu lernen, um die Kultur des Landes besser verstehen zu können. Ihre Sendbriefe, die in ganz Europa verbreitet wurden, waren fundierte landeskundliche Studien. Sie beschrieben China als gleichrangige Hochkultur, deren Gesellschaftssystem aber das absolute Gegenbild zum christlichen Abendland darstellte. Die für Europa revolutionären Ideen, die in der Beschreibung der konfuzianischen Gesellschaft enthalten waren, sollten hundert Jahre später die Rolle der christlichen Kirchen und die Vorrechte des europäischen Geburtsadels in Frage stellen. Zunächst aber kam es durch die Berichte zu einer wahren China-Euphorie. Die Europäer begannen vom Reich der Mitte zu schwärmen und seine Luxusgüter zu kaufen, vor allem Seide, Porzellan, Lackwaren und Tee.

Später meldeten sich auch kritische Stimmen zu Wort. Montesquieu ordnete China in seinem Werk »Vom Geist der Gesetze« (1748) unter die »orientalischen Despotien« ein. Mit dem europäischen Hegemoniestreben im 19. Jahrhundert änderte sich das China-Bild des Abendlands endgültig. Das Reich der Mitte galt nun nicht mehr als mächtige alte Kulturnation, sondern als rückständiges, despotisch regiertes Land, dessen unabwendbares Schicksal darin bestand, von den Europäern ausgebeutet zu werden.

Einerseits hatte man in Europa Angst vor dem Riesenreich und sprach von der »Gelben Gefahr«, andererseits träumte man von gigantischen Märkten, von 400 Millionen potenziellen Kunden für die Industrieprodukte des Westens. Für diese neue Einschätzung des Westens steht die Reise von Lord George Macartney, der sich als Botschafter des englischen Königs George III. nach China begab, um Kaiser Qianlong zu seinem achtzigsten Geburtstag zu gratulieren.

Macartney und seine hundertköpfige Delegation aus Wissenschaftlern, Künstlern, Soldaten, Dienern und Chinesischlehrern er-

Der Hafen von Kanton, um 1840. Unbekannter chinesischer Maler.

reichten China 1793 mit einem imposanten Kriegsschiff, das 66 Kanonen an Bord hatte und von zwei zivilen Schiffen begleitet wurde. Der eigentliche Auftrag des englischen Gesandten bestand darin, mit dem Kaiser die Aufnahme von Handelsbeziehungen und die Einrichtung einer Botschaft in Peking zu vereinbaren. England hoffte, durch eine direkte Vertretung am Hof die Schwierigkeiten ausräumen zu können, die britische Kaufleute in Kanton immer wieder mit chinesischen Beamten und Zwischenhändlern hatten.

Über die Hintergründe der folgenreichen Begegnung schreibt der Historiker Wang Daocheng: »England und China hatten zwei völlig unterschiedliche Wirtschaftssysteme, England war auf den Außenhandel angewiesen, China dagegen war völlig autark und schottete sich nach außen ab. Vor der Zeit des Kaisers Qianlong hatte es noch vier Häfen für die Ausländer gegeben, doch unter seiner Regierung wurde der gesamte chinesische Außenhandel über den Hafen von Kanton abgewickelt. Das führte dazu, dass man in China bald so gut wie keine Kenntnisse mehr über das Ausland hatte. Als Macartney in China landete, wusste man am Kaiserhof nicht einmal, wo England überhaupt lag.«

Die Briten dagegen wollten nicht zur Kenntnis nehmen, dass der chinesische Kaiser sie aus seinem Selbstverständnis heraus nur als Tributgesandtschaft empfangen konnte. In dem Moment, als Macartney sich nach langen Diskussionen mit der Forderung durchsetzte, nicht den Kotau vor Qianlong machen zu müssen, wurde er vom Kaiser als Barbar eingestuft. Damit war seine Mission gescheitert, ohne dass er es selbst gemerkt hätte. Man bereitete ihm zwar einen höflichen und großzügigen Empfang, doch der Zweck seines Besuchs wurde konsequent ignoriert.

Einige Zeit später ließ Qianlong dem englischen König eine unmissverständliche Antwort übermitteln: »Da die Tugenden und der Ruhm der Himmlischen Dynastie sich nach allen Seiten verbreitet haben, kommen die Könige von Myriaden Völkern zu Land und zur See mit allen Arten wertvoller Dinge. Daher gibt es nichts, was uns mangelt, wie Euer erster Gesandter und sein Gefolge ja selbst beobachten konnten. Wir haben nie viel Wert auf fremde oder auch merkwürdige Objekte gelegt, noch bedürfen wir irgendwelcher Waren Eures Landes.«

Wang Daocheng bedauert aus heutiger Sicht die Entscheidung des Kaisers, da sie letztendlich schlimme Folgen haben sollte: »Eigentlich war der Besuch Macartneys eine Chance für China, sich zu öffnen. Der Kaiser hat diese Chance nicht genutzt, sondern die Türen nur noch fester geschlossen.«

Ein weiterer Auftrag Macartneys und seines Stabes bestand darin, auf der Reise Land und Leute zu beobachten und ausführliche Informationen einzuholen. In dem Bericht, den er seinem König erstattete, betonte Macartney den krassen Gegensatz zwischen dem Reichtum am Kaiserhof und der Armut auf dem Land. Gleichzeitig beschrieb er eine durch Traditionen und Rituale erstickte Atmosphäre. Er kam zu dem Ergebnis: »Das chinesische Reich ist ein erstklassiges, aber altes, morsches Kriegsschiff, das das Glück hatte, von einer Reihe fähiger und wachsamer Offiziere die vergangenen 150 Jahre über Wasser gehalten worden zu sein und seine Nachbarn allein durch seine Masse und Erscheinung über Gebühr zu beeindrucken. Mit weniger fähigen Steuerleuten wird es aber langsam vom Kurs abdriften und am Ufer zerschellen.«

Welche Schlussfolgerungen die Engländer aus dieser ersten Begegnung mit China zogen, ist aus dem weiteren Verlauf der Ge-

schichte bekannt: Großbritannien fühlte sich als imperiale Weltmacht durch die Zurückweisung des chinesischen Kaisers brüskiert und versuchte von nun an mit allen Mitteln, das »alte Kriegsschiff« China zum Kentern zu bringen, um es ausplündern zu können.

Krieg um Opium

Die Leidenschaft der Engländer für chinesischen Tee und andere Luxusgüter bringt die englischen Kaufleute in die schwierige Lage, mehr einkaufen zu müssen als verkaufen zu können. Riesige Mengen an Silber fließen nach China, während die englischen Wollstoffe, Baumwollwaren und Industrieprodukte, die über Kanton ins Reich der Mitte eingeführt werden, kaum Kunden finden.

Deshalb suchen die Händler nach anderen Möglichkeiten, um ihre Zahlungsbilanz zu verbessern. Als sie im indischen Assam entdecken, dass dort wilder Tee wächst, lassen sie edle Teepflanzen aus China herausschmuggeln und in Assam und Ceylon Plantagen anlegen. Da die Inder keine Erfahrung mit dem Anbau von Tee haben, verschiffen die Engländer Abertausende von chinesischen Bauern nach Indien, die in dem tropischen Klima massenhaft sterben.

Auf der Suche nach anderen leicht verkäuflichen Agrarprodukten kommen die Engländer durch die geschäftlichen Erfolge Hollands und Portugals schließlich auf die Idee, ein Monopol für indisches Opium aufzubauen. Im großen Stil lassen sie in Indien Schlafmohn anpflanzen und daraus Opium herstellen. Die Verschiffung nach China und die Weiterverteilung übertragen sie ausgewählten westlichen Kaufleuten, denen sie Lizenzen verkaufen. Zunächst können die Händler ihr Opium legal in China absetzen. Doch im Jahr 1800 verbietet die kaiserliche Regierung den Import, 1813 auch den Konsum von Opium. Nun gehen bewaffnete westliche Schiffe an der chinesischen Küste vor Anker und warten darauf, dass Schmuggler mit kleinen wendigen Boten anlegen und ihnen die heiße Ware gegen Silber abnehmen.

Eine Flut von Opium ergießt sich über China. England löst damit gleich zwei Probleme: Erstens verbessert sich seine Handelsbilanz schlagartig. Und zweitens wird das chinesische Militär durch mas-

Chronik

Die Macht der Droge

Opium – ein Stoff, der nach verbotenem Luxus, nach fernen, exotischen Ländern duftet, der Angst und Schmerz nimmt, Schlaf und Vergessen, Lust und Laster verspricht. Im 19. Jahrhundert verherrlichten europäische und amerikanische Dichter wie De Quincey, Poe und Baudelaire das Opium. Damals wurde es in Europa noch legal verkauft und als Tinktur, in Form von Pillen, als Pulver oder in Alkohol aufgelöst als Laudanum eingenommen – ein Allheilmittel gegen Schmerzen, Migräne, Bronchitis, Rheuma, Arthritis und vieles mehr. Sogar kleinen Kindern gab man regelmäßig opiumhaltige Säfte, wenn sie abends nicht schlafen wollten oder wenn sie zahnten.

Opium wird aus der unreifen Kapsel des Schlafmohns (Papaver somniferum) gewonnen. Dazu werden die Samenkapseln angeritzt bis ein milchiger, klebriger Saft austritt. Nach sechs bis acht Stunden oxidiert er und kann als Rohopium abgegeschabt werden. Durch Erhitzen und Fermentation wird Rauchopium hergestellt. Bei Heroin handelt es sich um ein Opium-Derivat.

Serviererinnen in einer Opiumhöhle.

Im China vor der Qing-Dynastie wurde Opium hauptsächlich als Medikament zur Schmerzlinderung und gegen Durchfall eingesetzt. Die Bezeichnung »Yapian« ist im Chinesischen ein Fremdwort – eine phonetische Ableitung des persischen Wortes »Afium«. Das weist darauf hin, dass es sich um ein ausländisches Produkt handelt.

Etwa seit 1700 wurde Opium zunächst durch Holländer, dann durch Portugiesen von Indien nach China verkauft. Schon damals kam mit der Verbreitung des Tabaks auch das Rauchen von Opium auf. 1729 führte die Qing-Regierung daher ein staatliches Monopol für die Droge ein und belegte sie mit hohen Steuern, um die Verbreitung einzuschränken.

Als britische Kaufleute vom Handel der Holländer und Portugiesen erfuhren, witterten sie sofort das große Geschäft. Sie sahen darin eine Möglichkeit, ihre negative Handelsbilanz mit China auszugleichen. Dank des gut organisierten Anbaus von Opium in ihrer indischen Kolonie konnten sie den Stoff in China zu Schleuderpreisen verkaufen, sodass er auch für die ärmere Bevölkerung bezahlbar blieb. Nun breitete sich die Sucht explosionsartig aus und zerrüttete unzählige Familien. Am Ende rauchte ganz China Opium, vom Kuli bis zum Kaiser.

Im Jahr 1729 wurden ungefähr zweihundert Kisten davon verkauft, 1767 schon über tausend. Zwischen 1820 und 1830 setzten die Engländer dann jährlich etwa 10 000 Kisten ab, 1838 waren es 40 000. Die chinesische Regierung ging mit strengen Verboten gegen den Verkauf und den Konsum von Opium vor, doch die Engländer bekämpften alle Maßnahmen des Kaiserhofs mit militärischen Mitteln, bis sie schließlich die Legalisierung des Opiumhandels durchsetzen konnten. England wurde dadurch zum größten Drogenkartell der Weltgeschichte.

Nach dem Zweiten Opiumkrieg (1856–1860) stieg der Verkauf auf 50 000 bis 60 000 Kisten pro Jahr. Die Folgen waren verheerend. Westliche Beobachter haben geschätzt, dass es um die Jahrhundertwende in China mindestens 15 Millionen Opiumsüchtige gab und weitere 30 Millionen, die den Stoff gelegentlich konsumierten. Besonders hoch war der Anteil der Abhängigen unter Mitgliedern der kaiserlichen Familie und unter mandschurischen Bannerleuten, weil viele von ihnen keine sinnvolle Beschäftigung hatten. Selbst von Cixi wird berichtet, dass sie im Alter gern eine Pfeife vor dem Einschlafen rauchte. Deshalb ließ sie Personen, die über sechzig waren, vom Verbot des Opiumkonsums ausnehmen.

senhaftes Opiumrauchen so geschwächt, dass die späteren Kampfeinsätze englischer Soldaten in China zu »Urlaubsreisen« werden.

1839 schickt der chinesische Kaiser Daoguang seinen Sonderbeauftragten Lin Zexu mit dem Auftrag nach Kanton, den Opiumhandel zu unterbinden. Kurz entschlossen lässt der mit vielen Tricks die Vorräte der englischen Händler einsammeln und öffentlich vernichten – eine höchst ungewöhnliche Aktion, denn immerhin sind 1,4 Millionen Kilogramm zusammengekommen, die von fünfhundert Arbeitern ausgepackt werden müssen. Das Opium wird in eigens dafür ausgehobene Gräben geworfen und so lange mit Wasser, Salz und Kalk vermischt, bis es sich auflöst und die giftige Brühe ins Meer geleitet werden kann.

Nach dieser spektakulären Maßnahme kommt es zum Ersten Opiumkrieg (1840–1842). Dabei geht es den Engländern nicht nur darum, das Rauschgift ersetzt zu bekommen und sich weiterhin eine positive Handelsbilanz zu sichern. Letztlich wollen sie die Aufnahme diplomatischer Beziehungen mit China auf der Ebene gleichberechtigter Staaten erreichen.

Die englische Kriegsmarine hat leichtes Spiel. Da sie in Kanton und an der südlichen Küste auf Widerstand stößt, greift sie die östliche Küste am Fluss Yangzi in der Provinz Zhejiang an und erobert Nanjing. Im so genannten »Ungleichen Vertrag« von Nanjing muss China sich verpflichten, Hongkong an England abzutreten und fünf Vertragshäfen für den Handel mit dem Westen zu öffnen.

Die Strafexpedition

Fünfzehn Jahre später versuchen die Engländer, noch bessere Vertragsbedingungen zu erpressen. Im Zweiten Opiumkrieg erobern sie Ende 1857 Kanton und rücken dann, ähnlich wie bei ihrem ersten Feldzug, nach Norden vor. Im Mai 1858 nehmen sie die strategisch wichtigen Dagu-Forts ein und kurz darauf die Hafenstadt Tianjin. Damit steht ihnen der Weg nach Peking offen.

Um das Schlimmste zu verhindern, kapituliert der Kaiserhof und schickt Unterhändler. In zähem Ringen wird der Entwurf für einen neuen Vertrag mit den Engländern und Franzosen ausgehan-

delt. Demnach verpflichtet sich China, die Akkreditierung ausländischer Gesandter in Peking zuzulassen, die Arbeit christlicher Missionare nicht zu behindern und Ausländern mit gültigen Papieren uneingeschränkte Reisefreiheit zu gewähren. Zudem sollen alle Zölle bis auf eine Einfuhrpauschale von 2,5 Prozent entfallen und sechs weitere Häfen für den Handel mit dem Ausland geöffnet werden.

Außerdem haben die Engländer noch zwei besondere Forderungen. Zum einen soll die Bezeichnung »Barbaren« zukünftig in offiziellen chinesischen Dokumenten nicht mehr auf Briten angewendet werden. Die zweite Forderung dürfte in der Geschichte der Menschheit außergewöhnlich sein: England verlangt eine Zusatzklausel, die englischen Händlern das Recht auf Opiumhandel einräumt: »Opium wird hinfort mit einem Einfuhrzoll von 30 Tael pro 60-kg-Kiste belegt. Der Importeur darf es nur im Hafen verkaufen. Ins Landesinnere darf es nur von Chinesen und nur als chinesisches Eigentum transportiert werden; der ausländische Händler darf die Ware nicht begleiten.« (Ein Tael, ein kleiner Silberbarren, ist eine alte chinesische Währungseinheit.)

Es wird vereinbart, dass der Vertrag im kommenden Jahr von allen beteiligten Nationen feierlich unterzeichnet werden soll. Als Gegenleistung sind die Briten bereit, Tianjin und die Dagu-Forts sofort zu räumen. Da die feindlichen Truppen bereitstehen, um gegebenenfalls nach Peking vorzurücken, sieht Kaiser Xianfeng keine andere Möglichkeit, als erst einmal zuzustimmen – obwohl die Forderung nach ausländischen Gesandtschaften in China für ihn unannehmbar ist; er würde damit seine einzigartige Position als Sohn des Himmels aufgeben.

Als Engländer, Franzosen und Amerikaner 1859 mit Kanonenbooten und Tausenden von Soldaten zurückkehren, um den Vertrag unterzeichnen zu lassen, werden sie von schwer bewaffneten chinesischen Truppen erwartet und in die Flucht geschlagen. Xianfeng versucht noch einmal, seinen Kopf aus der Schlinge zu ziehen. Er hat die Dagu-Forts in der Zwischenzeit neu befestigen und mit modernsten Waffen ausrüsten lassen. Endlich einmal können die Chinesen einen Überraschungssieg erringen.

Das Dagu-Fort nach der Eroberung durch die Engländer und Franzosen 1840.

In der englischen Presse ertönt der Ruf nach Rache, eine Strafexpedition soll China eine Lektion erteilen. 1860 entsenden die Briten erneut eine Delegation zur Vertragsunterzeichnung. Sie wird auf ihrem Weg in die Hauptstadt verhaftet und ins Gefängnis geworfen. Daraufhin brechen englische und französische Truppen nach Peking auf. Sie sollen von verschiedenen Seiten in die Stadt einmarschieren und am alten Sommerpalast zusammentreffen. Als sie Peking erreicht haben, wird Chinas prächtigste Parkanlage mit den schönsten Palästen geplündert und danach in Schutt und Asche gelegt.

Ein französischer Offizier schreibt in einem Brief an seinen Vater: »So etwas hat die Welt nicht mehr erlebt, seit die Barbaren Rom geplündert haben.« Einzigartige Kunstschätze werden nach Europa verschleppt oder gehen in Flammen auf. Bis heute erinnern die Ruinen des Yuanming Yuan an die Nacht, in der das chinesische

Kaiserreich fast unterging. Doch den Briten ist nicht am Ende der Qing-Dynastie gelegen, weil dadurch ihr eigener China-Handel gefährdet würde – nur deshalb verschonen sie die Verbotene Stadt, das geheiligte Zentrum der Macht.

Die Entmachtung der Achterbande

Kurz bevor die ausländischen Truppen Peking erreichen, trifft Kaiser Xianfeng mit seinem Gefolge auf dem Jagdschloss bei Chengde ein. Die riesige Anlage in den Bergen mit Palästen, Tempeln, Hallen, Pavillons, Seen und Gärten liegt etwa zweihundert Kilometer von der Hauptstadt entfernt. Dem Kaiser hat die demütigende Flucht gesundheitlich sehr zugesetzt. Und sein Zustand verbessert sich nicht, denn täglich treffen neue Hiobsbotschaften aus der Hauptstadt ein.

Die schreckliche Nachricht von der Eroberung Pekings und der Zerstörung des geliebten Sommerpalastes übertrifft seine schlimmsten Befürchtungen. Das Reich befindet sich in einer hoffnungslosen Situation. Die Taiping-Rebellion ist nach jahrelangen Kämpfen noch immer nicht endgültig niedergeschlagen. Inzwischen erheben sich schon wieder andere Aufständische gegen die Regierung. Die Staatsfinanzen sind durch den Krieg und die überall grassierende Opiumsucht völlig zerrüttet.

In dieser Situation setzen die englischen und französischen Barbaren dem Kaiser das Messer an die Kehle: Er muss den Vertrag von Tianjin annehmen, oder ganz Peking wird zerstört. Sein jüngerer Bruder, Prinz Gong, der in der Hauptstadt geblieben ist, sieht keine andere Möglichkeit, als das Abkommen ohne weitere Diskussion zu unterzeichnen.

Nun dürfen zum ersten Mal in der Geschichte Chinas die Gesandten ausländischer Staaten als Gleichberechtigte ohne Kotau vor dem Thron des Kaisers erscheinen. Damit hat Xianfeng seine Rolle als Sohn des Himmels, als Herrscher über alle Herrscher und über alle Menschen, verspielt. Die über 2000 Jahre währende Geschichte des Reiches hat ihren Tiefpunkt erreicht. Der Kaiser hat sein Land und seine Ahnen enttäuscht. Er verfällt in tiefe Depression, sein gesundheitlicher Zustand verschlechtert sich von Tag zu Tag.

Die konservative, ausländerfeindliche Fraktion am Hof, die Achterbande unter ihrem mächtigen Führer Su Shun, ist ihrem Kaiser nach Chengde gefolgt – angeblich, um ihm in der Stunde der Not beizustehen. Tatsächlich nutzt sie seine Schwäche gnadenlos aus, um ihre Machtposition auszubauen.

Su Shun und seine Clique schirmen Xianfeng nun systematisch nach außen ab. Yehe Nara und der Kaiserin wird keine Audienz mehr bei ihm gewährt, nicht einmal zur Feier seines dreißigsten Geburtstags im Juli des Jahres 1861 werden sie eingeladen. Die Tatsache, dass Yehe Nara den inzwischen todkranken Vater ihres Kindes nicht sehen darf, erregt bei ihr den Verdacht, Su Shun wolle den einzigen Sohn des Kaisers ausschalten, um dann selbst die Macht an sich zu reißen.

In ihrer Verzweiflung nimmt sie ihr Kind auf den Arm und stürzt gemeinsam mit der Kaiserin an den verdutzten Eunuchen und Prinzen vorbei ins Schlafgemach des Kaisers. Dort knien Su Shun und seine Anhänger vor dem Bett des Sterbenden. Sie sind so verblüfft über das plötzliche Erscheinen der beiden Frauen, dass sie nicht wagen, etwas zu unternehmen.

Wie einen Schild schiebt Yehe Nara ihren Sohn vor sich her und bricht mit lauter und klarer Stimme das entsetzte Schweigen: »Wie wird die Thronfolge geregelt?« – Unendlich langsam öffnet der Sohn des Himmels die Augen und blickt sein Kind an. Im Zimmer herrscht absolute Stille. Mit einer müden Geste gibt er zu verstehen, dass er mit der Familie allein sein möchte.

Su Shun und seine Mitverschwörer verlassen den Raum, bleich vor Angst und Wut – müssen sie doch befürchten, dass Xianfeng in letzter Minute seine Meinung ändert. Am Tag zuvor hatte er die Achterbande gebeten, nach seinem Tod als Thronrat die Regentschaft zu übernehmen.

Tatsächlich überreicht Xianfeng jetzt der Kaiserin und dem Thronfolger je einen kaiserlichen Stempel. Alle Verordnungen und Erlasse werden nur dann gültig, wenn sie mit diesen beiden Siegeln versehen sind. Damit scheint sich der Familiensinn des Kaisers am Ende doch gegen alle Einflüsterungen der Achterbande durchgesetzt zu haben. Kurz darauf, am 22. August 1861, stirbt Xianfeng.

Die Sommerresidenz in Chengde. Gemälde des Hofmalers Leng Mei.

Nun versuchen Su Shun und die Mitglieder des achtköpfigen Regentschaftsrates, die beiden Frauen gegeneinander aufzuhetzen. Wie es heißt, sollen sie sogar versucht haben, die Kaiserwitwen auf der Rückreise nach Peking ermorden zu lassen. Doch Yehe Nara weiß das durch ihre Besonnenheit und dank der Unterstützung des Prinzen Gong zu verhindern. Der hat in Peking regelmäßig Botschaften des Kaisers erhalten. Er ist nicht untätig geblieben, sondern hat mit Hilfe der Armee heimlich einen Putsch gegen Su Shun und die Achterbande eingefädelt.

Nach dem Tod des Kaisers begibt er sich nach Chengde und weiht dort Yehe Nara und die Kaiserin in seine Pläne ein. Yehe Naras Berichte über Su Shuns Anmaßungen liefern ihm die nötigen Argumente für eine Anklage. Mit Hilfe der Truppen, die Gong zusammengezogen hat, werden die Anführer der Verschwörung gefangen genommen, als sie mit dem Leichnam des Kaisers in die Hauptstadt zurückkehren. Su Shun wird öffentlich geköpft, zwei seiner wichtigsten Gefolgsleute müssen sich mit einer seidenen Schnur selbst das Leben nehmen.

Durch ihren mutigen Handstreich haben Yehe Nara und Prinz Gong die Qing-Dynastie aus ihrer tiefsten Krise herausgeführt. Mit der Beseitigung von Su Shun und seinen wichtigsten Anhängern wurde ein Grundkonflikt am Hof für gewisse Zeit entschärft – der Kampf der ausländerfeindlichen Fraktion gegen die Gruppe der liberalen Intellektuellen um Gong. Eine Regentschaft der Achterbande hätte unweigerlich zu einer Zuspitzung des Konflikts mit den Westmächten und damit zu einer Katastrophe geführt.

Die Regierung hinter dem Vorhang

Die drei Regenten, die nun das Reich für den Kindkaiser regieren, wählen für seine Regierungszeit die Devise »Tongzhi« (Gemeinsame Regierung). Dieser Begriff wird meist auch als Name für den Kaiser verwendet, er soll davon ablenken, dass es sich mit der Regentschaft der beiden Witwen und des Prinzen Gong im Hintergrund eigentlich um einen unhaltbaren Zustand in der konfuzianischen Männergesellschaft handelt. Normalerweise hätte einer der kaiserlichen Prin-

zen offiziell die Regentschaft übernehmen müssen. Sie waren jedoch alle dermaßen in die vergangenen Intrigen und Verschwörungen verstrickt, dass keiner widerspruchslos von allen anderen akzeptiert worden wäre. Deshalb kommt es, wahrscheinlich auf Yehe Naras und Gongs Betreiben, zu dieser großen Koalition.

In einem Dekret, das die Witwen herausgeben, heben sie den vorläufigen Charakter ihrer Rolle hervor: »Die Annahme der Regentschaft war ganz im Gegensatz zu unseren Wünschen, aber wir haben uns dem drängenden Ersuchen unserer Prinzen und Minister gefügt, da wir von der Wichtigkeit des Bestehens einer höheren Autorität überzeugt sind, an welche sie sich wenden können.«

Bei der Thronbesteigung des Kindkaisers erhält die Gattin des verstorbenen Herrschers den Ehrentitel »Ci'an« (die Mütterliche und Friedliche), sie bleibt die »Kaiserin des östlichen Palastes«. Yehe Nara, die Mutter des Jungen, erhält den Titel »Cixi« (die Mütterliche und Glückverheißende) und wird die »Kaiserin des westlichen Palastes«.

In der Praxis sieht die »gemeinsame Regierung« so aus: Prinz Gong und seine Vertrauensleute bereiten die gesamte Regierungsarbeit im Hintergrund vor. Die Erlasse, Verordnungen und Edikte werden im Namen des Kindkaisers Tongzhi schriftlich verkündet und von Ci'an und Cixi jeweils mit einem kaiserlichen Siegel versehen. Ci'ans Siegel steht am Anfang jedes Dokuments, Cixis am Ende.

Wenn die Kaiserwitwen mit ihren Räten und Ministern Audienz halten, sitzen sie für gewöhnlich auf Thronsesseln hinter dem Kindkaiser, getrennt durch einen seidenen Vorhang. Daher rührt die Bezeichnung »Regierung hinter dem Vorhang«. Im Chinesischen heißt es eigentlich »Chui lian ting zheng« (hinter dem heruntergelassenen Vorhang der hohen Politik lauschen). Das Stück Stoff macht die beiden Witwen sozusagen unsichtbar – sie können an der Regierung teilnehmen, ohne jedoch das Feingefühl der konfuzianisch geprägten Männer zu verletzen.

Trotz der schwer zu durchschauenden Verhältnisse sind die ausländischen Mächte in dieser Zeit mit der chinesischen Regierung zufrieden, weil sie in Gong einen kompetenten Ansprechpartner finden. Der Prinz, der durch die Unterstützung chinesischer und mandschurischer Clans, Vizekönige und Generäle eine einzigartige

Prinz Gong, Bruder des Kaisers Xianfeng, Cixis großer Lehrer, Berater und Rivale.

Stellung am Hof errungen hat, ist in der neuen Regierung der mächtigste Mann. Als Ministerpräsident und Vorsitzender des Großen Rates wird er von Cixi täglich zur Morgenaudienz empfangen. Er ist zwar ihr engster Berater und prägt entscheidend ihr politisches Denken, doch die Beziehung zwischen den beiden bleibt immer kühl und formell. Das rührt vielleicht daher, dass Gong der Einzige in der Umgebung der Kaiserin ist, der sich mit der Präsenz der westlichen Ausländer in China wirklich abgefunden hat. Cixi und alle anderen Prinzen, Minister und Berater können die Fremden letztendlich nur als vorübergehendes Übel akzeptieren. Prinz Gong ist zwar ein konfuzianischer Realpolitiker ohne besondere Visionen, der stets den

Weg des geringsten Widerstands geht; doch er ist zugleich bereit, von den Fremden zu lernen.

Nachdem China durch die Verträge von Tianjin und Peking schließlich gezwungen worden ist, ausländische Gesandtschaften zuzulassen, muss der Kaiserhof so etwas wie ein Außenministerium einrichten. Das neue Amt erhält die Bezeichnung »Zongli geguo shiwu yamen« (Hauptamt für die Verwaltung der auswärtigen Angelegenheiten), die Kurzform ist »Zongli Yamen«. Dort arbeitet, unter Gongs Leitung, ein fünfköpfiges Gremium, das zusätzlich von 24 Sekretären unterstützt wird.

Dank des Prinzen erwirbt sich das Zongli Yamen im In- und Ausland schnell einen hervorragenden Ruf. Das Amt entsendet Vertreter, um englische Schiffe zu kaufen, lässt ein Standardwerk des internationalen Rechts ins Chinesische übersetzen und richtet in Peking eine Übersetzerschule ein, die später in eine Universität umgewandelt wird, an der auch ausländische Lehrkräfte unterrichten.

Eine Koalition zerbricht

Obwohl die Regentinnen bei ihrem Herrschaftsantritt den Eindruck erweckt haben, dass sie nur für begrenzte Zeit zur Verfügung stehen, arbeitet die »Regierung hinter dem Vorhang« sehr lange und sehr erfolgreich zusammen. Im April 1865 kommt es jedoch aus heiterem Himmel zu einem Eklat, nachdem Prinz Gong den Kindkaiser wegen seines Lebenswandels kritisiert hatte. Daraus entsteht ein Machtkampf, der die weitere Zusammenarbeit der Koalition grundsätzlich in Frage stellt.

In einem Edikt vom 2. April 1865 erklärt der junge Kaiser Tongzhi, dass Prinz Gong aller Ämter enthoben werde. In dem Dokument heißt es: »Im Bewusstsein, dass er die Macht hatte, die Regierung zu kontrollieren, hat Prinz Gong ... unter Ausnutzung meiner Jugend häufig ... versucht, mich zu beherrschen. ... Er hat einen diktatorischen Ton angenommen und versucht, in der kaiserlichen Familie Zwietracht zu säen ...«

Die Regentinnen werden daraufhin von allen kaiserlichen Prinzen offiziell aufgefordert, einen Clanrat einzuberufen, der die Vorwürfe klären soll. Der Rat kommt zu dem Schluss, dass Prinz Gong zwar wegen mehrfacher Verletzung der Etikette gerügt werden muss, dass er aber als vertrauensvoller Verbündeter des Hofes weiterarbeiten soll. Er verliert nur seinen Posten als Berater des Kindkaisers.

Hinter dem Vorfall steckt Cixi – sie demonstriert Gong ihre Machtposition und dass sie nicht länger gewillt ist, sich von ihm wie eine Schülerin behandeln zu lassen. Sie scheint so sehr Gefallen an der Macht gefunden zu haben, dass sie bereit ist, auch ohne Gong zu regieren. Die Beziehung zwischen den Koalitionspartnern ändert sich damit grundlegend. In der ersten Phase ihrer Regierung haben alle Beteiligten gemeinsam darum gerungen, die schweren innen- und außenpolitischen Probleme des Landes zu lösen. Nun beginnt ein Kampf untereinander.

Prinz Gong wartet ungeduldig auf eine Gelegenheit, sich zu rächen. Er weiß, dass Cixi seit ihrem Eintritt in die Verbotene Stadt ein sehr enges Verhältnis zu den Eunuchen pflegt, besonders zu An Dehai, der immer ihr persönlicher Diener war. Im Jahr 1869 schickt die Kaiserwitwe den inzwischen zum Obereunuchen ernannten An Dehai mit einem persönlichen Auftrag nach Nanjing. Er soll dort Seiden und Brokate prüfen, die sie bestellt hat. Normalerweise dürfen Eunuchen Peking nicht verlassen, doch An Dehai denkt sich nichts dabei, da er ja im Auftrag der mächtigen Kaiserwitwe reist. Entsprechend pompös tritt er unterwegs auf. Als Gong von dieser Reise erfährt, sieht er seine Chance zur Vergeltung endlich gekommen – er ordnet die sofortige Bestrafung des Eunuchen an. Am 12. September 1869 wird An Dehai hingerichtet. Ein schwarzer Tag für Cixi, verliert sie doch ihren engsten Vertrauten, der in allen schwierigen Situationen an ihrer Seite stand. Ihr ist klar, dass es sich um einen persönlichen Racheakt des Prinzen handelt. Nun wird sie alles daransetzen, Gong aus seinen Machtpositionen zu entfernen.

Missglückte Erziehung

Die beiden Regentinnen und Prinz Gong haben zu Beginn ihrer gemeinsamen Regierung große Hoffnungen in den jungen Kaiser Tongzhi gesetzt. Sie suchen die besten Lehrer für ihn aus, allen vo-

ran den mongolischen Gelehrten Wo Ren, der als einer der drei tugendhaftesten Männer des Reiches gilt. Der dogmatische Konfuzianer will durch die Erziehung des jungen Kaisers die Dynastie wieder auf den rechten Weg bringen.

Immer lauter fordern Intellektuelle die »Wiederherstellung der Ordnung im Qing-Reich«, denn allen, die das Geschehen in der Hauptstadt kritisch beobachten, ist bewusst, dass die Mandschus den Höhepunkt ihrer Herrschaft längst überschritten haben. Dekadenz, Intrigen und Verrat bestimmen das Leben nicht nur am Hof, sondern bei allen Mandschus in Peking. Die Nachfahren der tapferen Militärführer wurden einst von ihrem Kaiser gezwungen, in der Tatarenstadt von Peking zu leben, damit er sie besser kontrollieren konnte. Doch seitdem sind sie zum Müßiggang verurteilt, ihr Kampfgeist ist verloren gegangen. Sie tragen zwar hochtrabende Namen wie etwa »Chef der Reiterei«, sind aber nicht einmal imstande, ein Pferd zu reiten. Da ihr hohes Ansehen ihnen strengstens verbietet, einer Arbeit nachzugehen, sie aber vom Kaiserhof nur wenig Geld erhalten, sind sie auf Glücksspiel, Betrügereien und Korruption angewiesen.

In dieser Umgebung einen jungen Kaiser auf den Weg der »Schicklichkeit und Tugendhaftigkeit« zu führen ist eine ausgesprochen schwere Aufgabe. Wo Ren bemüht sich jahrelang, seinen Schüler davon zu überzeugen, das »ABC der 1000 Zeichen« – ein Lehrgedicht zu chinesischen Schriftzeichen –, die vier wichtigsten Bücher über den Konfuzianismus und die fünf von Konfuzius bearbeiteten chinesischen Klassiker auswendig zu lernen. Wenn es nach dem Plan des berühmten Lehrers gegangen wäre, hätte Tongzhi am Ende mehr als 431 000 Schriftzeichen beherrscht und wäre ein Vorbild an Tugendhaftigkeit, ein konfuzianischer Weiser auf dem Drachenthron geworden.

Aber der kleine Kaiser ist faul und weigert sich, so viele Zeichen auswendig zu lernen. Sein Lehrer ist verzweifelt, hat er doch keine Möglichkeit, den Sohn des Himmels zu zwingen. Für Tongzhi sind sinnliche Verlockungen sehr viel stärker als alle Tugendlehren. Im Alter von neun Jahren macht er seine ersten sexuellen Erfahrungen mit Eunuchen. Als er vierzehn ist, schmuggeln ihn diese

heimlich aus der Verbotenen Stadt, damit er auch die weibliche Sexualität kennen lernen kann. Wenig später wird ihm ein ungeheurer Verschleiß an Frauen, Mädchen, Männern und Knaben nachgesagt. Mit fünfzehn Jahren muss er schließlich das erste Mal wegen Syphilis behandelt werden.

Als alle Erziehungsversuche gescheitert sind, beschließt Cixi, dass ihr Sohn heiraten soll. Die Hochzeit findet am 16. Oktober 1872 statt, Tongzhi ist zu diesem Zeitpunkt sechzehn Jahre alt. Cixi hat eine hübsche Mongolin für ihn ausgesucht, in der Hoffnung, dass er nun vielleicht häuslicher wird. Von seiner Frau aber wird der junge Kaiser dazu ermutigt, die Regierung möglichst schnell selbst zu übernehmen. Cixi fällt es schwer, die Zügel aus der Hand zu geben, doch sie kann es nicht länger verhindern. Am 23. Februar 1873 übernimmt Tongzhi offiziell die Amtsgeschäfte.

Weniger als zwei Jahre später erkrankt der Kaiser schwer und muss die beiden früheren Regentinnen bitten, wieder »eine Zeit lang nach den Staatsgeschäften« zu sehen. Am 12. Januar 1875 stirbt Tongzhi im Alter von neunzehn Jahren – ob an Pocken oder Syphilis, ist ungeklärt.

Putsch

Der Tod von Tongzhi stürzt das Reich in eine neue Krise. Seit zehn Generationen ist es nicht vorgekommen, dass ein Kaiser keinen legitimen Nachfolger hinterlassen hat. Der Konflikt um die Thronfolge führt fast zum Bürgerkrieg. Am Hof gibt es drei verdiente Männer der kaiserlichen Familie, die Machtansprüche erheben können – für sich selbst oder für ihre Söhne. Die beiden einflussreichsten Prinzen und ihre Söhne blockieren sich jedoch gegenseitig. Prinz Gong und Prinz Dun sind scharfe Rivalen, eifersüchtig darauf bedacht, dass der andere nicht vorgezogen wird.

Um zu verhindern, dass es schon gleich nach dem Tod des Kaisers zu einem Putsch kommt, lässt Cixi das Gebiet um die Verbotene Stadt militärisch abriegeln und beruft mitten in der Nacht eine Sitzung des Großen Rates ein. Angesichts der Pattsituation verkündet sie zur allgemeinen Überraschung, dass sie den Sohn des Prinzen

Kaiser Tongzhi.

Chun adoptieren werde und ihn als Thronfolger vorschlage. Keiner wagt zu widersprechen, sie hat die Konfliktparteien überrumpelt.

Chun ist als schwächster der drei Prinzen nicht direkt in den Machtkampf zwischen Gong und Dun involviert. Für ihn spricht außerdem, dass er mit Cixis Schwester verheiratet ist. Sein dreijähriger Sohn ist also ihr Neffe, ein Blutsverwandter. Noch in derselben Nacht schafft Cixi Fakten: Der kleine Thronfolger wird aus dem Bett geholt und muss um drei Uhr morgens seinen Kotau vor dem verstorbenen Kaiser machen.

Cixis größtes Problem besteht darin, dass sie nur innerhalb der Verbotenen Stadt ihre politischen Entscheidungen fällen kann, weil sie den Kaiserhof nicht verlassen darf. Ihre Möglichkeiten bei der Suche nach fähigen Beamten sind also sehr eingeschränkt, denn sie kann nur Leute auswählen, die von ihren Beratern und den Prinzen vorgeschlagen werden.

Während ihrer zweiten Regentschaft muss Cixi immer öfter einen Mann um Hilfe bitten, der zwar durch die Unterstützung des Prinzen Gong mächtig geworden ist, aber nie offiziell der Regierung angehört. Li Hongzhang bleibt bewusst im Hintergrund, um ungestört seine Macht ausüben und private Geschäfte einfädeln zu können. Auf Gongs Rat hin wurde er Generalgouverneur der Region Hebei – in der Peking liegt –, weil er mit seiner schlagkräftigen Privatarmee für die Sicherheit der Hauptstadt sorgen kann. In kürzester Zeit entwickelt sich Li Hongzhang vom erfolgreichen Militärführer bei der Niederschlagung der Taiping-Rebellion zu einem raffinierten Staatsmann. Er wird zum Exponenten der chinesischen »Selbststärkungsbewegung«, die versucht, durch eine gezielte Anpassung von westlicher Wissenschaft und Technologie an Chinas Bedürfnisse die eigene kulturelle Tradition zu bewahren.

Wie Yehe Nara Genzheng, der Urgroßneffe der Kaiserwitwe, berichtet, unterstützte Cixi diese Aktivitäten. Sie »hat den Bau der Eisenbahnen gefördert, Schiffe kaufen lassen und hat nach der Niederlage gegen Japan [1894/95] im neuen Sommerpalast eine Marineschule gegründet. Außerdem wurden mit ihrer Unterstützung viele Studenten ins Ausland geschickt«.

In dieser Phase der Regentschaft Cixis gründet das Zongli Yamen, das Amt für auswärtige Angelegenheiten, zwar Botschaften in London, Paris, Berlin, Madrid, Washington, Tokio und Sankt Petersburg, aber es begeht auch eine Reihe schwerer Fehler, weil es häufig völlig inkompetente Unterhändler ins Ausland schickt. So kommt es nach Jahren friedlicher Beziehungen zu den Nachbarn und den europäischen Staaten bald zu Konflikten an allen Grenzen. Im Norden müssen große Gebiete an Russland abgetreten werden, im Westen geht Burma an Britisch-Indien verloren, und Vietnam muss nach einem verlorenen Krieg an Frankreich abgetreten werden.

Li Hongzhang, erfolgreicher Geschäftsmann und Politiker, Cixis wichtigster Berater.

Wegen des Scheiterns der chinesischen Frankreichpolitik werden Prinz Gong und vier Mitarbeiter des Zongli Yamen 1884 entlassen. Dazu gibt Cixi in einem Edikt bekannt:

»Prinz Gong pflegte uns zu Beginn seiner Laufbahn seine eifrigste Unterstützung zu erweisen, aber diese Haltung änderte sich im Laufe der Zeit zu einer selbstbewussten und satten Zufriedenheit durch die Annehmlichkeiten des Amtes, und seit kurzem legte er einen ungehörigen Standesdünkel an den Tag, frönte der Vetternwirtschaft und zeigte Faulheit und mangelhafte Leistung.«

Drei Jahre zuvor hatte Cixi schon ihre Mitregentin Ci'an verloren. Sie starb am 17. April 1881 ganz plötzlich im Alter von nur 44 Jahren. In den meisten Biografien der Kaiserwitwe ist von »mysteriösen Todesumständen« die Rede, oder es wird sogar offen behauptet, Cixi habe sie vergiften lassen – wozu diese allerdings keinen Grund gehabt hätte.

Cixi regiert nun als Alleinherrscherin hinter dem Vorhang und bereitet ihren Neffen und Adoptivsohn auf die Übernahme der Macht vor. Der Thronfolger ist als Kleinkind seinen Eltern entrissen, in die Verbotene Stadt gebracht und den kaiserlichen Erziehungsritualen unterworfen worden. Er entwickelt sich zu einem kränklichen und ängstlichen Jungen, der stets den strengen Anweisungen seiner neuen Mutter gehorcht.

Schon früh hat er viel Spaß an Technikspielzeug aus dem Westen, das ihm sein gütiger alter Lehrer, der konfuzianische Gelehrte Weng Tonghe, schenkt. Er wird zum Mentor und engsten Vertrauten des menschenscheuen Kindkaisers. Weng Tonghe vermittelt dem Jungen neben den konfuzianischen Klassikern auch westliches Gedankengut und weckt in ihm ein lebhaftes Interesse für den technischen Fortschritt. Guangxu wird der erste Kaiser sein, der westliche Zeitschriften und Bücher in chinesischer Übersetzung liest und sogar Englischunterricht nimmt, wenn auch ohne großen Erfolg.

Im Jahr 1889 wird er mit der drei Jahre älteren Nichte Cixis verheiratet. Das Mädchen seiner Wahl hat die Adoptivmutter abgelehnt. Doch erst im Alter von neunzehn Jahren darf er die Regierungsgeschäfte übernehmen.

Krieg und Reformen

Seit in Japan 1868 der Meiji-Kaiser die Regierung übernommen und umfassende Reformen in Gang gebracht hat, entwickelt sich in dem kleinen Inselreich ein ausgeprägter Nationalstolz – und der Drang zur Expansion. Im Jahr 1871 senden die »Zwerge«, wie sie in Cixis Edikten genannt werden, ihre letzte Tributgesandtschaft zum Sohn des Himmels. Nach einem Zwischenfall um die Ryukyu-Inseln, die auch in einem Tributverhältnis zu China stehen, kommt es zu Spannungen zwischen Japan und dem Reich der Mitte.

Die Japaner versuchen, ihre Macht auf Korea auszudehnen, den wichtigsten Vasallen Chinas. 1894 bricht in Korea ein Aufstand aus; sowohl China als auch Japan senden Truppen zur Hilfe. Als die Japaner einen chinesischen Truppentransporter versenken, kommt es zum Krieg. Chinas Armee und seine neu aufgebaute Flotte werden vernichtend geschlagen. Den Japanern steht damit der Weg ins Reich der Mitte offen.

Cixi, die damals gerade mit den Vorbereitungen für eine pompöse Feier zu ihrem sechzigsten Geburtstag beschäftigt ist, muss in einem Edikt die schmähliche Niederlage eingestehen: »Wer hätte geahnt, dass die Zwerge es wagen würden, uns zu Feindseligkeiten zu zwingen, dass sie seit Beginn des Sommers in unseren tribut-

Chinesisches Kanonenboot mit kaiserlicher Flagge, um 1880. Unbekannter chinesischer Maler.

pflichtigen Staat Korea eindringen und unsere Flotte zerstören?« Dieser Schock trifft China härter als der Einmarsch englischer und französischer Truppen in Peking 1860.

Die Niederlage zerstört letztendlich nicht nur die Ergebnisse von zehn Jahren Militärreform; sie zehrt auch am Selbstbewusstsein des chinesischen »Weltreichs«. Der verlorene Krieg gegen den bisherigen Tributstaat läutet das Ende der sinozentrischen Ordnung in Asien ein, und er führt zu einem Wettlauf der imperialistischen Mächte, von denen sich jede ein möglichst großes Stück vom chinesischen Kuchen sichern will.

In vielen Provinzen Chinas wird nun der Ruf nach Reformen laut. Junge konfuzianische Gelehrte, die zur Beamtenprüfung nach Peking gekommen sind, richten eine Denkschrift an den Thron, in der sie grundlegende Veränderungen fordern. In ihrem »Zehntausend-Worte-Memorandum« vertreten sie die Ansicht, dass die altüberkommenen Prinzipien von Chinas Gesellschaft und Staatswesen zwar nicht angetastet werden dürften, dass aber staatliche Institutionen und Gesetze dem Wandel unterworfen seien und nach westlichem Vorbild reformiert werden müssten. »Chinas Lehren dienen als Substanz, die Lehren des Westens zu praktischen Zwecken«, lautet ein Wahlspruch der Reformer.

Das Memorandum wird von Büro zu Büro weitergereicht, bis es schließlich, als alle Welt bereits davon spricht, redigiert und dem Kaiser vorgelegt wird. Einer der Anführer der Gruppe ist der 37-jährige Kang Youwei. Er ist Autor verschiedener Essays, etwa über die Teilung Polens und die Meiji-Reformer in Japan. In seinem wichtigsten Werk, der »Untersuchung der Reformen des Konfuzius«, versucht er, den großen Lehrer als Reformer darzustellen.

Der Kaiser ist von Kangs Vorschlägen begeistert und erlässt schon bald eine Reihe von Reformgesetzen. Am 11. Juni 1898 verkündet er in einem Dekret: »Wir geben nun diesen besonderen Erlass heraus, damit alle unsere Untertanen, von der kaiserlichen Familie abwärts, sich intensiv um die Sache der Reform bemühen. ... Es muss eine sorgfältige Untersuchung eines jeden Zweigs des europäischen Wissens geben, entsprechend den bestehenden Notwendig-

keiten, sodass den anzutreffenden Verirrungen ein Ende gesetzt und durch Arbeitseifer Leistungsfähigkeit erzielt wird.«

Nach monatelangem Warten wird Kang Youwei am 16. Juni 1898 auch noch von Kaiser Guangxu eingeladen, seine Ideen persönlich vorzustellen. In einem mehrstündigen Gespräch unter vier Augen schildert er dem Sohn des Himmels sein Konzept für Reformen nach japanischem Vorbild: Gründung einer Universität in Peking, praktisch ausgerichtete Schulen auf dem Lande, Einführung des Copyrights für Erfinder und Schriftsteller, Umwandlung von inoffiziellen Tempeln und Schreinen in Dorfschulen, westlicher Drill für Soldaten, Strafrechtsreform, Pressefreiheit, Verfolgung von Korruption und Vetternwirtschaft.

Drei Monate lang ergießt sich aus der Verbotenen Stadt eine Flut von Dekreten. Aber es fehlt an Geld, um Reformen durchzuführen. Außerdem bleibt offen, wie diese Dekrete konkret umgesetzt werden sollen. Die Durchführung liegt allein in den Händen der Provinzbeamten, doch die sind schon vor langer Zeit in Apathie und Opiumrausch versunken, sodass nichts geschieht.

Die Begeisterung des jungen Kaisers für Reformen bringt Cixi jedoch in große Schwierigkeiten. Einerseits scheint sie diesem Kurs durchaus aufgeschlossen gegenüberzustehen, andererseits muss sie an ihrem Hof Rücksicht auf eine sehr starke Fraktion konservativer Berater nehmen, die angesichts der Reformvorschläge um ihre Stellungen fürchten.

Deshalb versucht sie, in allen Regierungsangelegenheiten stets die Gunst des Hofes zu gewinnen. Sie taktiert so lange, bis sich ein Mittelweg findet zwischen den Konventionen des konfuzianischen Staates und den Herausforderungen des dramatischen Umbruchs, in dem sich das Land befindet. Doch als ihr hinterbracht wird, Kang Youwei habe den jungen Herrscher überredet, sie entmachten zu lassen, greift sie energisch durch. Sie lässt Kaiser Guangxu am 21. September 1898 öffentlich seinen Rücktritt verkünden: »Beginnend mit diesem Tag wird Ihre Majestät die Regierungsgeschäfte in der Seitenhalle des Palastes abwickeln, und übermorgen werden wir ihr [Cixi] an der Spitze unserer Prinzen und Minister in der Halle der gewissenhaften Regierung unsere Huldigung entbieten.«

Der Reformer Kang Youwei.

Von nun an verbirgt sich Cixi nicht mehr hinter dem Vorhang, sondern nimmt selbst den Platz auf dem Thron ein. Guangxu wird gezwungen, einen Teil der Reformen zu widerrufen. Der entmachtete Herrscher muss sich auf die kleine Insel Yingtai in einem See unweit der Verbotenen Stadt zurückziehen, wo er von zwanzig Eunuchen bedient und bewacht wird. Hier verfällt er in tiefe Depression. Zu Audienzen wird er in die Verbotene Stadt gebracht, dann sitzt er neben seiner Adoptivmutter auf einem Thron und spricht nur, wenn er von ihr dazu aufgefordert wird. Er wagt nicht mehr, ihr zu widersprechen; auch nicht, als er die Todesurteile gegen Kang Youweis Gefolgsleute unterzeichnen muss. Sechs Mitglieder der Reformbewegung werden enthauptet.

Kang Youwei selbst kann sich in letzter Minute retten. Er entkommt auf einem englischen Schiff, das von Shanghai aus nach Japan segelt. Dort setzt er eine regelrechte Pressekampagne gegen Cixi in Gang. Er behauptet, sie habe ihren Adoptivsohn einsperren, quälen und umbringen lassen.

Im Jahr 1899 erscheint Edmund Backhouse in Peking, ein junger Sprachwissenschaftler aus Oxford, der behauptet, zehn bis zwölf Sprachen fließend zu beherrschen. Er bewirbt sich zunächst um eine Stelle als Dolmetscher beim Zolldienst. Als er dort abgelehnt wird, beginnt er, chinesische Zeitungsartikel und offizielle Dokumente zu übersetzen, die er dann führenden Korrespondenten der internationalen Presse anbietet.

Dabei lernt er George Morrison kennen, den Peking-Korrespondenten der »Times«. Bald sind die beiden eng befreundet, und Backhouse verfasst als Ghostwriter Korrespondentenberichte für Morrison. Besonders erfolgreich ist er mit Sensationsgeschichten über die Kaiserwitwe. Da er fließend Mandschurisch spricht, nimmt man ihm seine angeblichen Kontakte zu Mandschu-Adligen ab. Tatsächlich gehen viele der Informationen auf die Hetzschriften Kang Youweis zurück. Backhouse vermischt sie geschickt mit Gerüchten, die er in Pekings Schwulenviertel aufschnappt, wo auch einige Eunuchen des Kaiserhofs verkehren.

Backhouse, Kang Youwei und andere liefern fortan das Material für eine der ersten weltweiten Pressekampagnen gegen einen

ausländischen Herrscher. Bald sind ganz Europa und Amerika dazu bereit, dem Wüten des weiblichen Monsters im Fernen Osten Einhalt zu gebieten.

Gemeinsam mit dem Journalisten J.O.P. Bland veröffentlicht Backhouse kurz nach Cixis Tod eine umfangreiche Biographie. Sie beruht angeblich auf staatlichen Dokumenten und den Tagebüchern des Oberhofmarschalls Jing Shan. Das Buch wird weltweit zum Bestseller, auch in China. Die »New York Times« schreibt: »Eine solche Sammlung chinesischer Dokumente dürfte der Welt bislang noch nicht vorgelegt worden sein, zumindest keine, welche die Realitäten des chinesischen Staatslebens besser zum Ausdruck brächte.« Für Jahrzehnte ist »China unter der Kaiserin Witwe« die wichtigste Grundlage der historischen Forschung. Später stellt sich heraus, dass die Tagebücher gefälscht waren und Backhouse als Geheimagent im Dienst der englischen Regierung stand.

Die letzten Tage von Peking

Im Jahr 1900 entsteht in China aus einem kulturellen Konflikt eine internationale militärische Auseinandersetzung. Die Regierungen des Westens fühlen sich aufgerufen, mit schweren Waffen die abendländische Zivilisation gegen blutrünstige Heiden, die sie »Boxer« nennen, zu verteidigen. China mobilisiert seine letzten Reserven, die Yihetuan, die »Faustkämpfer für Gerechtigkeit und Eintracht«, die mit ihren Fäusten, Lanzen und Schwertern die alte chinesische Kultur vor dem Untergang bewahren sollen. Und zum ersten Mal in der Geschichte mischt sich die Weltpresse in einen Kampf der Kulturen ein und beeinflusst durch ihre Berichterstattung den Lauf der Ereignisse.

Bis in die jüngste Zeit hinein wurden im Westen über den »Boxeraufstand« so viele Halbwahrheiten verbreitet wie über kein anderes Ereignis der chinesischen Geschichte. Auf beiden Seiten hat man lange versucht, durch Mythenbildung von der peinlichen Realität abzulenken. Zum hundertjährigen Jubiläum des Aufstands im Jahr 2000 hat es keine Nation gewagt, die Gegenseite durch Gedenkfeiern zu kränken.

Sabine Dabringhaus von der Universität Freiburg hat die historischen Hintergründe des Boxeraufstands analysiert. Für sie stellen sich die Ereignisse als »Militarisierung eines kulturellen Konflikts« dar, der aus »ökologischen, wirtschaftlichen und gesellschaftlichen Krisen« entstanden ist. In der Provinz Shandong, im Nordosten Chinas, werden 1898 Millionen von Menschen durch Überschwemmungen obdachlos. Grundbesitzern und lokalen Ordnungskräften gelingt es nicht, Sekten, Geheimbünde, Räuberbanden und dörfliche Selbstverteidigungsmilizen unter Kontrolle zu bekommen, sodass es ständig zu Gewaltakten kommt.

Diese Gewalt richtet sich vor allem gegen ausländische Missionare und chinesische Christen. Die Missionare beherrschen meist weder die Landessprache noch kennen sie sich in der chinesischen Kultur aus, missbrauchen aber ihre Macht, die ihnen in den »Ungleichen Verträgen« zugestanden wurde. Sie maßen sich die Rechte von Provinzgouverneuren an und zwingen Bauern, ihr Land zu einseitig festgelegten Preisen zu verkaufen. Sie reißen alte Tempel ab und errichten dann an ihrer Stelle christliche Kirchen. Das führt sowohl bei einfachen Bauern als auch bei chinesischen Beamten zu Fremdenfeindlichkeit.

Als zwei deutsche Priester ermordet werden, verschärft sich der Konflikt durch eine Intervention Deutschlands. Drei deutsche Kriegsschiffe landen in der Bucht von Jiaozhou. Mit der Drohung, die Hafenstadt Qingdao (Tsingtau) zu beschießen, werden die chinesischen Truppen zum Abzug gezwungen. Es kommt zu Friedensverhandlungen; am Ende erhält Deutschland das Recht, die Bucht von Jiaozhou samt Umland für 99 Jahre zu pachten, sowie Eisenbahn- und Bergbaukonzessionen in der Provinz Shandong und Zollvergünstigungen für deutsche Waren.

Aus Protest gegen die nachgiebige Haltung des Kaiserhofs gegenüber den Deutschen und aus Verzweiflung über die Not nach der Flutkatastrophe schließen sich verschiedene Gruppen zu einer großen Aufstandsbewegung zusammen. Nur in einem gemeinsamen Kampf glauben sie, die Fremden vertreiben zu können. Auf Plakaten und Wandzeitungen beschwören sie ihre magischen Kräfte, die sie unverwundbar machen und ihnen helfen sollen, die Har-

Chronik

Die letzten Jahrzehnte des Kaiserreichs

1840–1842	Erster Opiumkrieg zwischen England und China
1850	Tod des Kaisers Daoguang, Xianfeng wird sein Nachfolger. Beginn der Taiping-Rebellion unter Hong Xiuquan in der Provinz Guangxi
1851	Die Taiping-Rebellen rufen das »Reich des Himmlischen Friedens« aus
1852	Die Konkubine Yehe Nara kommt an den Kaiserhof
1853	Nanjing wird Hauptstadt des Taiping-Reiches
27. April 1856	Yehe Nara bringt einen Thronfolger zur Welt
1856–1860	Zweiter Opiumkrieg: England, Frankreich und die USA gegen China
1860	Der Kaiserhof flieht nach Chengde. Besetzung Pekings durch westliche Truppen. Plünderung und Zerstörung des alten Sommerpalasts Yuanming Yuan
1861	Tod des Kaisers Xianfeng. Entmachtung der Achterbande um Su Shun durch Prinz Gong und Yehe Nara (jetzt »Cixi«). Regierungsantritt des Kindkaisers Tongzhi. Bildung der »Regierung hinter dem Vorhang«
1864	Niederschlagung der Taiping-Rebellion durch Zeng Guofan, Li Hongzhang und eine ausländische Elitetruppe unter dem Briten Charles George Gordon
1865	Cixi versucht erfolglos, Prinz Gong zu entmachten
12. September 1869	Hinrichtung von Cixis Kammerdiener An Dehai auf Anweisung von Prinz Gong
21. Juni 1870	Massaker von Tianjin. Ermordung französischer Missionare und Zerstörung einer katholischen Kirche
1871	Li Hongzhang übernimmt die Leitung der chinesischen Außenpolitik
16. Oktober 1872	Der sechzehnjährige Kaiser Tongzhi heiratet Alude
23. Februar 1873	Tongzhi besteigt den Thron
12. Januar 1875	Tongzhi stirbt mit neunzehn Jahren

25. Februar 1875	Cixis Neffe und Adoptivsohn Guangxu wird zum Thronfolger ernannt. Cixi übernimmt die Regentschaft
27. März 1875	Kaiserin Alude nimmt sich das Leben
1877	Erste Konflikte mit Japan
17. April 1881	Kaiserin Ci'an stirbt im Alter von 44 Jahren
1884	Prinz Gong wird entlassen
1887	Rong Lu, ein enger Vertrauter Cixis, wird Oberbefehlshaber der kaiserlichen Truppen
1889	Cixi lässt den neuen Sommerpalast weiter ausbauen
1895	Niederlage Chinas im Krieg gegen Japan. Friede von Shimonoseki
1898	Die »Reform der 100 Tage«
1900	Boxeraufstand. Belagerung der ausländischen Gesandtschaften in Peking. Plünderung der Verbotenen Stadt durch alliierte Truppen. Flucht des Kaiserhofs
1902	Rückkehr des Kaiserhofs nach Peking
1905	Neue Reformen, unter anderem Abschaffung des staatlichen Prüfungssystems
15. November 1908	Tod Cixis
10. Oktober 1911	Militärputsch in der Stadt Wuchang. Auftakt zur Revolution
1. Januar 1912	Sun Yat-sen ruft die Republik China aus
12. Februar 1912	Abdankung der kaiserlichen Regierung

Ruinen des alten Sommerpalasts Yuanming Yuan.

monie in China wiederherzustellen: »Die Geister kommen aus den Höhlen heraus, die Unsterblichen steigen die Berge herab, sie verbinden sich mit den menschlichen Körpern, um den Faustkampf zu üben. Sie zerstören Eisenbahngleise, sie reißen Telegrafendrähte herunter und brennen wütend Dampfschiffe nieder. ... Die ausländischen Teufel werden alle vollkommen vernichtet.«

In dieser explosiven Situation lässt Cixi in Shandong einen neuen Provinzgouverneur einsetzen, der nun gemeinsam mit der deutschen Kolonialverwaltung sehr entschlossen gegen die Boxer-Bewegung vorgeht. Als die Aufständischen daraufhin ihre Aktionen Richtung Peking verlagern, veröffentlicht Cixi im Januar des Jahres 1900 ein Edikt, in dem sie von »guten« und von »bösen« Elementen in der Bewegung spricht.

Der »North China Herald« verkündet unterdessen in einem Leitartikel zu dem Thema: »Es steht einwandfrei fest, dass zu Beginn des Frühjahrs eine Erhebung stattfinden wird, wie sie in China lebende Ausländer noch nie erlebt haben. Das ganze Land vom Gelben Fluss bis zur Großen Mauer wird in Aufruhr sein ... und alle Fremden aus Peking und Tianjin vertreiben.«

Da die Boxer den ausländischen Missionaren und Geschäftsleuten tatsächlich schwere Schläge versetzen, verbünden sich Großbritannien, Russland, Japan, die USA, Deutschland, Frankreich, Italien und Österreich-Ungarn und schicken ein gemeinsames Expeditionskorps von zweitausend Mann nach China. Am 10. Juni 1900 landen die Truppen unter Führung des britischen Marinekommandanten Sir Edward Seymour bei Dagu, südöstlich von Tianjin.

Kurz darauf tauchen die ersten Boxer in der Hauptstadt auf. Baron Clemens von Ketteler, der deutsche Gesandte in Peking, begegnet am 13. Juni einem Mann in einem typischen weißen Boxergewand, der lässig auf einem Karren sitzt. Er hat sein Haar mit einem roten Tuch zusammengebunden und trägt rote Bänder um Handgelenke und Fußknöchel sowie einen knallroten Gürtel. Als er beginnt, ein langes Tranchiermesser an seinem Stiefel zu wetzen, und sich provozierend umblickt, kocht in Ketteler die Wut hoch. Er versucht, dem Boxer mit seinem Spazierstock einen kräftigen Hieb auf den

China im 19. Jahrhundert
RUSSISCHES REICH
Russisches Protektorat
TANNU TUVA
MONGOLEI
KASACHSTAN
1864 zu Russland
ALTAI
GOBI
ILI
1871–81 zu Russland gehörend
TURKISTAN
XINJIANG
TAKLAMAKAN
GANSU
CHINA
Gelber Fluss
SHANXI
HENAN
SHAANXI
HUBEI
Hankou
Beijing
Tianjin
AFGHANISTAN
TIBET
unabhängig nach 1912, aber unter britischer Einflussnahme
Yangzi
Mekong
Salween
SICHUAN
Chongqing
HUNAN
GUIZHOU
HIMALAYA
Brahmaputra
SIKKIM
NEPAL
BHUTAN
britisch 1826
ASSAM
britisch 1886
YUNNAN
GUANGXI
Indus
Ganges
BRITISCH-INDIEN
BURMA
britisch 1886
LAOS
franz. 1883
FRANZÖSISCH-INDOCHINA
1884
GOLF VON BENGALEN
SIAM
ARABISCHES MEER
Krishna
CEYLON
MALAYA
Singapur
INDISCHER OZEAN
Kolonialbesitztümer u. Einflussbereiche (schraffiert)
russisch
japanisch
französisch
britisch
deutsch
Mandschu-Reich i. J. 1850
Vertragshäfen i. J. 1911
Ausländische Angriffe:
Britische (Opiumkrieg 1839–42)
Englisch-französische Expeditionen 1858–60
Französische 1883–85
Gebiet des Boxeraufstands 1900–1901

Kopf zu verpassen. Der Mann duckt sich und verschwindet blitzschnell in einem Eingang. Als Ketteler in dem Karren einen weiteren Boxer entdeckt – ein Knabe noch –, verprügelt er ihn und lässt ihn in die deutsche Gesandtschaft bringen.

Obwohl die Boxer die telegrafischen Verbindungen kappen, die einzige Eisenbahnlinie zerstören und die Stadt einkreisen, können sich die europäischen Gesandten nicht dazu durchringen, Peking endgültig zu verlassen. Stattdessen verwandeln sie ihr Viertel in eine behelfsmäßige Festung. In der letzten telegrafischen Meldung, die nach Peking durchkommt, kündigt General Seymour an, dass er mit seiner Truppe Richtung Hauptstadt aufbricht.

Einige Diplomaten fühlen sich trotz der angespannten Situation in der Stadt noch so sicher, dass sie Jagd auf Boxer machen. Obwohl bislang kein einziger Schuss gegen die Gesandtschaften abgefeuert wurde, lässt Ketteler auf eine Gruppe von Boxern schießen, die er bei Kampfübungen überrascht hat. Sieben Männer werden getötet, zwanzig verwundet. Solche und ähnliche Aktionen lassen die Situation eskalieren. Nun legen die Boxer Feuer in allen Geschäften, die ausländische Waren verkaufen. Der Bürgermeister von Peking fordert Ketteler auf, den Jungen freizulassen, der in die deutsche Gesandtschaft verschleppt wurde. Ketteler kann dieser Bitte nicht entsprechen, weil der Boxer schon tot ist.

Am 16. Juni 1900 ruft Cixi sämtliche Prinzen, die Leiter aller Ministerien und Ämter

Chronik

Der Boxeraufstand

14. November **1897**	Nach dem Mord an zwei deutschen Missionaren landen drei deutsche Kriegsschiffe in der Bucht von Jiaozhou in der Provinz Shandong
1898	Überschwemmungen und erste Unruhen in der Provinz Shandong
1900	
Januar	Edikt Cixis zum Boxeraufstand ohne klare Parteinahme
28. Mai	Die Boxer zerstören Eisenbahnanlagen und Telegrafenmasten in der Umgebung von Peking
31. Mai	Fast vierhundert Soldaten treffen als Wachmannschaften der Botschaften in Peking ein
Ab Juni	Nahezu 2000 Ausländer sind in Peking eingeschlossen. Die westlichen Mächte bilden ein gemeinsames Expeditionsheer
4. Juni	Die Gesandten in Peking fordern Truppenverstärkung. Die Telegrafenverbindung zwischen Peking und Tianjin wird gekappt
10. Juni	2000 alliierte Soldaten unter Sir Edward Seymour brechen von Tianjin nach Peking auf
11. Juni	Der japanische Botschafter wird ermordet
12. Juni	Einmarsch der Boxer in Peking
16. Juni	Sitzung der chinesischen Regierung unter Cixi und Kaiser Guangxu. Die Boxer legen Feuer in Geschäften, die ausländische Waren verkaufen.
17. Juni	Alliierte Truppen erobern die Dagu-Forts. Die chinesische Regierung beschließt die Kriegserklärung an die Ausländer. Die Gesandten sollen Peking innerhalb von 24 Stunden verlassen
20. Juni	Der deutsche Gesandte, Baron Clemens von Ketteler, wird ermordet. Die chinesische Armee eröffnet das Feuer auf das Botschaftsviertel

21. Juni	Die chinesische Regierung erklärt den Ausländern offiziell den Krieg
21. Juni – 14. Juli	Massive Angriffe auf Teile des Botschaftsviertels. Welle von Ausschreitungen gegen Christen im ganzen Land
27. Juni	In ihrem einzigen eindeutigen Edikt lobt Cixi die Boxer
14. Juli	Die Alliierten erobern Tianjin
15. Juli – 13. August	Fortsetzung der Belagerung des Gesandtschaftsviertels durch die kaiserliche Armee
16. Juli	Bericht der Londoner »Daily Mail« über ein angebliches Massaker an den Gesandten in Peking
18.–29. Juli	Waffenruhe in Peking
27. Juli	Deutschland entsendet gemeinsam mit anderen Staaten ein schlagkräftiges Expeditionskorps nach China. »Hunnenrede« Kaiser Wilhelms II.
4. August	Das alliierte Heer bricht mit 20 000 Soldaten von Tianjin nach Peking auf
13. August	Einmarsch des Expeditionskorps in Peking
14.–17. August	Peking wird geplündert
15. August	Cixi und Guangxu fliehen nach Xi'an
Oktober/November	Deutsche Strafexpedition gegen die längst besiegten Boxer
7. September **1901**	Das internationale »Boxerprotokoll« räumt den europäischen Mächten neue Sonderrechte ein

Gefangene junge Boxer.

sowie die Mitglieder der kaiserlichen Hofhaltung zu einer außerordentlichen Sitzung zusammen. Über hundert Mandarine, Prinzen und Generäle versammeln sich in der Verbotenen Stadt und beraten, wie man auf die Übergriffe der Boxer, die Provokationen der ausländischen Botschafter und den Aufmarsch europäischer Truppen reagieren soll. Es gibt zwei Lager; die einen fordern das sofortige Eingreifen der kaiserlichen Truppen, die anderen raten zu Verhandlungen.

Dem Oberbefehlshaber der Regierungstruppen, Rong Lu, wird folgende Äußerung zugeschrieben: »Später muss man sich sowieso wieder zusammensetzen, warum soll man dann vorher schießen?« In allen Verhandlungen versucht Rong Lu, seine Soldaten aus dem Konflikt herauszuhalten. Bis zuletzt verhindert er den Einsatz von hundert deutschen Krupp-Kanonen; damit hätten seine Truppen das gesamte Gesandtschaftsviertel innerhalb kürzester Zeit in Schutt und Asche legen können.

In der ersten Sitzung kommt es zu keiner Einigung. Bei einer weiteren Versammlung am 17. Juni berichtet das Zongli Yamen, dass die alliierten Truppen drohen, die Dagu-Forts in der Nähe von Tianjin zu zerstören. Ein Kriegstreiber unter den Prinzen legt noch ein weiteres Ultimatum vor, das er persönlich von den Ausländern erhalten haben will. Darin wird die Kaiserwitwe aufgefordert, zurückzutreten und den Thron für Kaiser Guangxu freizumachen. Cixi schäumt vor Wut: »Die Unverschämtheit dieser Ausländer kennt keine Grenzen. Wir werden sie vernichten, bevor wir das Frühstück zu uns nehmen.« Die Versammlung beschließt die Kriegserklärung. Alle Ausländer werden aufgefordert, binnen 24 Stunden Peking zu verlassen.

Als die Botschafter von dem Ultimatum erfahren, sind viele von ihnen vor Angst gelähmt. Nach endlosen Debatten kommen sie zu dem Schluss: In dieser Situation die Stadt zu verlassen wäre Selbstmord. Peking ist von Boxern umzingelt, niemand würde lebend herauskommen. Die einzige Chance besteht darin, hinter den Barrikaden zu warten, bis General Seymour mit seinem Expeditionskorps eintrifft. Die Mehrheit der Diplomaten beschließt, eine Note an das Zongli Yamen zu senden, in dem eine Annullierung des Ultimatums oder eine gemeinsame Unterredung am nächsten Tag gefordert wird. Das Amt schickt eine ausweichende Antwort; in der

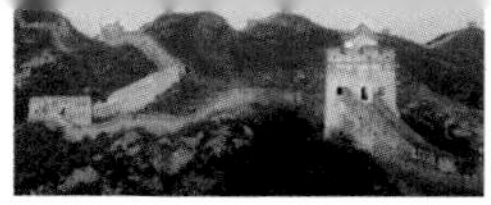

aufgeheizten Situation drohe den Botschaftsvertretern Gefahr auf ihrem Weg zum Zongli Yamen. Niemand weiß, wie es weitergehen soll. Man einigt sich darauf abzuwarten.

Doch der deutsche Gesandte Ketteler ist der Diskussionen und des Abwartens überdrüssig. Er beschließt, sich allein zum Zongli Yamen zu begeben und dort so lange auszuharren, bis er eine Antwort erhält. Am 20. Juni morgens um 8.30 Uhr bricht er gemeinsam mit seinem Dolmetscher auf, obwohl er weiß, dass sieben Tage zuvor der japanische Botschafter auf demselben Weg getötet wurde.

Als die beiden in ihren Sänften über eine belebte Kreuzung getragen werden, sieht der Dolmetscher plötzlich, wie ein junger Mandschu in Uniform mit einem Gewehr auf den Baron schießt. Ketteler ist sofort tot, der Dolmetscher wird ins Bein getroffen und kann sich in eine Missionsstation retten. Nun herrscht Panik unter den Ausländern. Sie verstärken die Barrikaden und versuchen in aller Schnelle, ihre Lebensmittelvorräte aufzustocken. Jetzt müssen sie sich endgültig auf eine Belagerung einrichten. Tatsächlich eröffnen chinesische Soldaten schon am selben Abend das Feuer. Drei Ausländer werden getötet.

In der Verbotenen Stadt finden unterdessen weitere Sitzungen des kaiserlichen Hofes statt. Am 21. Juni erklärt Cixi den Alliierten offiziell den Krieg und damit den befürchteten Belagerungszustand für die Gesandten. 55 Tage lang werden die ausländischen Botschafter, Kaufleute, Missionare und die chinesischen Christen, die sich in das Gesandtschaftsviertel geflüchtet haben, nun völlig von der Außenwelt abgeschnitten sein.

Als man nichts mehr von ihnen hört, gehen Meldungen um die Welt, in denen schon ihr heldenhafter Tod verkündet wird. Am 16. Juli 1900 schreibt ein Sonderkorrespondent aus Shanghai in der Londoner »Daily Mail« unter dem Titel »Das Massaker von Peking«: »Sie standen beieinander, während die Sonne aufging, das übrig gebliebene Grüppchen, alles Europäer, und blickten trotzig dem Tod ins Auge. ... Wenn ein Mann fiel, traten andere nach vorn, und schließlich, von der überwältigenden Übermacht bezwungen, wurde jeder Einzelne der übrigen Europäer auf die grausamste Weise mit dem Schwert niedergemetzelt.«

Graf Alfred von Waldersee, Oberbefehlshaber der europäischen Truppen, beim Einmarsch in die Verbotene Stadt.

Nachrufe werden geschrieben, Beileidsbriefe verschickt, Trauergottesdienste angekündigt. Voller Empörung entsendet der deutsche Kaiser Wilhelm II. weitere Soldaten nach China. Am 27. Juli 1900 verabschiedet er sie in Bremerhaven mit einer Ansprache, die als »Hunnenrede« in die Geschichte eingehen wird: »Eine große Aufgabe harrt eurer: Ihr sollt das schwere Unrecht, das geschehen ist, sühnen. Die Chinesen haben das Völkerrecht umgeworfen, sie haben in einer in der Weltgeschichte nicht erhörten Weise der Heiligkeit des Gesandten, den Pflichten des Gastrechts Hohn gesprochen. ... Pardon wird nicht gegeben. Gefangene werden nicht gemacht. Führt eure Waffen so, dass auf tausend Jahre hinaus kein Chinese mehr es wagt, einen Deutschen scheel anzusehen!«

Als dann plötzlich wieder Kontakt zu den Gesandten in Peking hergestellt wird, geben sich die Zeitungen zerknirscht. So schreibt beispielsweise die »New York Times«: »Die Menschen in allen Teilen der zivilisierten Welt waren schockiert und deprimiert von den Geschichten über Massaker und Folterungen in Peking. ... Und nun stellt sich heraus, dass fast jeder aus China übersandte Bericht im Wesentlichen falsch war.«

Aber die Kriegsmaschinerie rollt weiter, immer neue Soldaten erreichen China. Peking wird erobert, das Gesandtschaftsviertel befreit und die Stadt drei Tage lang geplündert. 66 Europäer werden getötet, 150 verwundet. Die Toten auf chinesischer Seite, insbesondere bei den Boxern, wurden nie gezählt – es waren Tausende. Die Kaiserwitwe und ihr Adoptivsohn verkleiden sich als biedere Bürger und entkommen unerkannt in den Nordwesten Chinas. Alliierte Soldaten besetzen den Kaiserpalast. Bilder von ihrem Aufmarsch vor der »Halle der höchsten Harmonie« gehen um die Welt und künden vom Ende der Qing-Dynastie.

Untergang oder Systemwechsel?

Wieder einmal ist das Kaiserreich also am Ende. Dieses Mal scheint jedoch alles unwiderruflich vorbei zu sein, denn selbst das Allerheiligste, die Verbotene Stadt, wird von den Bezwingern geschändet. Die Mitte der Welt befindet sich nun in den Händen der feindlichen Barbaren. Das »morsche alte Kriegsschiff«, wie der britische Gesandte Macartney China einst nannte, ist mit modernen europäischen Kanonenbooten kollidiert.

Aber die Kaiserwitwe Cixi ist noch nicht tot. Zwei Jahre nach ihrem heimlichen Verschwinden kehrt sie nach Peking zurück, mit dem modernsten Transportmittel ihrer Zeit, der Eisenbahn. Noch einmal will sie China reformieren.

Eine begeisterte Menschenmenge erscheint zu ihrer Begrüßung, sogar die Ausländer sind bei der Rückkehr des Hofes wie geblendet vom kaiserlichen Glanz und finden völlig neue Worte, um ihre frühere Intimfeindin zu beschreiben. Ein Blick, ein Lächeln von Cixi genügen, und sie haben die Untaten dieser »schrecklichen Kaiserin« vergessen, in der sie bisher nur eine »Feindin der menschlichen Gesellschaft« gesehen haben. Plötzlich fühlen sie sich in »atemloses Erstaunen« versetzt durch den »persönlichen Zauber« Cixis – jene Ausstrahlung, die wohl das Geheimnis der erstaunlichen Macht ist, mit der sie ein Drittel der Menschheit ein halbes Jahrhundert lang beherrscht hat.

Als sie am 15. November 1908 stirbt, verschwindet die letzte glanzvolle Persönlichkeit des alten Kaiserreichs. Cixi hat in einer frauenfeindlichen Männerwelt immer wieder alle Schwierigkeiten im Innern ihres maroden Reiches überwunden – die Dekadenz und die Intrigen des Hofes, die Apathie ihrer Truppen und Beamten, Katastrophen, Rebellionen und die Bedrohungen durch ausländische Mächte, die ihrem Land eine andere Ordnung aufzwingen wollten. Mit ihrem eisernen Willen gelingt es ihr sogar, ihren Tod so lange hinauszuzögern, bis der schwer kranke Kaiser Guangxu gestorben ist. Erst nachdem sie die Thronfolge geregelt hat, scheidet sie einen Tag nach ihrem Adoptivsohn dahin. Neuer Kaiser wird der dreijährige Pu Yi, für den sein Vater die Regentschaft ausübt.

Die Zeiten bleiben unruhig. Schon im August 1905 ist es Sun Yat-sen gelungen, verschiedene revolutionäre Studentengruppen unter seiner Führung zur »Liga der Verbündeten« zu vereinigen. Sun Yat-sen (1866–1925) stammt aus einer Bauernfamilie in der Umgebung von Kanton. In Honolulu erhält er eine westliche Bildung, anschließend studiert er in China Medizin und praktiziert als Arzt in Macao und Kanton. Er lernt patriotisch gesinnte Studenten und Mitglieder geheimer Gesellschaften kennen, die aus dem Untergrund gegen die korrupte Herrschaft der Qing-Regierung kämpfen. Sun Yat-sen hegt große Bewunderung für die Taiping-Rebellion und nennt sich nach deren Anführer »Hong Xiuquan der Zweite«. Er entwickelt ein Programm, in dem er eine dreifache Revolution fordert:

1. Eine nationale Revolution zur Befreiung Chinas von der Mandschu-Herrschaft und zur Wiederherstellung seiner Souveränität
2. Eine demokratische Revolution zur Abschaffung des Kaisertums
3. Eine soziale Revolution zur gerechten Landverteilung und zur Bekämpfung des aufkeimenden Kapitalismus in den großen Städten

Ab 1906 organisieren Sun Yat-sens Anhänger gemeinsam mit anderen revolutionären Gruppen acht große Aufstände, die sämtlich scheitern. Als sich aber Ende 1910 der Kaiserhof gegen die von allen Seiten geforderte Einführung eines gewählten Nationalparlaments wendet, ruft dies eine breite Mandschu-feindliche Stimmung hervor. An der Spitze der Opposition stehen einflussreiche Gelehrte und Kaufleute aus lokalen Selbstverwaltungsräten und Provinzversammlungen sowie Offiziere des modernisierten Heeres. Diese Gruppen schließen sich jetzt mit den Geheimbünden und den Revolutionären um Sun Yat-sen zusammen.

In der Stadt Wuchang in der Provinz Hubei gelingt es Sun Yatsens Anhängern, mehr als 5000 Offiziere und Soldaten der Provinzarmee für sich zu gewinnen. Am Abend des 10. Oktober 1911 bricht der bewaffnete Aufstand aus. Nach einer Nacht heftiger Kämpfe wird Wuchang erobert. Es dauert nur wenige Wochen, bis fünfzehn Provinzen zu den Revolutionären überlaufen. Das Mandschu-Reich

fällt in sich zusammen. Am 1. Januar 1912 ruft Sun Yat-sen die Republik China aus. Der Kaiserhof steht den Ereignissen hilflos gegenüber. Pu Yi, dem letzten Kaiser der Qing-Dynastie, bleibt nichts anderes übrig als abzudanken. Am 12. Februar des Jahres 1912 endet die mehr als 2000 Jahre alte feudale Herrschaft in China.

Sun Yat-sen.

Die Geschichtsschreibung der Volksrepublik China stellt das Ende der Qing-Dynastie bis heute als Untergang eines Reiches dar und nennt alles, was danach kommt, das »Neue China«. Im Westen dagegen betrachtet man den Einschnitt von 1912 neuerdings als bloßen Systemwechsel. Der Historiker Alexander Demandt: »Von einem Untergang des chinesischen Weltreichs kann man nicht sprechen. Wenn wir den Begriff Untergang verwenden, dann denken wir an ganz andere Zusammenbrüche. Vor allem an das Imperium Romanum, das hinterher nicht mehr existierte. Das chinesische Reich hat allenfalls eine Wandlung durchgemacht, hat seinen inneren Charakter verändert, aber es besteht nach wie vor.«

Wurden mit der Gründung der sozialistischen Volksrepublik im Jahr 1949 die »Söhne des Himmels« vielleicht nur durch die »Herrscher des Volkes« ersetzt? Immerhin hat man Mao Zedong auch als letzten Kaiser bezeichnet. Aus dem eingemauerten Reich des Stillstands ist jedenfalls eine dynamische wirtschaftliche Großmacht geworden. Und ganz gleich, wie man die Ereignisse der Vergangenheit interpretiert – über die Zukunft besteht Einigkeit: Das nächste Jahrtausend gehört dem jahrtausendealten China.

BERND LIEBNER

DAS ENDE DES
ZARENREICHS

In der Nacht auf den 17. Juli des Jahres 1918 erschoss ein kommunistisches Hinrichtungskommando das letzte Zarenpaar, seine vier Kinder und drei Bedienstete. In einem Kellerraum der sibirischen Stadt Jekaterinburg fand durch die grausamen Morde nicht nur die Herrscherdynastie der Romanows ein jähes Ende – mit ihr ging auch das größte Kaiserreich aller Zeiten endgültig zugrunde.

Nikolaus II., den selbst seine Mutter für das Zarenamt als ungeeignet erachtete, strebte mit seiner Familie geradewegs dem Untergang entgegen, wie es aus heutiger Sicht scheint. Die Sympathisanten der Romanows wollen im Szenario des Dynastie-Endes die schicksalhaften Abläufe einer klassischen griechischen Tragödie erkennen, in der die handelnden Figuren hilflos verstrickt sind in die von Göttern vorgegebenen Zwänge. Eine weniger von Monarchietreue bestimmte Bewertung der Vorgeschichte des Umsturzes von 1917 lässt jedoch eher an menschliches Versagen denken. Wie zahlreiche ihrer Vorgänger auf dem Zarenthron waren Nikolaus II. und seine Frau Alexandra unfähig, die Stimmungen ihrer Untertanen zu erkennen und deren Bedürfnisse zu befriedigen. Es war diese Ignoranz, die sie ins Verderben führte.

◂◂ Bewaffnete Revolutionäre stürmen das Winterpalais in Sankt Petersburg – Beginn der kommunistischen Machtergreifung in Russland.

◂ Nikolaus II. Romanow – Der letzte Zar erlebte hilflos den Untergang seines Reiches.

Die Geburt eines Imperiums

Die südlich von Sankt Petersburg gelegene Stadt Nowgorod, gegründet im 9. Jahrhundert, war Russlands erstes Tor zum Westen. Sie erhebt sich auf einer niedrigen Anhöhe am Ufer des Wolchow, dessen Bett oberhalb des Ortes flach wird und dort mehrere Inseln umfasst. Die dadurch entstandene Furt begünstigt den Flussübergang – die Voraussetzung für eine Ansiedlung. Das Gewässer eröffnete schon den Wikingern einen Zugang zum riesigen russischen Territorium, als dichte Wälder und endlose Sümpfe ein Fortkommen zu Lande unmöglich machten. Im Mittelalter steuerten die hochbordigen Koggen des Hansebundes Nowgorod an; deutsche Handelsstädte unterhielten Niederlassungen, Faktoreien genannt. In den Wintermonaten stapelten die Patrizier aus Hamburg und Lübeck hier so verlockende Waren wie Pelze und Gold aus den weiten Gebieten an der Grenze zwischen Europa und Asien. Wenn das Eis brach, konnten die Schiffe mit ihrer wertvollen Fracht dann gefahrlos über die Ostsee nach Westen segeln.

Nowgorod profitierte in mehrfacher Hinsicht von seiner geografischen Lage. Denn nur einen kurzen Landweg entfernt entspringt die Wolga, auf der Güter aller Art über viele Tausend Kilometer vom und zum Kaspischen Meer transportiert werden können. Die Wolga bot damit Deutschen und Skandinaviern bereits im Mittelalter einen bequemen Zugang zu den begehrten Luxusartikeln des Orients. Die Stadt wurde als privilegierter Umschlagplatz des Warenstroms zwischen dem Südosten und dem Nordwesten der eurasischen Landmasse immer reicher und erweckte auch das Interesse der Mongolen. Seit den Feldzügen des legendären Eroberers Dschingis Khan hatte sich das Reitervolk aus den Steppen Asiens im Süden und Osten des späteren Zarenreichs festgesetzt. Besonders die Wolga half ihnen beim Vordringen Richtung Nordwesten. Die zerstrittenen Fürsten Russlands konnten der militärischen und ökonomischen Stärke der Nomaden nichts entgegensetzen. Aus der sicheren Distanz ihrer Machtzentren auf der Krim, in Astrachan am Kaspischen Meer und vor allem in Kasan am Mittellauf der Wolga kontrollierten die Tataren das russische Territorium dreihundert Jahre lang.

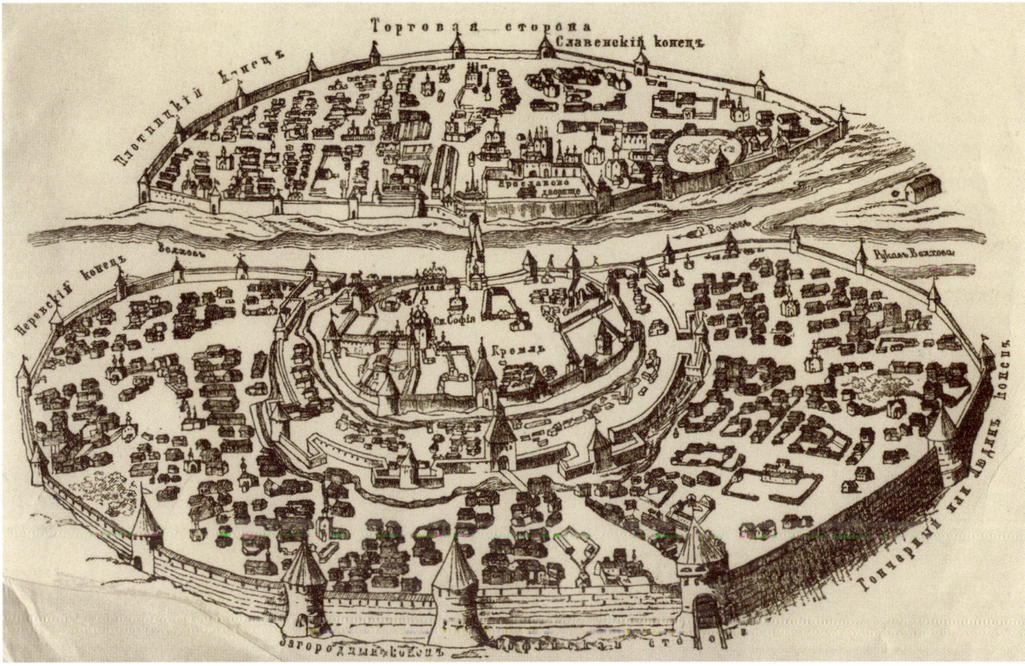

Das alte Nowgorod war eine der reichsten Handelsmetropolen Russlands – bis Zar Iwan die Stadt rücksichtslos plünderte.

Den Namen »Tataren« erhielten sie, weil sie im 13. Jahrhundert plötzlich wie aus der Hölle, dem Tatarus, über Russland hereingebrochen waren. Ihren unfreiwilligen Gastgebern hinterließen sie nicht nur viele Einwohner mit stark asiatisch geprägter Physiognomie, sondern auch die kulinarische Spezialität Tatar – rohes Fleisch mit Ei, eine schnell zubereitete und Energie spendende Speise, ideal für Nomaden auf dem Kriegszug. Doch der unaufhaltsame »Sturmwind« aus den Steppen Mittelasiens legte sich; die ruhelosen Nomaden wurden satt und sesshaft. Ihre Einigkeit ging verloren – und damit die militärische Überlegenheit der Khanate, wie die Herrschaftseinheiten der Mongolen hießen.

Am 2. Oktober 1552 erstürmen die Truppen Iwans IV. die Hauptfestung Kasan der islamischen »Goldenen Horde«. Auf höchsten Befehl hin werden alle muslimischen Männer getötet und die Moscheen zerstört. Damit ist der erste Schritt zu einer Expansion getan, die zur Errichtung eines der mächtigsten Imperien der Weltgeschichte führen wird.

Iwan IV., genannt »der Schreckliche«, trug als erster Großfürst Moskaus offiziell den Titel eines Zaren aller Russen.

Die Erfahrungen des Tatarenjochs lassen den Strategen am Zarenhof auch kaum eine andere Wahl. Denn das weiträumige Agrarreich scheint seine offenen Flanken im Osten und Süden nur durch eine energische Vorwärtsverteidigung gegen aggressive Steppenvölker sichern zu können. Damit aber wird eine rastlose Eroberungspolitik in Gang gesetzt, die in der historischen Konsequenz zum späteren Untergang des Zarenreichs entscheidend beiträgt.

Die Zukunft liegt im Osten

Der Historiker Nikolaj Karamsin schrieb in seiner Anfang des 19. Jahrhunderts erschienenen »Geschichte des russischen Staates«: »Wenn wir die Ausdehnung dieses einmaligen Staates betrachten, sind wir überwältigt. Rom in seiner Größe ist ihm nie gleichgekommen ... Man muss kein Russe sein, sondern nur ein denkendes Individuum, um voller Bewunderung die Berichte über die Geschichte eines Volkes zu lesen, das durch seinen Mut und seine Stärke die Macht über ein Neuntel der Erde erlangt, bisher unbekannte Länder eingeschlossen, sie in das allgemeine System der Geografie und Geschichte gebracht und im göttlichen Glauben erleuchtet hat.«

So dachte auch die überwältigende Mehrheit der russischen Bevölkerung über ihr Land. Dieses Selbstwertgefühl half den Russen im Laufe der Geschichte immer wieder, Krisen zu überwinden – bis hin zu den Angriffen Napoleons und Adolf Hitlers. Unverzeihlich naiv wirkt der Glaube des französischen Imperators, das Zarenreich in einem kurzen Feldzug bezwingen zu können. Unbegreiflich erscheint auch das Eingeständnis Hitlers nach dem Scheitern seiner Eroberungspläne, er hätte den Russen niemals einen solchen Widerstandswillen gegenüber der überlegenen deutschen Militärmaschinerie zugetraut.

Im Hof des alten Kreml von Nowgorod steht bis heute das gewaltige Denkmal zur Tausendjahrfeier Russlands – 1862 hat es Zar Alexander II. am Jahrestag eines ziemlich fiktiven Gründungsdatums des Russischen Reiches eingeweiht. In wunderbar gegossenen Figuren und Reliefs aus Bronze erzählt das Monument von den Herrschern und Kirchenfürsten, den Helden und Heiligen, denen das Land seine unvergleichliche geschichtliche Größe verdanken soll. Nur einer fehlt in der Reihe der altrussischen Giganten: der erste gekrönte Zar, Iwan IV. Der hatte es sich so gründlich mit den Bürgern Nowgorods verdorben, dass sie ihm noch Jahrhunderte später einen Ehrenplatz in ihrer Stadt verweigerten. Selbst den Tataren war es nie gelungen, den reichen Handelsplatz einzunehmen. Die rücksichtslose Plünderung der Stadt blieb dem Moskauer Großfürsten vorbehalten, der als »Iwan der Schreckliche« nicht nur in die Geschichte Nowgorods einging.

Durch die um das Jahr 1320 erfolgte Übersiedlung des Oberhaupts der russisch-orthodoxen Kirche von Kiew an die Moskwa stiegen Moskaus Fürsten zur vorherrschenden Dynastie in der als »Rus« bezeichneten Keimzelle des Reiches auf. Bereits Iwan III. (1440–1505) legte den Grundstein für seinen vor allem mit religiösen Argumenten unterfütterten Machtanspruch. Er heiratete die Nichte des letzten byzantinischen Kaisers und richtete das prunkvolle Hofzeremoniell am Vorbild von Byzanz aus. Er nannte sich »Autokrator«, Selbstherrscher, und wählte als persönliches Wappen den Doppeladler – damit kopierte er bewusst das Herrschaftssymbol der römisch-deutschen Kaiser.

Sein Enkel Iwan IV. (1530–1584) sah sich als Erbe der östlichen Kaiserwürde – Konstantinopel war im Jahr 1453 in die Hände der muslimischen Türken gefallen – und führte seine vermeintlich von Gott gegebene Herrschaft bis auf den römischen Kaiser Augustus zurück. Die russisch-orthodoxe Kirche strickte eifrig mit an der Erhöhung ihrer Hauptstadt Moskau: Gott habe schon immer ein wahrhaft christliches Reich auf Erden sehen wollen, jetzt sei es endlich in Russland erstanden.

Durch die von dem Mönch Filofej von Pskow an Großfürst Wassilij III. – Iwans Vater – gerichteten Briefe wurde Anfang des 16. Jahrhunderts die Legende vom »dritten Rom« geboren: »Alle christlichen Kaisertümer haben sich ihrem Ende zugeneigt und sind gemäß den Prophezeiungen in das Cäsarentum unseres Herrschers gemündet, in das russische Zarentum. Denn bisher sind zwei Rome gefallen, aber das dritte steht. Ein viertes aber wird es nicht geben.«

Chronik

Die Geschichte des Zarenreichs

Um 1320	Das Oberhaupt der russisch-orthodoxen Kirche siedelt von Kiew nach Moskau über
1547	Iwan IV., »der Schreckliche«, wird in Moskau zum ersten Zaren gekrönt
1552	Eroberung der Tataren-Hochburg Kasan durch Truppen Iwans IV.
1570	Iwan IV. lässt die Stadt Nowgorod verwüsten
1582	Eroberung des tatarischen Khanats Sibir
1613	Michail Fjodorowitsch wird erster Zar der Romanow-Dynastie
1639	Die Kosaken erreichen die Küste des Pazifischen Ozeans
1689–1725	Herrschaft von Zar Peter I., »dem Großen«
1700–1721	Nordischer Krieg: Im Kampf gegen Schweden steigt Russland zur Großmacht auf
1703	Gründung von Sankt Petersburg
1762	Zar Peter III., der Ehemann von Katharina, wird ermordet
1762-1796	Zarin Katharina II., »die Große«
1812	Russland-Feldzug Napoleons. Moskau wird evakuiert und in Brand gesteckt

Zaren und Kirchenfürsten garantierten jahrhundertelang gemeinsam das Fortbestehen des russischen Imperiums.

1825	Offiziersaufstand der »Dekabristen«
1853-1856	Krimkrieg: Russland gegen die Türkei, Frankreich und Großbritannien
1861	Aufhebung der Leibeigenschaft in Russland
1. März 1881	Ermordung Zar Alexanders II.
14. November 1894	Hochzeit von Nikolaus Romanow und Alix von Hessen-Darmstadt (Zarin Alexandra Fjodorowna)
14. Mai 1896	Krönung von Zar Nikolaus II.
1904/05	Russisch-japanischer Krieg. Niederlage des Zarenreichs
9. Januar 1905	»Blutsonntag«: In Sankt Petersburg schießt das Militär auf unbewaffnete Demonstranten
17. Oktober 1905	Nach landesweiten Protesten und einem Generalstreik gewährt Nikolaus II. seinen Untertanen bürgerliche Freiheiten und eine Volksvertretung (Duma)
1907	Der Wunderheiler Rasputin findet Zugang zum Zarenhof
5. September 1911	Ermordung des Ministerpräsidenten Pjotr Stolypin
19. Februar 1913	Dreihundertjahrfeier der Romanow-Dynastie
1. August 1914	Ausbruch des Ersten Weltkriegs: Das Deutsche Reich erklärt Russland den Krieg
16. Dezember 1916	Ermordung Rasputins
23. Februar 1917	Beginn der Februarrevolution in Petrograd
1. März 1917	Bildung einer Provisorischen Regierung
2. März 1917	Nikolaus II. dankt als Zar ab
April 1917	Mit Hilfe Deutschlands gelingt Lenin die Rückkehr aus dem Exil nach Russland
25. Oktober 1917	Die Bolschewiki gelangen unter Lenins Führung zur Macht. Der Winterpalast in Sankt Petersburg wird gestürmt, die Provisorische Regierung verhaftet
3. März 1918	Friedensvertrag von Brest-Litowsk zwischen Deutschland und Russland
17. Juli 1918	Erschießung der Zarenfamilie in Jekaterinburg

Wie Iwan zum schrecklichen Zaren wird

Die Kindheit des jungen Iwan Wassiljewitsch ist von traumatischen Erlebnissen überschattet. Wie eine Geisel wächst der früh verwaiste Thronprätendent im düsteren Moskauer Kreml auf. Der Großadel benutzt ihn als Faustpfand bei Intrigen und lässt seinen Onkel durch den Pöbel lynchen; später wird Iwan die ihm verhassten Bojarenfürsten dafür grausam bluten lassen. Um der allgemeinen Bevormundung zu entgehen, schließt er schon als Sechzehnjähriger die Ehe mit Anastasia Romanowa.

Damit ist Iwan volljährig, und in einer feierlichen Zeremonie wird er am 16. Januar 1547 vom Moskauer Metropoliten nach tatarischem Vorbild mit der perlen- und goldgeschmückten Monomachmütze gekrönt. Erstmals ist ein russischer Herrscher jetzt »von Gott gesalbt« und trägt offiziell den Titel »Zar von Russland«.

Der frisch Inthronisierte erweist sich als klug, hört auf seine Berater und leitet Reformen in Armee und Verwaltung ein. Künftig soll eine stehende Heeresabteilung – die Strelitzen – das Rückgrat der Streitkräfte bilden. Kirche und Adel müssen erstmals als Steuerzahler den Staatshaushalt mitfinanzieren. Doch als die geliebte Zarengattin einige Jahre nach der Hochzeit stirbt, beginnt Iwans Weg in den Wahnsinn. Er ist überzeugt, dass der Hofadel seine Frau vergiftet hat, so wie es zuvor schon mit seiner schmerzlich betrauerten Mutter geschehen sein soll. Iwan wittert nun überall Verrat und lässt die Köpfe rollen. Selbst enge Freunde und nahe Verwandte enden auf dem Schafott; niemand kann sich mehr in Sicherheit wiegen.

Dann landet der Despot einen raffinierten Coup. Mit großem Pomp siedelt er aus der ihm verhassten Hauptstadt in eine nur dem Zaren unterstellte Sonderzone um. Sie gehört zur Opritschnina, einem besonderen Privatbesitz, über den allein Iwan verfügen kann.

Das auf Russland lastende Tatarenjoch scheint jetzt zwar endgültig abgeschüttelt. Doch während sich durch ständige Kriegszüge das russische Territorium enorm vergrößert, trifft der Terror im Innern inzwischen nicht mehr nur den Großadel, sondern immer stärker auch das einfache Volk. Willkürliche Hinrichtungen und grausame Folterungen durch eine dem Zaren hörige Spezialtruppe, die Opritschniki, sind an der Tagesordnung. Die 1500 Mann starke Einheit besteht zum Großteil aus einheimischen Kriminellen, Tataren und westeuropäischen Söldnern.

Als die Opritschniki vor Nowgorod auftauchen, sind die selbstbewussten Bürger der für russische Verhältnisse weltoffenen Stadt zunächst nur verwundert. Doch als alle Zufahrtswege abgeriegelt werden und es die ersten Toten gibt, schlägt das Staunen in Angst um. Die Angreifer tragen einen schwarzen Umhang, einen Besen und einen Hundekopf als Erkennungszeichen – sie sollen über Russland wachen wie treu ihrem Herrn ergebene Hunde und das Land von Verrätern sauber fegen.

Im eiskalten Januar 1570 zieht Zar Iwan mit seiner Mördertruppe in den Kreml von Nowgorod ein. Er unterscheidet den besten Freund nicht mehr vom schlimmsten Feind. Nachdem Erzbischof Pimen, einer seiner Gefolgsmänner, in der Kathedrale die Messe zelebriert hat, lässt er ihn zusammen mit anderen Stadthonoratioren in Ketten legen. Dann beginnen seine Kommandos mit der systematischen Ausplünderung von Kirchen, Klöstern und Warenlagern. Selbst in einem von Russlands ehrwürdigsten Gotteshäusern, der Kathedrale der Heiligen Sophia, werden die Ikonen von den Wänden gerissen und die Edelsteine aus dem Altar gebrochen.

Die Verhafteten werden mit glühenden Stangen gefoltert und kilometerweit hinter Schlitten hergeschleift. Drei Wochen lang wütet der Terror. Die Stadt wird sich nie wieder vom Verlust ihrer Elite erholen. Doch auch Bettler und mittellose Kranke werden im Zuge der »Säuberungsmaßnahmen« umgebracht. Von einer eigens für diesen Zweck errichteten Plattform werfen die Schergen unzählige Frauen und Kinder in den eiskalten Wolchow. Am Ende sind fast dreitausend Menschen tot.

Fünfhundert Jahre Terror

Mit fortschreitendem Alter wird Iwan IV. immer unberechenbarer. Als das Kirchenoberhaupt Filip versucht, ihm ins Gewissen zu reden, setzt er den Mann kurzerhand ab und lässt ihn später umbringen. Auch der Thronfolger, der den Namen seines Vaters trägt, bleibt

Der grausame Zar Iwan IV. erschlug sogar den eigenen Sohn – das romantische Gemälde aus dem 19. Jahrhundert verklärt die späte Reue des mörderischen Vaters.

nicht verschont; Iwan erschlägt ihn im Jähzorn. Zu Recht erhält er den Beinamen »Groznij« – der Schreckliche.

Iwan IV. mag als Wahnsinniger erscheinen, doch nüchtern analysierende Historiker erkennen hinter seiner Politik einen höchst rationalen Masterplan. Der Zar schüchtert gezielt die Bevölkerung ein, bringt ihren Besitz, vor allem den von Kirchen und Klöstern, in seine Gewalt und baut mit den so gewonnenen Mitteln einen Militärapparat und einen Dienstadel auf, die nur der neuen Zentralmacht verpflichtet sind. Damit geht er als »böses Genie« in die russische Geschichte ein; er ist nicht das letzte.

Für Daniil Natanowitsch Alschitz hat die Beschäftigung mit der Epoche Iwans schreckliche Folgen. Im Januar 1948 hat sich das von der deutschen Wehrmacht tausend Tage lang belagerte Leningrad noch immer nicht von den Schrecken des Krieges erholt. Die Versorgungslage ist weiterhin prekär. Frierend beugt sich der junge Historiker Alschitz in der Saltykow-Schtschedrin-Bibliothek über Originalhandschriften aus der Zeit des ersten Zaren. Vieles, was er in den Chroniken und Briefen entziffern kann, erinnert ihn an die aktuellen Zustände in der Sowjetunion unter Josef Stalin.

Der systematische Terror gegen das Volk, die wahllose Verhaftung und Folterung von völlig Unschuldigen, die nur dem obersten Führer verpflichtete Spezialgarde, die totale Rechtlosigkeit aller Untertanen, auch der Kirchenvertreter – all das findet verblüffende Parallelen im »real existierenden Sozialismus«. So macht der Doktorand unzählige Randnotizen auf seinen Übersetzungsunterlagen, die niemand beachten würde, gäbe es nicht die Geheime Staatspolizei. Sie wird in den vierziger Jahren mit den Buchstaben NKWD bezeichnet und verbreitet unter ihrem Anführer Lawrentij Berija nicht weniger Schrecken, als sie es in den Jahren des »Roten Terrors« nach der Oktoberrevolution von 1917 unter dem Namen Tscheka getan hat.

Ob ein Kollege ihn denunziert oder der Genosse Zufall seine Hand im Spiel gehabt hat, bedeutet für Alschitz keinen Unterschied. Er wird verhaftet und mehrfach verhört, dann vor einem Spezialgericht angeklagt und ohne lange Diskussion wegen Volksverhetzung und staatsfeindlicher Umtriebe zu zehn Jahren Straflager verurteilt. Im Rückblick glaubt Alschitz, dass er die volle Haftzeit nicht überlebt hätte. Aber er hat Glück im Unglück, denn als Stalin 1953 stirbt, wird er nach Verbüßung von fünf Jahren freigelassen.

Heute ist Alschitz Professor, »Verdienter Wissenschaftler Russlands« und Mitglied des Schriftstellerverbands. Für ihn steht fest: »Die Herrschaftsmethoden aus der Zeit Iwans IV. haben Schule gemacht und einen langen Schatten über Russland geworfen. Der schreckliche Zar steht am Anfang einer fast fünfhundert Jahre andauernden Geschichte der Unterdrückung und des Leids. Josef Stalin war fasziniert von Iwan und hat ihm nicht nur mit der Geheimpolizei, den politischen Säuberungen und Schauprozessen nachgeeifert.«

Die mit Iwan IV. beginnende Annexion gewaltiger Territorien diente in erster Linie der wirtschaftlichen Ausbeutung der betreffenden Gebiete und Völker. Obwohl das Khanat von Kasan noch tausend Kilometer vor dem Ural lag, war seine Unterwerfung im Jahr 1552 der erste bedeutende Schritt auf dem Weg zu den großen Schätzen Sibiriens. Denn dort warteten Gold und Pelze im Überfluss auf die Handelsagenten des Zaren.

Die 7000 Kilometer lange und 3500 Kilometer breite Landmasse Sibiriens ist ungeheuer reich an Bodenschätzen. Bei der Eroberung und der Kontrolle dieser Gebiete spielten die Kosaken eine herausragende Rolle. Sie waren im Lebens- und Kampfstil eine Antwort auf die Methoden der Tataren. Auch ihr Name ist tatarischen Ursprungs und bedeutet »freie Menschen«. Fast so ungebunden wie die Steppenvölker zogen die Kosaken mit ihren Pferden durch die Gebiete an Dnjepr und Wolga. Ein Dasein als sesshafte Bauern und die Unterwerfung unter einen Grundherrn lehnten sie als unwürdig ab. Über sich akzeptierten sie nur Gott, den Zaren und ihren gemeinschaftlich gewählten Hauptmann, den Ataman oder Hetman. War er einmal gekürt, galt sein Wort als Gesetz. Das Clanwesen der Kosaken und ihr absoluter Gehorsam gegenüber dem Anführer erinnern an die Mafia; nicht ohne Grund kopieren bis heute russische Gangsterbanden mit großer Effektivität so manchen Kosakenbrauch.

Iwan IV. hatte das Monopol für den äußerst lukrativen Pelz- und Salzhandel einer einzigen Adelsfamilie übertragen, den Stroganoffs. Wie inoffizielle Statthalter durften sie in Sibirien nach eigenem Gutdünken schalten und walten. Sie unterhielten eine schlagkräftige Privatarmee, die aus Kosaken rekrutiert wurde. Mit ihrer Hilfe konnte 1582 das tatarische Khanat Sibir am Fluss Irtysch erobert werden. Damit war der Weg frei bis zur Küste des Pazifiks. Sie wurde im Jahr 1639 erreicht und mit der Gründung des Hafens Ochotsk auch für die Seefahrt zugänglich gemacht.

Aufstieg zur Großmacht

Der russische Zar ist längst kein unbedeutender Potentat am Rande der zivilisierten Welt mehr, als Peter I. im Jahr 1689 den Thron besteigt. Doch seine Ziele sind noch ehrgeiziger als die des gefürchteten Vorgängers Iwan. Peter I. (1672–1725) hat eine klare Vision: Sein Land soll zu einem wahren Imperium aufsteigen, nur den größten Weltreichen der Geschichte vergleichbar. Keine fremde Macht soll Russland künftig noch ihren Willen aufzwingen können; in Kultur und Technik soll es alle anderen Staaten zuerst ein- und dann überholen. Die ungeheuren Finanzmittel, die nötig sind für den geplan-

FR.
BEL.
NL.
NORWEGEN
SPITZBERGEN
BARENTSSEE
DEUTSCHES REICH
SCHWEDEN
Berlin
Stockholm
Prag
ÖSTERREICH-UNGARN
GRFSM. FINNLAND
1809 bis 1917
FRANZ-JOSEPH-
entdeckt 187
Murmansk
1915
Wien
Reval
Warschau
1815-1917
1795
Riga
1721
1743
NOWAJA SEMLJA
Buda-
pest
Wilna
St. Petersburg
1793/95
Nowgorod
1703
Archangelsk
1584
Nordenskjöld »Vega« 187
Minsk
1772
Smolensk
1514
bis 1617
Bukarest
Kiew
1667
Kischinew
Moskau
1812
Odessa
1794
Nischni
Nowgorod
1667
Charkow
Berjosow
1593
SCHWARZES MEER
Mangase
(1672 verleg
Sewastopol
Kasan
1552
Perm
Kama
S
Saratow
Wolga
1783
Zarizyn
Samara
1586
Jakaterinburg
1723
Ufa
1586
1829
Tobolsk
1587
Ob
Orenburg
1735
OSMAN.
REICH
Astrachan
1556
1896
Irtysch
1879
Tiflis
1859
1731/1824
Omsk
1716
1813
KASPISCHES MEER
Nowonik
1893
1822
Baku
1806
Aralsee
1873
1873
Prot.
Chiwa
1854
Teheran
1907 bis 1918 russ.
Interessensphäre
1732
1881/85
TURKESTAN
1864/76
Balchaschsee
1864/81
Aschabad
PERSIEN
Buchara
Werny
1854
Taschkent
1865
Samarkand
1871
(bis 1881)
1868
Protektorat
Kokand
1895

Russland 1462–1917
LICHES EISMEER
SEWERNAJA SEMLJA entdeckt 1913
NEUSIBIRISCHE INSELN
entdeckt 1770–1806
Tscheljuskin 1742
Deschnjow 1648
ab 1763
Nischne-Kolymsk
1644
Bering 1728
Kolyma
Werchojansk
1638
Lena
S I B I R I E N
H.-I. KAMTSCHATKA 1697/1732
Petropawlowsk
Ochotsk
1649
OCHOTSKISCHES MEER
Jakutsk
1632
Oljokminsk
1635
Kirensk
1631
hansk
seisk
nojarsk
1711 bis 1875
1853
SACHALIN 1875 bis 1905
1875
1858/60
Amur
1908–1916
Chabarowsk
1858
1899
Irkutsk
1652
Baikalsee
Nertschinsk
1653
Tschita
1653
1900
MANDSCHUREI
1900 bis 1905 russ. bes.
1895–1897
1901
russ. Einflussgebiet
Wladiwostok
1860
Grfsm. Moskau 1462
Russland 1533
Erwerbungen bis 1598
Erwerbungen bis 1689
Erwerbungen bis 1801
Erwerbungen bis 1855
Erwerbungen bis 1881
Erwerbungen bis 1917
Grenze des Russischen Reiches 1917
Grenzen autonomer Gebiete im Russischen Reich
Hauptzug der Besiedlung
1677 Ortsgründung oder -inbesitznahme
1899 Bahnbau-Zeitpunkt
Transsibirische Eisenbahn

ten Gipfelsturm, soll Sibirien liefern. Wer den jungen Herrscher für einen Phantasten oder gar Verrückten hält, wird bald eines Besseren belehrt. Peter I. gönnt weder sich selbst noch seinen Untertanen Ruhe, bevor sein gigantisches Projekt Gestalt angenommen hat. Vor allem fehlt ihm eine Hauptstadt, die den Vergleich mit den europäischen Metropolen nicht scheuen muss.

Anfänglich erfreut sich Peter noch der Narrenfreiheit, die ihm sein Status als Throninhaber zu gewähren scheint, und gefällt sich im Gehabe eines Pubertierenden. Er veranstaltet Kostümfeste, bei denen er als Spielmann oder Harlekin auftritt. Selbst noch nüchtern, beobachtet er dann schadenfroh, wie sich seine Karnevalsgesellschaft unter starkem Alkoholeinfluss blamiert.

Auch ihm bleibt eine Blamage nicht erspart – auf dem Schlachtfeld. Die Eroberung der türkischen Festung Asow an der Mündung des Don ins Schwarze Meer scheitert. Doch diese Schmach steht am Beginn einer unvergleichlichen Aufholjagd. Das ganze Trachten des jungen Zaren ist von nun an auf ein einziges Ziel gerichtet: nie wieder ein Verlierer zu sein, nie mehr als zweitklassig unter Europas Monarchen zu gelten. Mit ungeheurem Elan lässt Peter I. alles aus dem Boden stampfen, was er für seine und Russlands zukünftige Macht und Herrlichkeit als nötig erachtet. Unerbittlich treibt er seine Baumeister, Handwerker, Offiziere und Gelehrten an, die er mit viel Geld aus aller Herren Länder herbeigelockt hat.

Eine schlagkräftige Armee muss her, um den Anspruch auf Größe zu verwirklichen. Benötigt werden Fabriken für Kanonen, Werften für Schiffe, Werkstätten für Uniformen und Segel. In Rekordzeit entsteht eine ganze Industrie für kriegswichtige Güter. Alles soll sein wie im bewunderten Westen, so will es der »Herrscher aller Reußen«, wie Peter I. sich gerne nennen lässt. Als Augenzeuge eines Manövers der englischen Flotte soll er fasziniert ausgerufen haben: »Wäre ich nicht der Zar, dann würde ich englischer Admiral sein wollen!«

Auf russische Traditionen und Befindlichkeiten nimmt Peter I. wenig Rücksicht. Damit auch das Erscheinungsbild bei Hofe und im Land der Mode von London, Paris oder Wien entspricht, wird eine neue Kleiderordnung befohlen. Weg mit den stinkenden Schafspel-

Zar Peter der Große bewunderte die entwickelte Zivilisation Westeuropas – und beherrschte sein Reich mit Schwert und Peitsche.

zen und den zotteligen langen Kaftanen, so lautet die Parole, die auch zwangsweise durchgesetzt wird. Selbst ohne seinen liebevoll gehegten Bart soll der russische Mann fortan herumlaufen. Wer sich dem verweigert, wird mit Gewalt kahl geschoren. Zum Entsetzen des Klerus unterstellt der Zar auch alle Klöster mit ihrem immensen Grundbesitz seiner Aufsicht. Nur noch ältere Männer dürfen Mönche werden, damit dem Staat keine Arbeitskraft verloren geht. Dann setzt Peter I. sogar den Metropoliten von Moskau, seinen Vertrauten und Förderer, ab und ernennt einen Nachfolger nach eigenem Gutdünken. Durch diese beiden Maßnahmen wird das bisherige Verhältnis zwischen weltlicher und religiöser Macht umgekehrt; der Zar verfügt nun über eine abhängige Staatskirche.

Chronik

Die russisch-orthodoxe Kirche

Die russisch-orthodoxe Kirche versteht sich als einziger Hort der christlichen Wahrheit und betrachtet Moskau als Hauptstadt des Christentums. Aus Eigeninteresse stand die Kirche im zaristischen Russland fast immer an der Seite des Herrschers. Die Metropoliten waren Berater am Zarenhof und profitierten vom Machtzuwachs des Herrscherhauses. Ihre Glaubenslehre erzog das Volk zur Duldsamkeit – gegenüber den extremen klimatischen Bedingungen des Landes, die Hunger und Krankheit mit sich brachten, aber auch gegenüber der Angst und Schrecken verbreitenden Staatsmacht.

Für die russisch-orthodoxe Kirche zählt nur unbedingter Glaube, nicht philosophisches Verstehen der Religion. Die von Kindesbeinen an eingeübte Demut und Unterwerfung des Individuums nutzte das Zarentum, um seinen unbedingten Machtanspruch durchzusetzen. So wie in der Kirche der Altarraum von den Gläubigen abgetrennt ist und viele Handlungen der Priester während des Gottesdienstes im Verborgenen stattfinden, so sollte auch die Machtausübung der politischen Herrscher für die Untertanen ein Mysterium bleiben, dem man sich blind zu unterwerfen hatte. Die Zaren empfanden daher Kritik und Aufsässigkeit als eine Art Gotteslästerung und reagierten darauf mit brutaler Gewalt.

Die neu errichtete Kathedrale der sibirischen Stadt Jekaterinburg erhebt sich über dem Sterbeort der letzten Zarenfamilie.

Als das Jahr 1700 anbricht – das orthodoxe Neujahrsfest hat Peter I. kurzerhand vom September auf den Januar verlegt –, scheinen die neu aufgebauten Streitkräfte endlich einsatzbereit. Da kommt dem Zaren der Konflikt mit dem bis dahin übermächtigen Rivalen Schweden gerade recht.

Die Skandinavier sind im 17. Jahrhundert vor allem durch die militärischen Erfolge ihres Königs Gustav Adolf im Dreißigjährigen Krieg zur nordischen Großmacht aufgestiegen. Sie dominieren nicht nur die Küstengebiete Norddeutschlands und das Baltikum, sondern kontrollieren zwischen ihren Herrschaftsgebieten Estland und Finnland auch eine fünfzig Kilometer breite Landbrücke an der Mündung des Flusses Newa. Hier will Peter I. nun die Brechstange ansetzen, um für sein Reich den Zugang zur Ostsee zu erkämpfen.

Doch der russischen Armee gelingt es trotz vierfacher Überlegenheit nicht, die Schweden in der ersten großen Feldschlacht an der Narwa zu besiegen. Die hochfliegenden Pläne des Zaren scheinen wie ein Kartenhaus zusammenzufallen. Der schwedische König Karl XII. müsste nur zugreifen, Russland liegt offen vor ihm. Aber er bricht den Vormarsch ohne ersichtlichen Grund ab und wendet sich gegen Polen; Russlands Truppen dringen unbehelligt an die Ostsee vor. Das Zarenreich ist gerettet und kann in aller Ruhe sein Großmachtstreben in die Tat umsetzen.

Im Glanz der neuen Hauptstadt

Peter I. verdoppelt nun die Anstrengungen; er will eine prächtige Hauptstadt an der frisch eroberten Ostseeküste errichten lassen. Allerdings ist das Gebiet an der Newa-Mündung sumpfig und für Baumaßnahmen großen Stils eigentlich völlig ungeeignet. Doch den ehrgeizigen Herrscher ficht das nicht an – seine Architekten sollen das Unmögliche vollbringen.

Peters neue Kapitale, anfangs im Idiom der von ihm verehrten Holländer Sankt-Pieter-Burch genannt, wird an einer strategisch außerordentlich günstigen Stelle errichtet. Bevor die Newa ihre kalten Wasser in die Ostsee ergießt, teilt sie sich in drei Mündungsar-

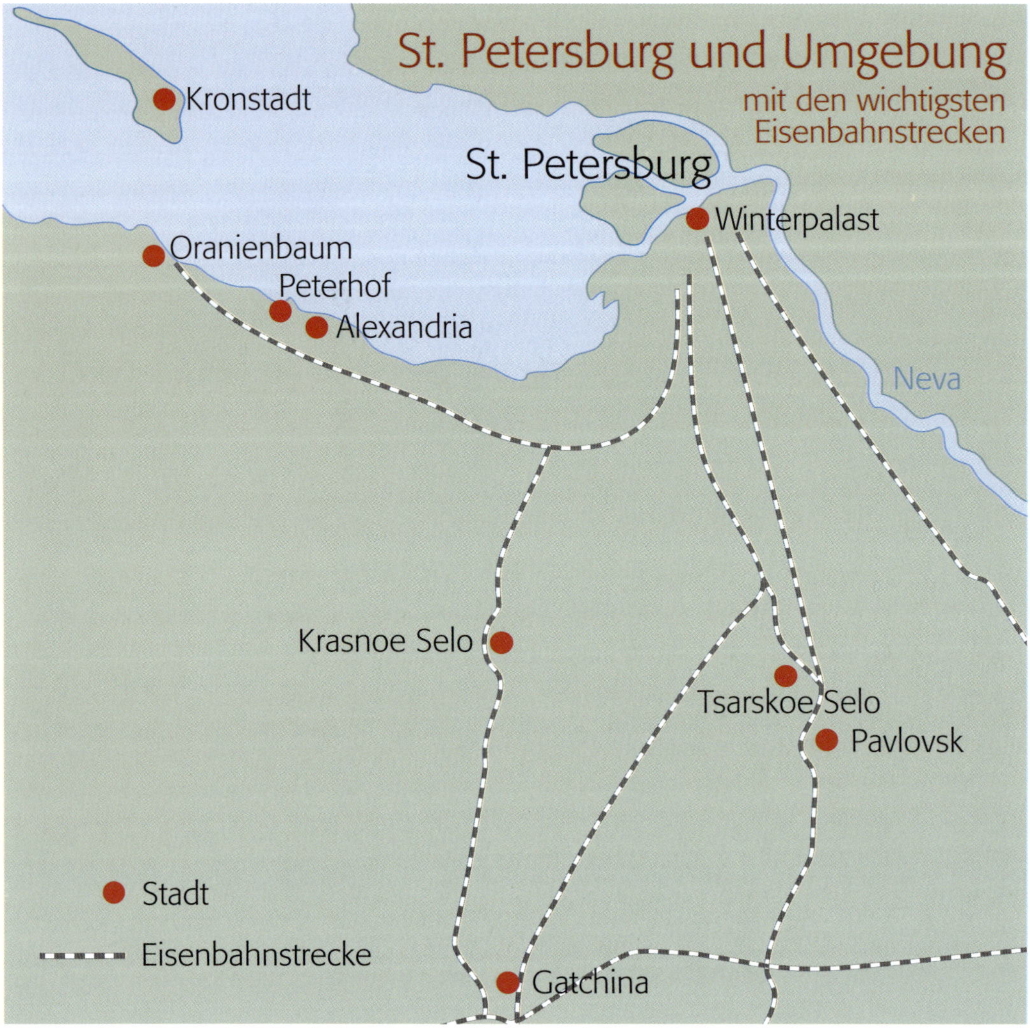

me und bildet mehrere Inseln. Peter I. ordnet die Errichtung einer Festung auf der Haseninsel an, um den Ort besser gegen die Schweden verteidigen zu können.

Der Initiator des gewaltigen Kraftakts schont in den folgenden Jahrzehnten weder seine Beamten noch sich selbst. Unermüdlich wacht er über die Verwirklichung seiner Pläne. Es sind vor allem die leibeigenen Untertanen und die Gefangenen aus dem Schwedenkrieg, auf deren Rücken das monumentale Werk errichtet wird. Millionen Baumstämme müssen sie fällen und in den Boden rammen, um aus dem Morast tragfähigen Baugrund zu gewinnen. Zehntausende bezahlen die Besessenheit ihres obersten Herrn mit dem Leben: Sie verhungern, erfrieren, ertrinken, werden von den brutalen Aufsehern erschlagen oder sterben an Krankheiten und Erschöpfung. Es heißt, Sankt Petersburg sei auf einem Friedhof bleicher Knochen errichtet.

Doch am Ende wird die gewaltige Anstrengung von Erfolg gekrönt. Die neue Hauptstadt erhebt sich strahlend über das sie noch immer umgebende Ödland. Eine echte Metropole ist entstanden, mit funkelnden Spiegelsälen und prächtigen Gartenanlagen – als »Versailles des Ostens« erregt Sankt Petersburg von nun an die Bewunderung ganz Europas.

Stolz erlebt der Zar die Ankunft des ersten holländischen Segelschiffs auf der Hafenreede. Auch auf dem Schlachtfeld triumphiert er: Bei Poltawa, in der heutigen Ukraine, muss der schwedische König 1709 eine vernichtende Niederlage hinnehmen, und 1713 erobern Peters Truppen sogar Finnland. Endlich wird Russland auch in der Ostsee zur Seemacht.

Jetzt steigert sich der Ehrgeiz des Zaren zur Gigantomanie. Das größte Kriegsschiff aller Zeiten will er bauen, drei Decks sollen mit hundert Kanonen bestückt werden. Alles muss perfekt organisiert

Das Winterpalais erstrahlt nach dem Ende der Sowjetära in neuem Glanz – heute bewundern Millionen Besucher die prächtige Hofhaltung der Zarenfamilie und ihre Kunstschätze.

sein; technische Brillanz soll sich mit wissenschaftlichem Erfindergeist paaren, so wie es Peter bei seinen früheren Besuchen in Holland und England gesehen hat. Als einziges Hindernis auf dem Weg zur Weltmacht betrachtet er den Schlendrian seiner Untertanen; ihre angebliche Faulheit und Dummheit will er mit allen Mitteln ausmerzen. Seiner Tyrannei gibt er das Gesicht einer Erziehungsdiktatur, in einem Manifest lässt er verlauten: »Die Menschen in unserem Land sind wie Kinder, die ihr Alphabet nie lernen werden, wenn ihr Herr sie nicht dazu zwingt!«

Erziehung mit der Knute

Selbst Peters eigener Sohn Alexej ist den Anforderungen nicht gewachsen, wie der Zar ihm schriftlich bestätigt: »Du verschmähst all die Mittel, die dich nach mir zur Herrschaft tüchtig machen sollten. ... Eigensinn nenne ich deine Unfähigkeit, da es dir weder an Verstand noch an Körperkraft gebricht ... Obgleich ich dich dafür gescholten und geschlagen habe, so war doch alles umsonst. Du wolltest nichts tun als dich ergötzen.«

Alexej sieht angesichts der väterlichen Strenge schließlich als einzigen Ausweg die Flucht an den Hof des deutschen Kaisers Karl VI. in Wien. Erst nach langen Verhandlungen und der Zusicherung von Straffreiheit gelingt es, den Thronfolger zur Rückkehr nach Russland zu bewegen. Dort warten, entgegen allen Versprechungen, Folter und Tod auf ihn. Ob sein Vater ihn tatsächlich eigenhändig mit einem Kissen erstickt hat, wie es ein Gerücht glauben machen will, oder ob der Eingekerkerte an den Folgen der Torturen gestorben ist, weiß man bis heute nicht genau.

So bleibt bis heute offen, ob Peter I. auch als Sohnesmörder in die Fußstapfen von Iwan IV. getreten ist. Jedenfalls bewundert er seinen »schrecklichen« Vorgänger und erbost sich immer wieder darüber, wenn dieser als Tyrann bezeichnet wird. Als der Nordische Krieg gegen Schweden 1721 – nach 21 Jahren – endet und Russland endgültig zur Großmacht wird, verleiht der vom Zar eingesetzte Senat seinem Herrn den Titel »Vater des Vaterlandes, Kaiser von ganz Russland, Peter der Große«.

Peter der Große gilt seit seinem Tod im Jahr 1725 nicht nur vielen Landsleuten als Vorbild für das Exekutieren von wirtschaftlichen und gesellschaftlichen Reformen im Hauruck-Verfahren. Ihm gelangen Glanztaten wie die Schaffung eines stehenden Heeres, eines funktionierenden Steuersystems und eines loyalen Beamtenadels, bei dem die Karriere von der Leistung abhängig war. Peter I. entwickelte aber auch das Muster, nach dem in Russland von nun an Fortschritt erzielt wurde: mit rücksichtsloser Gewalt der Staatsmacht, die unendliches Leid für die Volksmassen in Kauf nahm. Der Zar gab Industrie und Handel wichtige Impulse, aber für lange Zeit blieben alle bedeutenden Gewerbe ein Monopol der Krone. Die Geschäftsleute waren auf Gedeih und Verderb dem Zaren ausgeliefert.

»Wenn alle meine Untertanen gehorchen würden wie meine Hunde, müsste ich sie nicht mit der Keule prügeln« – mit dieser Einstellung blickte Peter I. auf die Russen hinab. Das sollte sich rächen: Der Sturz des Zarenregimes im Jahr 1917 muss auch als Langzeitfolge der kurzfristig so erfolgreich scheinenden Politik des großen Peter gesehen werden. Der hannoversche Gesandte schrieb seinem Kurfürsten 1718 aus Moskau prophetische Worte: »Es wird in diesem Reich alles mal ein Ende mit Schrecken nehmen, weil die Seufzer so vieler Millionen Seelen wider den Zar zum Himmel steigen.«

Der Historiker Alexander Demandt erkennt in Peters Politik zudem den »Fluch der einsamen Beschlüsse«: »Immer dann, wenn Herrscher glauben, ihrer Umgebung nicht mehr vertrauen zu können – oft genug aus guten Gründen –, hören sie auch nicht mehr auf guten Rat. Auch wenn ihre im stillen Kämmerlein getroffenen Entscheidungen politisch kurzfristig Erfolg hatten, entpuppten sie sich oft langfristig als verhängnisvoll. So war es auch bei Peter.«

Ein Mädchen aus der deutschen Provinz

Eine russische Herrscherin, die nicht nur über politischen Instinkt verfügte, sondern auch auf ihre Ratgeber hörte, war die aus Deutschland stammende Zarin Katharina II. (1729–1796).

Sophie Auguste Friederike von Anhalt-Zerbst, geboren in Stettin, gehörte einer der vielen unbedeutenden Adelsfamilien an, die ein Spiegel der Zersplitterung Deutschlands waren. Die Zerbster Provinzfürsten strebten offenbar vor allem danach, die eigene Bedeutung durch ein Amt an einem Königshof oder durch eine geschickte Heiratspolitik zu steigern. Die Ehe mit dem ebenfalls einem Kleinfürstentum entstammenden Karl Peter Ulrich von Holstein-Gottorp wurde durch dessen verwandtschaftliche Beziehungen interessant. Er war ein Enkel Peters des Großen und daher selbst ein Anwärter auf den Zarenthron. Seine Tante, die Zarin Elisabeth, hatte ihn zu ihrem Nachfolger bestimmt und suchte auch seine Ehefrau aus. Die Wahl fiel auf Sophie Friederike, wohl gerade wegen ihrer machtpolitisch irrelevanten Herkunft. Die für jede Zarengattin obligatorische Namensänderung brachte ihr den Thronnamen Katharina – Ekaterina Alexeevna auf gut Russisch.

Zar Peter III. (1728–1762) erwies sich als engstirniger Charakter, so überlieferte es zumindest eine durch Katharina beeinflusste Geschichtsschreibung. Er habe sich mehr um die Exerzierordnung seines Holsteiner Hausregiments gekümmert als um das Wohlergehen seiner russischen Untertanen. Moderne Historiker urteilen allerdings positiver über Peter III. Seine außen- und innenpolitischen Entscheidungen gelten heute durchaus als vernünftig. »Katharinas Gatte war auch nicht schlechter als der übliche Zarendurchschnitt«, so Daniil Natanowitsch Alschitz. »Allerdings hat er es nicht verstanden, sich den Herzen seiner Untertanen anzunähern. Darin war seine Frau viel geschickter!«

Katharina begann schon bald nach ihrer Ankunft in Sankt Petersburg, Russisch zu lernen und die Gebote der orthodoxen Staatskirche zu befolgen. Damit erlangte sie die Sympathien des Hofstaats und der Armeeführung. Zwischen den beiden deutschstämmigen Eheleuten entbrannte nun ein erbittertes Ringen um die Herrschaft im Zarenreich. Entschieden wurde der Machtkampf durch die zaristische Leibwache. Katharina hatte den Gardeoffizier Grigorij Orlow zu ihrem Geliebten gemacht und putschte nun mit seiner Unterstützung gegen den Gatten. Kalt und berechnend verweigerte sie dem Gestürzten sogar die erbetene Reise ins Exil – sie ließ ihn ermorden.

Nach heutigem Wissen erscheint ihr Handeln in einem höchst ungünstigen Licht. Weder hat sie einen grausamen Tyrannen besei-

tigt noch eine politische Katastrophe abgewendet. Vielmehr wurde sie, wie ihre Kritiker meinen, von ausgesprochen niederen Motiven getrieben: brennendem Ehrgeiz und unstillbarer Machtgier. Als Katharina 1762 den Thron bestieg, gelobte sie feierlich, »getreu meine Absichten hinsichtlich des russischen Volkes zu verfolgen, damit es mich gegebenenfalls als den Retter der Nation betrachte«.

Katharina II. war eine außerordentlich erfolgreiche und machtbewusste Herrscherin – unter ihrer Regierung erlebte Russland ein goldenes Zeitalter.

Doch bei allen politischen Verpflichtungen vergaß sie nicht ihr persönliches Wohlergehen. Die Hofjuweliere beauftragte sie mit der Herstellung einer aus 4936 Brillanten bestehenden Krone. Offiziell dokumentiert ist auch die stolze Zahl von 21 Liebhabern. An ihre Günstlinge verschenkte die Zarin riesige Ländereien mit insgesamt 800 000 Leibeigenen – als Belohnung für geleistete Liebesdienste.

Liebhaber als Ratgeber

Einer dieser Günstlinge war Grigorij Alexandrowitsch Potjomkin, die bis heute berühmt-berüchtigte Symbolfigur für Lug und Trug. Der Fürst war zum Gouverneur einiger rückständiger Gebiete im Sü-

Katharinas Geliebter Graf Potjomkin gewann Schlachten und baute das Land auf – seine neuen Dörfer bestanden nicht aus Gips und Pappe, wie böse Zungen behaupteten.

den Russlands ernannt worden. Einer langlebigen Legende zufolge ließ er Dorffassaden aus Pappmaché und Gips errichten, um die Zarin bei einer ihrer Inspektionsreisen zu beeindrucken. Ein rachsüchtiger Diplomat aus Sachsen hat die Geschichte von den »Potemkin'schen Dörfern« erfunden, wie sich später herausstellte. In Wahrheit erwies sich Potjomkin nicht nur als erfolgreicher Kriegsherr, sondern schuf durch seine Wirtschaftspolitik auch prosperierende Landschaften in Südrussland und auf der Krim.

Die junge Katharina wollte das Land ganz im Geiste des von ihr verehrten Philosophen Voltaire reformieren – wie es auch Friedrich II. von Preußen vorgehabt hatte. Auf Geheiß der Zarin wurde daher ein gesetzgebendes Gremium mit gewählten Repräsentanten geschaffen. Als dieses sich jedoch mit der Leibeigenschaft und den Privilegien einzelner Stände beschäftigte, machte die Alleinherrscherin umgehend einen Rückzieher. Der Widerstand des gutsbesitzenden Adels, auf den sie ihre Herrschaft stützte, war zu stark. Die ererbte Unfreiheit der Bauern wurde nicht abgeschafft. Selbst wenn einer vom Dorf in die Stadt zog, um dort als Händler oder Handwerker zu arbeiten, blieb er Leibeigener seines Grundherrn. Im Unterschied zum übrigen Europa machte Stadtluft in Russland nicht frei.

Die selbstbewusste Zarin ordnete alles dem Machtkalkül unter, ihre Liebschaften ebenso wie ihre Ideale. Während sie mit Voltaire korrespondierte und von einem idealen Staat träumte, ließ sie erstmals einen Kritiker der gesellschaftlichen Verhältnisse nach Sibirien verbannen. Die deutsche Protestantin und Verehrerin der Aufklärung musste viele Brücken hinter sich abbrechen, um den Ansprüchen ihrer fremdartigen Umgebung gerecht zu werden. Vielleicht versuchte sie auch, mit ihrem übersteigerten Lebenswandel die Schuldgefühle wegen des Gattenmordes oder der unzähligen gebrochenen Versprechen zu verdrängen.

Doch eines ist unstrittig: Das russische Imperium erlebte in dieser Ära den Höhepunkt seiner Geschichte. Für einen nüchtern analysierenden Historiker wie Alexander Demandt wiegt der glänzende Zustand des Zarenreichs unter Katharinas Herrschaft alles persönliche Fehlverhalten bei weitem auf: »Nie zuvor und nie danach regierte ein Zar ein solch blühendes Land! Auch Katharina erntete zwar die Früchte der Vorgänger, aber sie erweiterte darüber hinaus das Reich und den Reichtum der Bürger nicht nur durch großartige Eroberungen, sondern durch eine Politik mit Augenmaß. Der Ehrennahme ›die Große‹ ist dafür durchaus angemessen. Es wäre ungerecht, sie nicht nach ihren Erfolgen zu beurteilen, sondern nach unerfüllten – möglicherweise zu ihrer Zeit auch unerfüllbaren – Wunschvorstellungen.«

Das Debakel der Grande Armée

Die Französische Revolution von 1789 beschert dem russischen Imperium mit einiger Verzögerung eine seiner schwersten Krisen. Napoleon Bonaparte will Herrscher eines universalen Kaiserreichs werden. Das Haupthindernis auf dem Weg dorthin heißt England, weil es die unangreifbare Herrschaft über die Meere besitzt. Eine totale Unterbindung des englischen Handels mit Kontinentaleuropa, so Napoleons Plan, soll dem maritimen Weltreich ökonomisch das Rückgrat brechen. Doch Russland weigert sich, seinen wichtigsten Handelspartner zu boykottieren. Der französische Imperator zögert nicht und greift das Zarenreich 1812 mit seiner bis dahin als unbesiegbar geltenden Armee an.

Ohne auf nennenswerte Gegenwehr zu stoßen, wälzen sich die Truppen bis ins Herz des russischen Reiches und besetzen Moskau. Während Zar Alexander I. im für den Feind unerreichbaren Sankt Petersburg die Entwicklung ruhig verfolgt, muss Napoleon in Moskau erkennen, dass er in eine Falle geraten ist – die Stadt wurde evakuiert und von den abziehenden Einwohnern angezündet. Weil der Nachschub ausbleibt, müssen die Franzosen nach 35 Tagen den Rückzug antreten. Zuerst versinken die Truppen im Herbstschlamm, dann im Schnee; von den einst 650 000 Mann der Grande Armée überleben nur wenige Tausend.

Russland siegt, aber der Zar zweifelt an der eigenen Stärke. Die Weite seines Reiches und das erbarmungslose Klima haben ihm den Triumph geschenkt, so wie ein fanatisch gegen die drohenden Eroberer kämpfendes Volk. Aber hat es auch bewußt für die Dynastie der Romanows gekämpft?

Die zuvor ungeschlagene französische Armee erlitt im russischen Winter ein grausames Schicksal. Über eine halbe Million Soldaten Napoleons überlebten den Feldzug nicht.

Der Einfluss des Westens auf die Armee und die Beamtenschaft Russlands nahm nach den Napoleonischen Kriegen weiter zu. Die Ideen der Französischen Revolution gewannen auch im Zarenreich an Zuspruch. Im Dezember 1825 probten junge Offiziere den Aufstand und versuchten mit Gewalt, eine Verfassung durchzusetzen. Nach dem Vorbild Frankreichs und der USA sollte sie Presse- und Glaubensfreiheit, Gleichheit der Stände vor dem Gesetz und vor allem die Abschaffung der Leibeigenschaft garantieren.

Doch Zar Nikolaus I. glaubte ebenso wenig wie seine Vorgänger an die Notwendigkeit solcher Reformen. Er war der Auffassung, dass sein Volk nicht reif dafür sei – schließlich hatte auch Napoleons Propaganda keinen Erfolg gehabt mit dem Versprechen, den russischen Bauern nach der Vertreibung des Adels die Freiheit zu schenken. Der Offiziersaufstand der adligen »Dekabristen«, so benannt nach dem Monat Dezember, wurde ohne Pardon niedergeschlagen. Fünf Beteiligte wurden hingerichtet, weitere 240 verbannt.

Die Angst vor Russlands Drang zum Mittelmeer vereinte im Krim-Krieg eine gemeinsame Streitmacht von Engländern, Franzosen und Türken – bei einer Heerschau paradierten die alliierten Truppen vor dem Sultan in Istanbul.

Obwohl die Revolte ohne nennenswerte Mitwirkung der Bevölkerung blieb, löste sie beim Zaren einen Schock aus. Wenn er sich nicht einmal mehr auf den Adel verlassen konnte, auf wen denn dann? Die Antwort des Herrschers war – wie zur Zeit Iwans des Schrecklichen – die Gründung einer politischen Geheimpolizei, die alle Bereiche der Gesellschaft überwachen sollte.

So reagierte das Zarenreich ganz im Sinne der im Jahr 1815 mit Preußen und Österreich-Ungarn geschlossenen Heiligen Allianz. Sie beruhte auf der gegenseitigen Zusicherung, sich von nichts anderem leiten zu lassen als von den Prinzipien der Religion, der christlichen Gerechtigkeit, der Liebe und des Friedens – und alle Umsturzversuche radikal zu unterdrücken. Mit dieser Zielsetzung intervenierte Russland kurze Zeit später auch in Europa. Als der österreichische Kaiser im Jahr 1849 mit den Demokratie und Unabhängigkeit fordernden Aufständischen in Ungarn nicht fertig wurde, sprangen ihm russische Truppen zur Seite – man nannte sie auch die »Gendarmen Europas«.

Nur vier Jahre darauf wollte Nikolaus I. einen schon lange existierenden russischen Traum verwirklichen und die von den Türken kontrollierten Meerengen zwischen dem Schwarzen Meer und der Ägäis in seinen Besitz bringen. Doch als er seine Schiffe gegen die Flotte des maroden Osmanischen Reiches losschickte, landeten englische und französische Soldaten auf der Krim und eroberten die Festung Sewastopol. Im so genannten Krimkrieg (1853–1856) erwies sich Russland als zu schwach, um sich gegen eine europäische Mächtekoalition behaupten zu können. Der Zar musste der Auflösung seiner Schwarzmeerflotte und der Abtretung von Einflussgebieten im heutigen Rumänien zustimmen.

Doch gerade der erzwungene Frieden auf dem Kontinent verhalf Russland zu einem gewaltigen Wirtschafts- und Bevölkerungswachstum. Im Laufe des 19. Jahrhunderts stieg die Einwohnerzahl allein im europäischen Teil um das Vierfache auf über 130 Millionen. Die Analphabetenrate sank, und die Wirtschaftsleistung nahm zu – allerdings konnte nur ein kleiner Teil der Bevölkerung daraus Nutzen ziehen.

Die Spur der Gewalt

Am 1. März 1881 verlässt Zar Alexander II. mit seiner Begleitmannschaft das Michailowski-Palais in Sankt Petersburg. Nach wenigen Metern ereignet sich unter der Kutsche eine Explosion. Ein junger Mann hat eine mit Dynamit gefüllte Blechdose auf die Straße geworfen. Alexander bleibt unverletzt, muss aber das beschädigte Gefährt verlassen. Der Urheber des Attentats ist bereits überwältigt. Die Sache scheint glimpflich ausgegangen zu sein. Doch da ruft der Attentäter, ein Student namens Nikolaj Ryssakow, dem Zaren zu: »Freuen Sie sich nicht zu früh!«

Fast im selben Moment explodiert ein von einem zweiten Attentäter geworfener Sprengsatz direkt vor den Füßen des Herrschers. Als der Qualm sich legt, ist unschwer zu erkennen, dass für Alexander jede Hilfe zu spät kommen wird. Er stirbt nach wenigen Stunden an seinen schweren Verletzungen. Sein zwölfjähriger Enkel Nikolaus, der spätere Zar Nikolaus II., war Zeuge der Bluttat.

Chronik

Dynamit als politisches Argument

Im Jahr 1867 entwickelte der schwedische Unternehmer und Wissenschaftler Alfred Nobel (1833–1896) bei Experimenten in der Nähe von Hamburg einen neuen Sprengstoff: Dynamit. Fortan konnte nicht nur der Rohstoffhunger der Industrienationen besser gestillt werden, da bald Bergwerke in aller Welt die Supermixtur verwendeten. Auch der revolutionäre Kampf in Russland wurde beflügelt – Schwarzpulver als Bombenrohstoff gehörte der Vergangenheit an.

Die zerstörerische Wirkung von Nitroglyzerin hatte man zuvor schon gekannt. Das Problem bestand im Umgang mit dem Stoff, der so brisant reagiert, dass er selbst bei geringer Erschütterung in die Luft fliegt. Nobel stabilisierte den Stoff nun mit Soda (Natriumcarbonat) und lagerte das Gemisch zum problemlosen Transport in porösem Kieselgur ein. Fertig war das Wundermittel Dynamit, das zum Knaller auf dem Weltmarkt wurde. Neunzig Fabriken in aller Herren Länder nannte der Erfinder bald sein Eigen, und die Gewinne sprudelten so üppig, dass er einen hoch dotierten Nobel-Preis stiften konnte. Angeblich hat Alfred Nobel das aus schlechtem Gewissen getan – wegen der vielen Menschen, die das Dynamit ins Jenseits beförderte.

In den folgenden Jahren kam es in Europa so häufig zu Dynamitanschlägen, dass man politische Attentäter bald als »Dynamitarden« bezeichnete. Das deutsche Kaiserreich erließ 1884 vorbeugend das »Dynamit-Gesetz« gegen den »verbrecherischen und gemeingefährlichen Gebrauch von Sprengstoffen«. In Russland wurde nach 1900 das Dynamit langsam wieder von den präziseren Handfeuerwaffen verdrängt – auch weil die Attentäter glaubten, so ihren persönlichen Heldenmut besser demonstrieren zu können. Allein in den Jahren von 1905 bis 1907 wurden im Zarenreich mehr als viertausend Staatsbedienstete ermordet oder verwundet.

Das tödliche Attentat auf Zar Alexander II. am 13. März 1881. Zeitgenössischer Holzschnitt.

Auch mit Blick auf den Untergang des Zarenreichs lässt sich fragen: Hätte alles anders kommen können? Oder war der Weg bis zum bitteren Ende durch die gesellschaftlichen Verhältnisse vorbestimmt? Hätte es zum Beispiel etwas geändert, wenn es im zaristischen Russland keine erfolgreichen Attentate gegeben hätte?

Alexander II. galt als Reformer. Ihm verdankten die Leibeigenen ihre Befreiung. Die im Jahr 1861 verkündete Aufhebung der lebenslangen Abhängigkeit von einem Grundherrn kam spät, aber vielleicht nicht zu spät. Auf dem Schreibtisch des Zaren lag angeblich eine neue, fortschrittliche Verfassung zur Unterzeichnung bereit, als die Bombe des Attentäters explodierte. Möglicherweise hätte die Geschichte Russlands einen anderen Verlauf genommen, wenn die begonnenen Reformen fortgeführt worden wären.

Die Erfahrung des brutalen Anschlags brachte Alexander III., den Sohn und Thronerben, zur festen Überzeugung, dass alle Liberalität nur schädlich und das russische Volk nicht reif für die Selbstbestimmung sei. Aus Anlass seiner Inthronisierung veröffentlichte er ein Manifest, das allen Hoffnungen auf demokratische Veränderungen eine Absage erteilte: »Die Stimme Gottes befiehlt Uns, Uns mit Selbstgewissheit an die Spitze der absoluten Macht zu setzen. Im Vertrauen auf die Vorhersehung Gottes und seine allumfassende Weisheit, voller Zutrauen zur Gerechtigkeit und Kraft der Autokratie, die Wir zu erhalten aufgerufen sind, werden Wir gelassen die Geschicke Unseres Reiches lenken, die von jetzt an zwischen Gott und Uns allein diskutiert werden.«

Die moderne Gesellschaft konnte sich in Russland erst nach Aufhebung der Leibeigenschaft entwickeln – das Zarenreich hinkte Jahrhunderte hinter dem restlichen Europa her. Denn auch nach der offiziellen Abschaffung der brutalsten Relikte aus dem Mittelalter war Russland noch immer sehr weit entfernt von den modernen rechtlichen Standards der westlichen Nachbarn.

Das in den Jahrzehnten der Industrialisierung überall in Europa erstarkte Bürgertum forderte nun auch in Russland lautstark mehr Teilhabe an der politischen Macht. Es sah seinen Wohlstand gefährdet durch die in den Städten immer offensichtlichere Verelendung der Arbeiter und Tagelöhner. Die gebildeten Schichten drängten auf soziale Reformen, um die Kluft zwischen Arm und Reich zu verringern. Schriftsteller wie Fjodor Dostojewskij standen in vorderster Front der sozialkritischen Intelligenz. Sie erzählten Geschichten vom entbehrungsreichen Leben der »Erniedrigten und Beleidigten«, in der Hoffnung, damit beim Bildungsbürgertum und dem aufgeschlossenen Teil des Adels ein Bewusstsein für die Notwendigkeit von Reformen zu schaffen. Dostojewskij bezahlte mit vier Jahren Straflager für sein literarisches Engagement.

Nach seiner Rückkehr aus der Gefangenschaft vertrat der inzwischen vom Atheisten zum gläubigen Christen gewandelte Dostojewskij jedoch vollkommen andere Positionen. Nicht mehr in einer Hinwendung zum Westen sah er Russlands Weg zur Besserung. Vielmehr sollte sich das Land auf seine ursprünglichen Werte besinnen und die Allianz von Zarenherrschaft und orthodoxer Religion bekräftigen. Westeuropa lehnte Dostojewskij als moralisch verkommen ab.

Dagegen hatten Vertreter des radikalen linken Künstlermilieus wie der Schriftsteller Maxim Gorki kaum noch Hoffnung auf einen friedlichen Wandel in Russland. Sie propagierten als einzige Chance auf eine bessere Zukunft den gewaltsamen Umsturz, die Revolution.

Coburg als Mittelpunkt der Welt

Von seiner eigenen Mutter, Marie Fjodorowna, muss sich der Thronfolger Nikolaus immer wieder anhören, dass er nicht über die notwendige Charakterstärke für das zukünftige Amt verfüge; sein Vater bezeichnet ihn sogar als Dummkopf. Später wird es in der Umgebung des Zaren heißen, er vertrete immer die Meinung des jeweils zuletzt gehörten Ratgebers.

Konsequent ist Nikolaus anscheinend nur in seinen Liebesbeziehungen. Als Sechzehnjähriger sieht er zum ersten Mal die junge Prinzessin Alix von Hessen-Darmstadt und ist hellauf begeistert. Anlass des Treffens ist die Hochzeit seines Onkels Sergej mit Alix' älterer Schwester Elisabeth, genannt Ella. Bei der zweiten Begegnung fünf Jahre später funkt es dann richtig zwischen den beiden, und ein intensiver Briefwechsel setzt ein. Doch die Protestantin will nicht zum

russisch-orthodoxen Glauben übertreten – eine unbedingte Voraussetzung für die Gemahlin des zukünftigen Zaren. Jahrelang ziert sich die junge Dame aus der hessischen Provinz, in die Fußstapfen der so ganz anders gearteten Katharina zu treten, bis sie sich dann doch zum Konvertieren entschließt.

Als der junge Zar Nikolaus II. den Thron bestieg, glaubte kaum jemand an eine erfolgreiche Regierung des Monarchen – selbst die eigenen Eltern erwarteten sein Scheitern.

Im April 1894 fand in Coburg die Verlobungsfeier statt. Die idyllisch im Schatten einer mächtigen Festung gelegene Stadt ist nicht durch Kriege in die europäische Geschichte eingegangen, sondern durch eine ungemein erfolgreiche Heiratspolitik. Die Töchter und Söhne aus einem provinziellen Herrschergeschlecht brachten hervorragende Eigenschaften als erlauchte Ehepartner mit. Das Haus Sachsen-Coburg-Gotha – beim Großvater der Braut handelte es sich um Albert von Sachsen-Coburg-Gotha, den Mann von Englands Königin Victoria – war zum einen uralter Hochadel, zum anderen übte es keine bedeutende Machtfunktion aus. Vor ihm musste man sich also nicht fürchten, man musste sich seiner aber auch nicht schämen.

So hörten im 19. Jahrhundert die Gatten von Königinnen in Portugal und Großbritannien auf den langen Namen des thüringisch-fränkischen Adelsgeschlechts; in Athen und Sofia stellte es sogar den König. Bulgariens früherer Exilkönig Simeon Sakskoburggotski, heute ein Spitzenpolitiker, kann selbst getarnt durch einen verbürgerlichten Namen seine Herkunft nicht verleugnen. So ist es nicht verwunderlich, dass die Stadt am Rande des Thüringer Waldes denkwürdige Familientreffen erlebte, bei denen sich die gekrönten Häupter Englands, Deutschlands und Russlands Mühe gaben, über alle Animositäten zwischen den von ihnen repräsentierten Staaten hinweg zu feiern.

Chronik

Das letzte Zarenpaar und seine Verwandten

Die Mutter von Zar Nikolaus II., Zarin Marie Fjodorowna, ist eine geborene Prinzessin Dagmar, Tochter des dänischen Königspaares Christian IX. und Luise von Hessen-Kassel. Dagmars Schwester Alexandra heiratet Edward, den Prinzen von Wales. Edward ist der älteste Sohn von Englands Königin Viktoria und zukünftiger König Edward VII. Georg, Prinz von York und späterer König Georg V., ist der zweite Sohn von Edward und Alexandra und damit ein Vetter 1. Grades von Zar Nikolaus II. Georg ist aber auch ein Vetter 1. Grades der Zarengattin Alexandra, weil ihre Mutter Alice eine Tochter der englischen Königin Victoria und Alberts von Sachsen-Coburg-Gotha ist. Zarin Alexandra ist auch die Base 1. Grades des deutschen Kaisers Wilhelm II., weil dessen Mutter Vicky ebenfalls eine Tochter von Queen Viktoria ist und damit Schwester von Alexandras Mutter. Darum ist Wilhelm II. auch ein angeheirateter Vetter von Zar Nikolaus II. Durch Alexandras direkte Verwandtschaft mit Queen Viktoria ist sie Erbe des genetischen Defekts, der nur bei Männern zur Bluterkrankheit führt und darum bei ihrem Sohn Alexej zum Ausbruch kommt.

Die Hochzeit der deutschen Prinzessin Alix aus Darmstadt mit Zar Nikolaus II. ließ Hoffnungen für ein freundschaftliches Verhältnis zwischen beiden Reichen aufkommen – zwanzig Jahre später befahlen sie den Krieg gegeneinander.

Tanz auf dem Vulkan

Am 14. Mai 1896 haben sich in Moskau siebentausend Staatsgäste versammelt, um der Krönung des neuen Zaren beizuwohnen. Unzählige Salutschüsse begleiten die Feierlichkeiten; Tausende Soldaten der Zarengarde stehen Spalier. In der Uspenskij Sobor, der traditionellen Krönungskirche im Kreml, wird vom Moskauer Metropoliten die Messe nach altüberliefertem Brauch zelebriert.

Der Adel von Geburt und Geld nutzt die Gelegenheit, um seine Macht und seinen Reichtum vorzuführen. Die Herrschenden glauben ein Recht auf Luxus und Amüsement zu haben, sogar ein von Gott gegebenes. Doch auf die rauschende Ballnacht nach der Krönung fällt ein dunkler Schatten. Während die offizielle Feier über ein Jahr vorbereitet und geprobt worden ist, hat man für das Volk nur einen schäbigen Jahrmarkt errichtet. Als eine wacklige Holztribüne unter dem Gewicht der Besucher zusammenbricht, kommt es zur Massenpanik; mehr als tausend Menschen sterben. Ein böses Omen.

In Nikolaus' Krönungsjahr beträgt die durchschnittliche Lebenserwartung der Russen wegen der vielen Hungersnöte und der schlechten medizinischen Versorgung nur 32 Jahre – in Frankreich sind es zu diesem Zeitpunkt 47 Jahre. Die Dörfer im Zarenreich sehen kaum anders aus als vor fünfhundert Jahren; den von der Leibeigenschaft befreiten Bauern fehlt das Land, um ausreichende Erträge zu erzielen. Der Adel wehrt sich mit allen Mitteln gegen weitere Zugeständnisse an die bäuerliche Bevölkerung; lieber lassen die Großgrundbesitzer den Boden brachliegen. Doch mit jedem Tag, den die herrschende Klasse verstreichen lässt, demontiert sie weiter die Grundlagen ihrer politischen Macht.

Für Nikolaus II. und seine Ehefrau Alexandra Fjodorowna, wie Alix seit der Hochzeit im November des Jahres 1894 heißt, spielt sich das Leben der einfachen Leute wie in einem fernen Universum ab. Die Herrscherfamilie lebt sehr zurückgezogen im Alexander-Palais in Zarskoje Selo, dreißig Kilometer von Sankt Petersburg entfernt. Hier werden im Laufe von knapp zehn Jahren fünf Kinder geboren; vier Töchter und als jüngster Spross der lang ersehnte Sohn – Alexej, der Zarewitsch.

Geheimagenten machen Geschichte

Kurz nach der Jahrhundertwende radikalisiert sich das politische Klima in Russland. Der militante Flügel der Sozialrevolutionären Partei strebt mit aller Gewalt danach, das Erbe des legendären Terrorzirkels »Narodnaja Wolja« (Volkswille) anzutreten. Die im sicheren Schweizer Exil versammelte Parteispitze legt fest, auf welche Repräsentanten des Staates Anschläge verübt werden sollen.

Zum Kopf der neuen Terrorzellen steigt ein Mann namens Ewno Asef auf. Keiner seiner Komplizen ahnt jedoch, dass er in Wirklichkeit Polizist ist, ein Agent provocateur, der den revolutionären Kampf im Sinne des Regimes steuern soll. Um über jeden Zweifel erhaben zu sein und seine Machtbasis abzusichern, bereitet Asef eigenhändig die Liquidierung seines obersten Dienstherrn, Innenminister Wjatscheslaw Plehwes, vor. Alle Pläne zur Ermordung Nikolaus' II. aber weiß er zu hintertreiben. Er argumentiert, der schwache Herrscher sei nur eine Marionette, ein willfähriges Sprachrohr skrupelloser Dunkelmänner im Hintergrund, ein »gekrönter Papagei Allrusslands«.

Als Plehwe ermordet wird, reagiert die Öffentlichkeit im In- und Ausland mit einer Mischung aus Begeisterung und Schadenfreude. Mit ihm sei eine Symbolfigur des verhassten Polizeistaats beseitigt worden, heißt es nicht nur bei der politischen Linken. Plehwe gilt als treibende Kraft hinter dem unpopulären Krieg gegen Japan; in ihrem Bekennermanifest werfen ihm die Attentäter vor, er habe »hunderttausend junge Leute und Milliarden von Rubeln geopfert, gewonnen durch das Hungerleid und die übermenschliche Arbeit eines ganzen Volkes«.

Auch der berühmte deutsche Gelehrte Max Weber, der an der Universität Heidelberg im Kreise russischer Mitarbeiter forscht, kritisiert die Unfähigkeit der zaristischen Regierung, auf den Terror der Straße anders als mit Staatsterror zu reagieren: »Die eherne Konsequenz des Systems, dem sie dienten, die rationalistische Regierungspragmatik dieser aufgeklärten Bürokraten war es, welche das Leben zur Hölle werden und bei der Nachricht von Plehwes Ermordung stille weltfremde Stubengelehrte in eine Art Taumel wilder Freude ge-

raten ließ.« Vielen Zeitgenossen wie Karl Kautsky, dem Vordenker der deutschen Sozialdemokratie, erscheinen die Attentäter als »vielleicht irregeleitete, aber edle und große Fanatiker«.

Als Tyrannenmörder versucht sich vor Gericht auch der Attentäter in Szene zu setzen, der mit einer Bombe den Zarenonkel Großfürst Sergej Alexandrowitsch getötet hat. Er wird als Held gefeiert, und Großfürstin Elisabeth, die Witwe des Ermordeten und Schwester der Zarin, bringt dem Täter sogar ein Heiligenbild in den Kerker und verspricht, für sein Seelenheil zu beten.

Die Zarenflotte erlebte vor der japanischen Küste von Tsushima ein Debakel – kaum ein Schiff konnte dem Inferno der Schlacht entkommen.

Wegen der enormen Größe des Russischen Reiches drohen ständig Angriffe von außen oder regionale Aufstände im Innern. Die Zentralgewalt reagiert darum auf alles, was ihre Macht in Frage stellen könnte, mit großer Brutalität. Jegliche Opposition wird radikal unterdrückt; bis 1905 hat das Land keine Verfassung. Und wie seine Vorgänger setzt auch Nikolaus II. auf Krieg, um von den innerrussischen Problemen abzulenken.

Es kommt ihm daher sehr gelegen, dass Japan im Februar 1904 die russische Flotte bei Port Arthur angreift. In den Augen des Zaren sind die Asiaten nur »gelbe Affen« und leicht zu schlagende Gegner. Doch dann vernichtet Japan in wenigen Monaten die von inkompetenten und korrupten Befehlshabern geführte russische Fernost-Armee und zwei russische Flottenverbände. Als besonders demütigend wird in Russland die Niederlage in der Seeschlacht von Tsushima empfunden.

Vertane Chance – die Revolution von 1905

Angesichts des militärischen Debakels verfällt die Autorität des Staates dramatisch, überall kommt es zu Streiks und Protestaktionen. Am 9. Januar 1905 fordern mehr als 150 000 Demonstranten vom Zaren demokratische Reformen und die Verbesserung ihrer Lebensumstände. Doch Nikolaus II. kennt nur eine Antwort auf die Bitten seiner Untertanen. Er lässt Truppen aufmarschieren, die das Winterpalais – die Residenz des Zaren und seiner Familie – schützen sollen. Überforderte, nervöse Offiziere befehlen den Soldaten, in die Menge zu schießen. 150 bis 200 Tote und mehrere Hundert Verletzte sind zu beklagen. Der Tag geht als »Blutsonntag« in das kollektive Gedächtnis ein.

Der Panzerkreuzer »Potjomkin« wurde zum Symbol der allgemeinen Unzufriedenheit mit der Herrschaft des Zaren – die Matrosen meuterten gegen ihre Offiziere und verbündeten sich mit aufständischen Arbeitern in der Stadt Odessa.

In der Folge verwüsten Aufständische rund dreitausend Gutshäuser; die Matrosen der Schwarzmeerflotte rebellieren, unter ih-

nen die Besatzung des Panzerkreuzers »Potjomkin«, der später durch den Film von Sergej Eisenstein berühmt werden wird. Aber erst als sich ein von Moskauer Eisenbahnern initiierter Arbeitskampf zum Generalstreik ausweitet, der von fast allen gesellschaftlichen Gruppen unterstützt wird, ist der Monarch zu Zugeständnissen bereit.

Am 17. Oktober des Jahres 1905 gewährt Nikolaus II. seinen Untertanen in einem Manifest schließlich bürgerliche Freiheiten und eine Volksvertretung. Aus den anschließenden Wahlen zur Duma, wie das russische Parlament genannt wird, gehen die liberalen Kräfte als strahlende Sieger hervor. Zusammen mit der gemäßigten Linken erhalten sie zwei Drittel der Mandate, obwohl das Wahlrecht die konservativen Gruppen deutlich begünstigt.

Ende April 1906 kommt es im Großen Saal des Winterpalais zu einer denkwürdigen Versammlung. Zum ersten Mal seit dreihundert Jahren stehen sich der Zar und Vertreter seiner Untertanen gegenüber. Der amerikanische Gesandte ist Augenzeuge des historischen Ereignisses: »Als ich die Deputierten beobachtete, bemerkte ich erstaunt, dass viele von ihnen die Verbeugungen Seiner Majestät nicht einmal erwiderten, dass einige verlegen nickten, andere ihm kalt ins Gesicht starrten, keine Begeisterung zeigten und eine fast verdrossene Gleichgültigkeit an den Tag legten.«

Beide Seiten scheinen innerlich nicht auf die Situation vorbereitet zu sein. Von der verschwenderischen Pracht des Palastes fühlen sich manche Abgeordnete eingeschüchtert, andere provoziert. Der Zar wiederum reagiert beleidigt auf die kühle Begrüßung. Seine Schwester, die Großfürstin Xenia, ist am Tag nach der Versammlung voller Optimismus, doch die anschließenden Kommentare der Duma-Abgeordneten lassen ihre Stimmung umschlagen. Am 28. April schreibt sie noch in ihr Tagebuch: »Die gestrige Zeremonie hat auf viele Menschen riesigen Eindruck gemacht; sie hatten so viel Majestät nicht erwartet. Nicky hat so gut gesprochen, seine feste Stimme und seine Kontrolle haben alle beeindruckt, endlich merken sie, dass er jemand ist!« Nur zwei Tage später heißt es dann: »Die Duma ist ein solcher Dreckshaufen, ein solches Nest von Revolutionären, Ekel erregend und eine Schande für Russland vor der ganzen Welt!«

Großfürst Konstantin, der Cousin des Zaren, notiert in seinem Tagebuch lakonisch: »Die Antwort der Duma auf die Thronrede sind – schmutzige Reden. Die Duma ist ein Revolutionsherd.« In Nikolaus' Tagebucheintrag kommt die politische Realität erst gar nicht vor: »Nach dem Gottesdienst gab es eine wunderbare Teetafel, über die die Familie hungrig herfiel. Um fünf kamen wir am Alexanderpalast an, zogen uns um und gingen zur Kinderinsel. Wir pflückten Unmengen von Maiglöckchen.«

Die offenkundige Naivität der Zarenfamilie angesichts der sich verschärfenden politischen Situation kommentiert Alexander Demandt so: »Wie kann man denn erwarten, dass diese verwöhnten, kaum für ihr wichtiges Amt vorbereiteten Machterben taktisch und strategisch kluge Entscheidungen treffen konnten? Und natürlich wird ihre Macht überschätzt; keiner dieser Könige und Kaiser wagte es, gegen den Willen von Militär, Klerus, Beamten und Industriellen zu handeln. Sie waren abhängig.«

Politik per Notverordnung

Zu den Zugeständnissen, die Nikolaus II. unter dem Eindruck des Aufstands machte, gehörte auch die Abschaffung der Körperstrafe für Bauern. Bis Anfang des 20. Jahrhunderts war Gutsbesitzern in Russland die körperliche Züchtigung ihrer Untergebenen gestattet. Der dadurch hervorgerufene Hass der Landbevölkerung auf ihre Herren sollte sich bald in ungeahnten Gewaltexzessen entladen.

In den folgenden Jahren setzte der Zar alles daran, die von ihm zugestandenen demokratischen Rechte wieder aufzuheben, obwohl er ohnehin gegen alle Entscheidungen des Parlaments sein Veto einlegen und nach Gutdünken selbst Gesetze erlassen konnte. Im Juli 1906 ließ er die erste Duma auflösen und Neuwahlen ansetzen. Das Ergebnis entsprach jedoch wieder nicht seinen Erwartungen – im Gegenteil, die Linke war noch deutlich stärker geworden. Erst die erneute Auflösung des Parlaments und eine Änderung des Wahlgesetzes brachten 1907 ein für den Zaren annehmbares Ergebnis.

Nikolaus' Wankelmut zwischen Konzession und Repression lähmte das Land. Er wand sich, wenn es hieß, Stellung zu beziehen:

Die Staatsmacht verbannte bereits im 19. Jahrhundert kritische Bürger und unbequeme Intellektuelle ins ferne Sibirien – von wo sie oft erst nach vielen Jahren und mit zerstörter Gesundheit zurückkehrten.

»Wie kann ich etwas tun, das gegen mein Gewissen ist?« Angesichts der vielen Toten und Verwundeten auf den Schlachtfeldern, der allgegenwärtigen Armut, der überfüllten Straflager und Gefängnisse haben sich allerdings bereits die Zeitgenossen gefragt, von welchem Gewissen der Zar eigentlich sprach. Hat er das Elend um sich herum nicht gesehen, wollte er es nicht sehen, oder betrachtete er alles als gottgegeben und damit als gerecht und unveränderbar?

Alexander Demandt sieht die Ursache für das Versagen des Zaren in der schlechten Vorbereitung auf das hohe Amt: »Regieren muss gelernt werden! Aber der Zar war wie die anderen Potentaten durch den Zufall der Geburt an die Regierung gekommen und nicht durch Intelligenz und Durchsetzungsvermögen dafür prädestiniert.«

Der neu ernannte Ministerpräsident Pjotr Stolypin würde den Karren schon aus dem Dreck ziehen, hoffte Nikolaus II., und mit ihm die ganze herrschende Klasse Russlands. Die 1906 verkündete Agrarreform sollte die Zahl der selbstständigen Grundbesitzer drastisch erhöhen. Der energische Stolypin verfolgte damit eine Doppelstrategie: Einerseits wollte er die landwirtschaftliche Produktion erhöhen, andererseits hoffte er, dass die Neubauern sich stärker mit ihrem Land identifizieren und die bereits bestehenden Besitzverhältnisse anerkennen würden. Doch schon bald zeigte sich, dass der Reformer Stolypin zwischen allen Stühlen saß. Die konservative Adelsschicht lehnte alle Veränderungen ab, weil sie unkalkulierbare Folgen fürchtete. Die linken Abgeordneten des Parlaments wiederum machten Front gegen jede Agrarreform, die keine Zwangsenteignungen vorsah. So blieb dem Ministerpräsidenten zur Durchsetzung seiner Politik nichts anderes übrig, als mit Hilfe von Notverordnungen gegen die Duma-Vertreter zu regieren.

Daher rührt sein Ruf als Antidemokrat, obwohl er selbst dem Zaren als zu fortschrittlich erschien. Russlands bedeutendster Staatsmann in den Jahren vor dem Ersten Weltkrieg war längst gescheitert, als er im September 1911 in der Kiewer Staatsoper von einem Studenten ermordet wurde. Auch diesen Attentäter brachte man übrigens mit der Geheimpolizei in Verbindung.

Zeichen und Wunder

Im Sommer des Jahres 1907 tritt die Bluterkrankheit des Thronfolgers Alexej immer offener zutage. Die Zarin, die ihren einzigen Sohn abgöttisch liebt, ist verzweifelt und entwickelt einen kontinuierlich wachsenden Schuldkomplex. Durch ihre Verwandtschaft mit der englischen Königin Victoria ist der ausschließlich bei Männern ausbrechende Erbdefekt übertragen worden – ausgerechnet auf den Thronfolger des Russischen Reiches.

Da geschieht ein kleines Wunder: Nur durch seine Worte gelingt es einem sibirischen Wandermönch namens Rasputin, dem von ständigen Blutungen und Schmerzen gepeinigten Jungen Linderung zu verschaffen. Ein anderes Mal rettet er dem von den Ärzten bereits aufgegebenen Thronfolger sogar per Telefon das Leben.

Obwohl der Wunderheiler einen üblen Ruf als Frauenverführer hat, öffnen sich ihm bei Hofe Tür und Tor. So erlangt er politischen Einfluss und bestimmt bald, wie seine Gegner behaupten, über eine

Der Wandermönch Rasputin galt als Graue Eminenz am Zarenhof – mit magischen Kräften soll er den Thronfolger geheilt und sich die Zarin hörig gemacht haben.

Clique gefährlicher Intriganten die Geschicke des Reiches. Der Zar jedoch lässt sich in seiner Zuneigung zu dem Mönch nicht beirren. Für ihn ist Rasputin ein Symbol der geradezu mystischen Verbindung zwischen Krone und einfacher Landbevölkerung: »Er ist ein guter, einfacher, religiöser russischer Mensch. Wenn mich Zweifel und Sorgen plagen, unterhalte ich mich mit ihm, und nach einem solchen Gespräch ist mir ganz leicht ums Herz.«

Doch auch das Zarenpaar kann letztendlich nicht verhindern, dass der als Scharlatan verschriene Rasputin in seine Heimat Sibirien verbannt wird; er hat sich zu viele einflussreiche Feinde gemacht. Der Vorfall zeigt, dass der Zar inzwischen nicht mehr allmächtiger Herr im Hause Russland ist; er muss vielfältige Rücksichten nehmen. Erst im Jahr 1912 darf Rasputin wieder nach Sankt Petersburg zurückkehren – gerade rechtzeitig, um dem Zarewitsch in einer hoffnungslos erscheinenden gesundheitlichen Krise erneut das Leben zu retten.

Europas größte Katastrophe

Am 19. Februar des Jahres 1913 wird das dreihundertjährige Herrschaftsjubiläum der Romanow-Dynastie gefeiert. Als der Zar aus der Kasaner Kathedrale in Sankt Petersburg tritt, huldigen ihm Zehntausende, zum letzten Mal. Russland hat eigentlich wenig Grund zum Jubeln, denn die Herrschaftsbilanz des Hauses Romanow ist erschütternd. im Jahr 1913 kann nur ein Drittel der Russen lesen und schreiben. Noch immer leben achtzig Prozent der Bevölkerung von der Landwirtschaft, deren Erträge vor allem wegen der technischen Rückständigkeit um zwei Drittel niedriger sind als die in England oder Deutschland.

Die Zarenfamilie liebte die Fotografie – sie ließ sich oft porträtieren und besaß unzählige Fotoalben mit selbst gemachten Aufnahmen.

Der Zar jedoch schottet sich vor der gesellschaftlichen Wirklichkeit ab und trifft in seiner Isolierung fatale Entscheidungen. So lässt er am Vorabend des Ersten Weltkriegs aus einer Laune heraus die Branntweinsteuer abschaffen. Damit verliert der Staat von einem Tag auf den anderen über die Hälfte seiner Steuereinnahmen. Auch enge Vertraute beginnen nun daran zu zweifeln, dass Nikolaus II. wirklich fähig ist, die Staatsgeschäfte zu führen.

Am 1. August 1914 erklärte das Deutsche Reich Russland den Krieg. Zwei Tage davor hatte das Zarenreich die Generalmobilmachung

ausgerufen, nachdem die österreichische Regierung – in Reaktion auf die Ermordung des Thronfolgers Franz Ferdinand in Sarajevo – ein in den Augen der Russen unakzeptables Ultimatum an Serbien gestellt hatte. Zusammen mit England und Frankreich kämpfte Russland nun gegen Deutschland und Österreich-Ungarn. Die ersten militärischen Erfolge der Russen in Ostpreußen kamen für die Deutschen vollkommen überraschend. Allerdings gelang es ihnen bereits Ende August, den russischen Angriff zurückzuschlagen und zwei Armeen fast vollständig zu vernichten.

Wesentlich besser schlugen sich Russlands Truppen gegen die Österreicher. Doch dem deutschen Heer waren sie nicht gewachsen. 1915 durchbrachen die Deutschen in einer Großoffensive die russischen Stellungen und trieben die Soldaten bis weit ins heutige Weißrussland zurück. Dort kam die Front zum Stehen, und beide Seiten richteten sich auf einen verlustreichen Stellungskrieg ein.

Alexander Demandt: »Der Ausbruch und der Verlauf des Ersten Weltkriegs machen deutlich, wie wenig die gekrönten Häupter der Zeit noch mitzubestimmen hatten. Gerade aus dem englischen Königshaus wissen wir, welche Rücksichtnahme auf den Zeitgeist damals praktiziert wurde. Wenn Kaiser Wilhelm oder Zar Nikolaus den Krieg nicht gewollt und auf einen schnellen Friedensschluss gedrängt hätten: Sie wären schon früher von der Kriegslust ihrer so genannten Untertanen davongefegt worden.«

Offensichtlich unterschätzte das Zarenpaar sträflich die in weiten Kreisen der Bevölkerung mit antideutschen Ressentiments gepaarte Wut auf die Romanows. Gerüchte über einen bevorstehenden Separatfrieden zwischen Russland und dem Deutschen Reich machten die Runde. Als treibende Kraft hinter den Machenschaften sah man die deutschstämmige Zarin. Auch Rasputin sei ein deutscher Spion, hieß es, und habe sich mit Alexandra zum Sturz ihres Ehemanns verschworen. Nachdem die Hauptstadt des Zarenreichs 1915 die russifizierte Namensform Petrograd erhalten hatte, kam es zur Massenausweisung der Einwohner mit deutschem Namen; bei den meisten handelte es sich um Juden.

Viele Russen waren angesichts des für ihr Land wenig erfolgreichen Kriegsverlaufs bereit, selbst absurde Verschwörungstheorien für bare Münze zu nehmen; das Fass drohte überzulaufen. Die gewaltigen Verluste an der Front erzürnten die Menschen und nährten ihre Zweifel an der Kompetenz der Führung.

In den Städten des Hinterlands verschlechterte sich gleichzeitig die Versorgungslage rapide. Anfangs waren die aus allen Gegenden des Reiches eingezogenen Soldaten noch unter der einigenden Losung »Für Glaube, Zar und Vaterland« in den Kampf gezogen. Doch im Laufe des Krieges bröckelte der Gehorsam gegenüber dem Oberbefehlshaber immer mehr. 1916 meuterte das 20. Sibirische Jägerregiment, zur Begründung meinten die Soldaten: »Die Befehlshaber sind alle Verräter ... Der Zar hat sich mit den Deutschen verbündet und zerstört Russland.«

Angesichts dieser Entwicklung beschließen Angehörige der höchsten Petersburger Kreise, den Wunderheiler Rasputin, den sie für die Misere verantwortlich machen, umzubringen. Am 16. Dezember 1916 holt Fürst Felix Jussupow Rasputin zu Hause ab – angeblich, um ihm seine Ehefrau als Geliebte zuzuführen. Im prächtigen Palast der Familie schickt der Hausherr den Gast in ein Kellerséparée, wo bereits seine Lieblingsspeisen und -getränke angerichtet sind – alle mit Zyankali versetzt. Doch obwohl Rasputin kräftig zulangt, stellt sich kaum Wirkung ein. Daraufhin stürmt Jussupow mit einem Revolver in das Kabinett und gibt mehrere Schüsse auf Rasputin ab; aber das verhasste Opfer lebt immer noch und flüchtet. Erst als ein Mitverschwörer ihm nacheilt und weitere Male auf ihn schießt, bricht er zusammen. Der Leichnam wird zur zugefrorenen Newa gebracht und in einem Eisloch versenkt.

Februarrevolution

Die Ermordung Rasputins ändert jedoch nichts an der Politik des Zaren. Mit jedem Kriegsjahr verliert der Monarch mehr an Ansehen. Oberhofmarschall Graf Paul Benckendorff schreibt in einem Brief an seinen Bruder, den russischen Botschafter in London: »Nikolaus II. ist lächerlich. Er beginnt alle zu verärgern. Es ist etwas Absurdes in absolut jeder Monarchie.«

Der Potsdamer Militärhistoriker Jürgen Angelow: »Nach über zwei Jahren Krieg droht Russland eine gewaltige Hungersnot. In den Rüstungsfabriken bricht wegen fehlender Rohstoffe die Produktion zusammen. Das hungrige, arbeitslose Proletariat steht mit dem Rücken zur Wand und ist bereit zur Gewaltanwendung. Auch viele Soldaten verweigern immer häufiger den Gehorsam; das Vertrauen in die Führung ist völlig zerrüttet.«

Der willenlose Zar versinkt in Hoffnungslosigkeit, die Zarin flüchtet sich in religiösen Wahn. Selbst Nikolaus' Bruder kritisiert Anfang 1917 die Stimmung bei Hofe: »Überall Verblendung und Gottergebenheit; wenn man diese Verhältnisse sieht, glaubt man an die Existenz des Bösen!« Der aufgeputschte Nationalismus führt zu absurden Willkürmaßnahmen. Heeresoberbefehlshaber Januskewitsch lässt alle Juden ins Innere des Reiches deportieren und nimmt darüber hinaus viele jüdische Bürger in Geiselhaft, weil sie angeblich mit Deutschland sympathisieren.

Russland am Vorabend des Umsturzes – Arbeiter- und Soldatenräte griffen in Moskau und Sankt Petersburg zur Macht.

Wegen Vernachlässigung der Eisenbahn-Infrastruktur kommt es auch in Petrograd zur Versorgungskrise, sie liefert den Anstoß zu spontanen Arbeitererhebungen. Die aufgebrachten Gemüter lassen sich jetzt nicht mehr beruhigen. Vielleicht spüren die Gegner der Zarenmacht auch die einmalige Gunst der Stunde. Sie werden nicht müde, auf den Machtwechsel hinzuarbeiten.

Am 23. Februar 1917 begehen die sozialistischen Parteien den internationalen Frauentag. Besonders die frierenden Frauen in den Schlangen vor den Krämerläden leiden unter den regelmäßigen Engpässen bei Mehl und Brennholz. Als Reaktion auf Hunger und Kälte entschließen sich die Arbeiterinnen in den Textilfabriken zum Streik. Um ihre Forderungen durchzusetzen, marschieren sie ins Stadtzentrum. Bald ist die Menge auf 100 000 Menschen angewachsen, unüberhörbar ertönt der Ruf: »Brot!«

Die Polizei sperrt die Brücken, aber die Menschen überschreiten einfach die zugefrorene Newa. Am anderen Ufer wartet ein Regiment schlecht ausgebildeter Kosaken, die aber mit ihren auf dem Eis strauchelnden Pferden schließlich den Rückzug antreten müssen. Die offensichtliche Hilflosigkeit der Staatsmacht bestärkt die Streikenden nur in ihrem Kampfeswillen.

In den folgenden Tagen gehen die Demonstrationen weiter; über 200 000 zu allem entschlossene Menschen ziehen am dritten Streiktag durch die Hauptstadt. Die ersten roten Fahnen tauchen auf, und die Aufständischen fordern jetzt lautstark: »Nieder mit dem Krieg!« und »Tötet den blutigen Schlächter!« Damit ist Zar Nikolaus gemeint. Der reagiert, wie schon zwölf Jahre zuvor, überstürzt und undiplomatisch auf die Herausforderung – und fördert gerade dadurch den Ausbruch der Februarrevolution.

Aus dem 650 Kilometer entfernten Armeehauptquartier in Mogiljow erlässt er den Befehl, mit massiver Waffengewalt gegen die Aufrührer vorzugehen. Truppen werden ins Stadtzentrum von Petrograd verlegt, sie eröffnen das Feuer und töten zahlreiche Demonstranten. Doch viele der jungen Soldaten stammen selbst aus Arbeiter- und Bauernfamilien. Zuerst beschließen nur einige von ihnen, nicht mehr zu schießen. Dann aber meutern ganze Einheiten

und lassen die Plünderung der Waffenarsenale zu. Barrikaden werden errichtet, Offiziere kurzerhand liquidiert. 140 000 Gewehre und 30 000 Pistolen befinden sich plötzlich in der Hand hasserfüllter Zivilisten und Tausender aus den Gefängnissen befreiter Sträflinge. Die Stadt droht in Anarchie zu versinken.

Daraufhin übernehmen Arbeiter- und Soldatenräte überall die Macht, obwohl die Führer der revolutionären Organisationen noch größtenteils weit entfernt im ausländischen Exil oder in der Verbannung leben. Ebenso wie die Staatsmacht sind sie von den Ereignissen überrascht worden. Fieberhaft suchen sie jetzt nach Möglichkeiten, in das Geschehen einzugreifen und den Zorn des Volkes in ihrem Sinne zu kanalisieren – mit dem Endziel der »richtigen« Revolution, des Sturzes der Zarenherrschaft.

Doch am 1. März beschließen die in Fabriken und Kasernen gewählten Delegierten und die fortschrittlichen Duma-Abgeordneten als ersten Schritt die Bildung einer Provisorischen Regierung, in der die verschiedenen politischen Strömungen der Opposition vertreten sein sollen. Damit hat sich eine doppelte Herrschaftsstruktur aus Arbeiter- und Soldatenräten einerseits und der Provisorischen Regierung andererseits gebildet. Während in den Räten die Sozialisten dominieren, ist die Provisorische Regierung vornehmlich mit liberalen Politikern besetzt. Auf Dauer scheint ein Konflikt zwischen beiden Institutionen unvermeidlich.

Das Undenkbare geschieht

»Wenn die Revolution siegreich ist, verzichte ich freiwillig auf den Thron. Dann werde ich auf die Krim gehen; ich liebe Blumen.« Mit diesen Worten soll der Zar die Ereignisse kommentiert haben. Doch selbst für einen geordneten Rückzug ist es jetzt zu spät.

Am 1. März 1917 will Nikolaus II. mit der Eisenbahn von der Front nach Hause fahren. Doch Aufständische blockieren die Strecke nach Petrograd. Der Zug wird in das 250 Kilometer südlich der Hauptstadt gelegene Pskow geleitet. Hier befindet sich das Hauptquartier der russischen Nordfront. Am Bahnhof wartet keine Jubelparade auf den obersten Herrscher des Landes. Der befehlshabende

General, Nikolaj Russkij, ist von der Ankunft des Zaren völlig überrascht. Nikolaus steht der Sinn auch gar nicht nach Gesellschaft; er zieht sich früh in seinen Salonwagen zurück.

Am nächsten Morgen um neun Uhr erhält Russkij von seinem obersten Armeekommandeur Michail Alexejew neue Befehle. Er soll umgehend den Zar wecken und ihn kategorisch zur Abdankung zugunsten des minderjährigen Sohnes Alexej auffordern. Die Generalität will den Krieg gegen Deutschland unbedingt fortsetzen und sieht ihre Pläne durch das wankelmütige Staatsoberhaupt gefährdet.

Nikolaus II. beugt sich letztendlich dem Misstrauensvotum seiner Militärs: »Ich habe beschlossen, zugunsten meines Sohnes Alexej auf den Thron zu verzichten.« Später jedoch korrigiert er seinen Willen: Er trete lieber zugunsten seines Bruders, des Großfürsten Michail, zurück, weil er nicht auf die Gesellschaft seines kranken Sohnes verzichten wolle.

Als Michail über die Erklärung Nikolaus' informiert wird, lehnt er das Amt entsetzt ab. Die Zarenwürde scheint nichts mehr wert zu sein. Der entmachtete Herrscher fährt allein weiter; im Zugwaggon spendet ihm nur ein Heiligenbild Trost, das von einer kleinen Lampe beschienen wird.

Nikolaus steht mit seiner Familie unter Hausarrest, besser gesagt unter Palastarrest. Tagebuchnotiz vom 3. April 1917: »Nach dem Mittagessen ging ich mit Alexej in den Park und verbrachte die Zeit damit, das Eis an unserem Sommersteg aufzubrechen. Wieder stand eine Menge Müßiggänger am Zaun und starrte uns die ganze Zeit an.«

Zwar legen viele ehemalige Untertanen die Scheu vor der Romanow-Familie schnell ab, aber noch immer wird ihr ein gewisser Respekt entgegengebracht. Obwohl das Herrscherpaar nun nicht mehr herrscht und auch den Zarentitel nicht mehr führen darf, bleiben die beiden für viele doch »die Zaren«.

Nur das Wachpersonal im südlich von Petrograd gelegenen Zarskoje Selo – oft Matrosen der in Kronstadt stationierten Ostseeflotte – zeigt deutlich, dass die Machtverhältnisse sich radikal gewandelt haben. Bei den Parkspaziergängen kommt es immer wieder vor, dass Nikolaus von den Soldaten misshandelt wird. Viele von ihnen haben

Zar Nikolaus II. konnte den Untergang seiner Herrschaft nicht verhindern – die Armee zwang ihn zur Abdankung.

persönlich unter der harten Hand des Zarenregimes zu leiden gehabt; nun lassen sie ihrer aufgestauten Wut freien Lauf. Nikolaus' Gattin fügt sich ergeben ihrem Schicksal, wie sie im Tagebuch bekennt: »Gott hat uns diese Prüfung geschickt; ich nehme sie um meiner Errettung willen dankbar an.«

Reise ohne Wiederkehr

Alexandra steht unter besonderer Beobachtung; mit fadenscheinigen Begründungen wird sie der Verschwörung gegen die Provisorische Regierung beschuldigt. Zur Strafe bleibt der Kontakt zwischen den Eheleuten auf die Mahlzeiten beschränkt; zudem dürfen sie nur noch Russisch miteinander sprechen. Aber noch ist das Leben der Romanows nicht in Gefahr, obwohl die Regierung eine angebliche Gefährdung als Argument benutzt, um die Familie nach Sibirien zu verbannen. Zum Trost begleitet sie neben dem Dienstpersonal ein Berg von Koffern mit Kleidern, Essgeschirr, Heiligenbildern, Büchern, Schmuck und reichlich Wein. Angeblich haben fünfzig Diener drei Stunden lang alles verpackt und dann zum Bahnhof geschleppt.

Das »Zarenopfer« der Provisorischen Regierung kann die erhitzten Gemüter in Russland jedoch nicht besänftigen. Der Sturz des alten Regimes ist offensichtlich nur mit Hilfe der meuternden Soldaten und Arbeitermilizen gelungen, und die sind sich ihrer daraus erwachsenen Machtstellung bewusst. Bereits der berühmte »Erste Befehl des Petrograder Sowjet« dekretiert die Schaffung von gewählten Soldatenkomitees, die über alle Regimentsangelegenheiten selbst bestimmen dürfen; nur im Gefecht sollen weiterhin die Offiziere das Sagen haben. Doch die Disziplin kann auch damit nicht aufrechterhalten werden. Die einfachen Soldaten, in erster Linie Bauern, sehen keinen Sinn darin, weiter in Galizien oder Bulgarien zu kämpfen, während bei ihnen zu Hause die Ländereien aufgeteilt werden.

Dagegen hält die Provisorische Regierung am Bündnis mit den Westmächten und an der Fortführung des Krieges fest und verstärkt damit den Unmut der Bevölkerung. Zugleich geht sie wichtige innenpolitische Reformen wie die Neuverteilung des Agrarlands nur halbherzig an. Der als Politiker unerfahrene Alexander Kerenskij,

der zunächst Justiz-, dann Kriegsminister und ab Juli 1917 Chef der Provisorischen Regierung ist, scheitert auf ganzer Linie mit dem Versuch, den Patriotismus seiner Landsleute zu mobilisieren.

Die letzte, im Juni 1917 stattfindende Großoffensive der russischen Armee gegen die Deutschen wird zu einem Desaster: Die kriegsmüden russischen Soldaten verweigern teilweise noch während des Angriffs den Befehl und laufen massenweise zum Gegner über. Die Offensive muss abgebrochen werden, kurz darauf wirft der deutsche Gegenangriff die Front weiter zurück. In der Bevölkerung verbreitet sich die Auffassung, die Provisorische Regierung sei bloß die Fortsetzung des alten Regimes in neuem Gewand. Da nur die bolschewistische Partei eine sofortige Beendigung des Krieges fordert, wächst ihr Einfluss unaufhaltsam.

Die Zugfahrt der Romanows in die Verbannung, die am 31. Juli begonnen hat, führt immer weiter nach Osten. Tagelang geht es durch die Gebirgslandschaft des Ural; zuletzt steigen sie um auf ein Schiff, das sie auf den Flüssen Tura und Tobol an ihr vorläufiges Ziel in Sibirien bringt. Ist es Zufall, dass der erste Verbannungsort, Tobolsk, in der Nähe des Geburtsdorfs von Rasputin liegt?

Die Menschen in der Gegend sind den Romanows nicht generell feindlich gesinnt; die Kirche hat hier noch immer viel zu sagen. Holzhacken wird nun Nikolaus' liebster Zeitvertreib, während Alexandra innerlich immer mehr erstarrt. »Wir leben hier auf Erden, aber halb sind wir schon in der nächsten Welt«, meint sie zu einer Vertrauten. Von einer Flucht aus der Gefangenschaft will sie nichts wissen, obwohl dazu in Tobolsk noch eine vage Möglichkeit besteht.

Immerhin ist der englische König Georg V. ein Cousin sowohl von Nikolaus als auch von Alexandra und die ehemalige Zarin eine Nichte des deutschen Kaisers. Tatsächlich liegt anfangs wohl ein englisches Kriegsschiff vor dem Nordmeerhafen Murmansk zur Flucht bereit. Doch dann spitzen sich die Ereignisse zu. Bereits vor Monaten hat die kaiserliche Regierung in Berlin, statt sich um die Rettung der russischen Verwandten von Wilhelm II. zu kümmern, mit Hilfe des militärischen Geheimdienstes ein riskantes Spiel begonnen.

Chronik

Der Weg des Zaren in den Untergang

23. Februar 1917	Beginn der Februarrevolution: Streiks und Demonstrationen in Petrograd
2. März 1917	Nikolaus II. dankt als Zar ab
3. März 1917	Nikolaus' Bruder Michail verweigert die Übernahme des Zarenamts
8. März 1917	Die Zarenfamilie wird in Zarskoje Selo bei Petrograd unter Hausarrest gestellt
31. Juli 1917	Fahrt der Zarenfamilie in die Verbannung nach Tobolsk in Sibirien
Oktober 1917	Die Bolschewiki gelangen in Russland an die Macht
30. April 1918	Die Zarenfamilie wird in die Industriestadt Jekaterinburg gebracht und im Ipatjew-Haus inhaftiert
17. Juli 1918	Erschießung der Zarenfamilie in Jekaterinburg

Am Bahnhof von Jekaterinburg endete die letzte Reise der Zarenfamilie – in der westsibirischen Stadt am Ural wurde sie ermordet.

Deutsches Geld für Lenins Umsturz

Wladimir Iljitsch Uljanow, der Führer der Bolschewistischen Arbeiterpartei Russlands, befindet sich seit September 1914 im Schweizer Exil. Er ist erst 44 Jahre alt, hat aber eigentlich schon die Hoffnung aufgegeben, die Revolution im Zarenreich noch selbst zu erleben. In Bern und Zürich kann er nun in aller Ruhe seine revolutionäre Theorie zu Papier bringen. Der gerade ausgebrochene Weltkrieg und besonders die Zustimmung der deutschen Sozialdemokratie zu den vom Kaiser geforderten Kriegskrediten bestärken Lenin, wie Uljanows Tarnname seit 1901 lautet, in seiner Forderung nach einer radikalen, »undemokratischen« Lösung der gesellschaftlichen Probleme – er propagiert die Diktatur des Proletariats. In seinen »Thesen gegen den imperialistischen Krieg« schreibt er: »Kampf um die Märkte und Raub fremder Länder, das Bestreben, die revolutionäre Bewegung des Proletariats und der Demokratie innerhalb der Länder aus der Welt zu schaffen, das Bestreben, die Proletarier aller Länder zum Narren zu halten, zu spalten, abzuschlachten, indem man die Lohnsklaven der einen Nation im Interesse der Bourgeoisie gegen die Lohnsklaven der anderen Nation hetzt – das ist der einzige reale Inhalt des Krieges und seine Bedeutung.«

Lenin war schon in jungen Jahren zum Gegner des Zarenregimes geworden. Nachdem er mit sechzehn Jahren seinen Vater, einen staatstreuen Schulbeamten, durch einen plötzlichen Herzinfarkt verloren hatte, orientierte er sich an seinem älteren Bruder Alexander. Dieser wurde 1887 in Sankt Petersburg hingerichtet, weil er sich an einer Verschwörung zur Ermordung von Zar Alexander III. beteiligt hatte. Der Tod des geliebten Bruders war für Wladimir Iljitsch ein traumatisches Erlebnis. Sein ganzes Denken galt fortan nur noch dem Ziel, Rache zu üben und das verhasste Zarenregime zu stürzen. Bei Ausbruch des Ersten Weltkriegs scheint Lenin der Erfüllung dieses Wunsches kaum näher gekommen zu sein. Als politischer Emigrant hält er sich in dem zu Österreich gehörenden Teil Polens auf. Er lebt im Exil, seit er im Jahr 1900 aus Sibirien zurückgekehrt ist, wohin er als Mitglied der illegalen Sozialdemokratischen Arbeiterpartei Russlands verbannt worden war. Auf einer Versammlung der

Partei in London hat er 1903 die Bolschewiki als radikalen Flügel von den gemäßigten Sozialdemokraten abgespalten. Lenin und seine Getreuen setzen nicht auf Reformen, sondern auf die Revolution; Kompromisse oder Bündnisse mit bürgerlichen Parteien lehnen sie ab. Nach seiner Verhaftung durch die österreichische Geheimpolizei im August 1914 – ironischerweise wegen des Verdachts, er sei ein russischer Spion – können sich Lenin und seine Frau, Nadeschda Krupskaja, in die Schweiz retten.

In der verschlafen wirkenden Stadt Bern führen sie im Kreis internationaler Exilanten ein »stilles und friedliches Leben«, wie Lenin an seine Schwester schreibt. Sie wohnen in zwei gut möblierten Zimmern und verbringen die Tage meist in Bibliotheken. Auch als sie nach Zürich übersiedeln, ändert sich nichts an ihrem äußerlich geruhsamen Dasein. Umso kämpferischer zeigt sich Lenin jedoch in seinen Schriften. In unzähligen Aufsätzen und Zeitungsartikeln kritisiert er die sozialistischen und sozialdemokratischen Parteien Europas, weil sie »im Namen der Vaterlandsverteidigung« die jeweiligen Staatsführungen der im Krieg stehenden Länder unterstützten. Dabei stünde doch eigentlich der bewaffnete Aufstand gegen die vom »verfaulenden, sterbenden Kapitalismus besessenen Herrschercliquen« auf der Tagesordnung. Das kriegerische Ringen der imperialistischen Mächte ist nach Lenins Meinung nur ein Vorbote der nahenden Weltrevolution. Auch ein wirtschaftlich rückständiges Land wie Russland sei jetzt reif für die soziale Umwälzung.

Doch an eine Rückkehr in die Heimat ist kaum zu denken, da die Kriegsparteien Deutschland und Österreich-Ungarn den Weg versperren. Nadeschda Krupskaja beschreibt in ihren »Erinnerungen« die missliche Lage: »Legale Reisewege gab es nicht, man musste also illegal fahren. Aber wie? Lenin konnte nicht mehr schlafen, seit die Nachricht von der Revolution eingetroffen war, und des Nachts wurden die unwahrscheinlichsten Pläne entworfen: Man könnte ja mit einem Flugzeug fliegen. ... Aber diese Möglichkeit konnte man nur in den nächtlichen Phantasien in Betracht ziehen.«

Wladimir Iljitsch Lenin drängte die Anhänger der bolschewistischen Partei kompromisslos zum Aufstand – seine Gegner beschuldigten ihn, ein Spion Deutschlands zu sein.

Da kommt ein Angebot von unerwarteter Seite. Der deutsche Generalstab bietet freies Geleit und freie Fahrt durch Deutschland

an. Seitdem steht Lenin unter dem dringenden Verdacht, von den Deutschen Geld genommen zu haben, darüber hinaus vielleicht sogar ihr Einflussagent gewesen zu sein.

Der Historiker Jürgen Angelow schreibt dazu: »Aus den Akten des deutschen Auswärtigen Amtes geht hervor, dass die Reichsregierung in Berlin während des Ersten Weltkrieges viel Geld für die Oppositions- und Antikriegsbewegungen im feindlichen Ausland ausgegeben hat. Die Zuwendungen sind breit gestreut. Auch die revolutionäre Arbeiterpartei der Bolschewiki hat von den Zahlungen profitiert. Staatssekretär Kühlmann berichtet sogar vom ›Strom deutschen Geldes für die Bolschewiki‹. Ob aber Lenin davon gewusst hat – geschweige denn, dass er dafür dem Feind Gegenleistungen erbrachte –, lässt sich bis heute nicht beweisen. Die deutsche Regierung brachte Lenin nach Russland, weil er Frieden wollte. Dadurch würden die Deutschen Kräfte im Osten freibekommen, um sie im Westen gegen Frankreich einsetzen zu können. Es war ein Spiel mit dem Feuer – für beide Seiten.

Lenin ist sich der Gefahr bewusst, dass er mit Russlands Kriegsgegnern in Zusammenhang gebracht werden könnte. Er schreibt warnend: »Niemals dürfen wir zu Helfershelfern irgendeiner Monarchie werden, weder der russischen noch der österreichischen noch der deutschen!« Unbestritten ist jedoch das Zustandekommen der geheimen Reise Lenins. Das Auswärtige Amt in Berlin nimmt seine Bedingungen an; sie werden ebenfalls abgesegnet von einer Gruppe internationaler Sozialisten in einem eigens aufgesetzten »Protokoll über die Durchreise durch Deutschland«.

Am 9. April 1917 besteigt die dreißigköpfige Emigrantengruppe im Grenzort Singen einen speziell für sie bereitgestellten D-Zug-Waggon. Eine Ausweiskontrolle findet nicht statt, allein die Passagierzahl wird festgestellt. Alle Türen bis auf eine werden abgeschlossen (aber nicht plombiert, wie es später fälschlicherweise heißen wird), dann setzt sich der Sonderzug in Bewegung. Im Abteil neben der einzigen nicht verschlossenen Tür fahren zwei deutsche Offiziere als Vertreter der Obersten Heeresleitung mit. Eine Kreidelinie auf dem Wagenboden gilt als Demarkationslinie; die Vertreter des Kaiserreichs dürfen sie ebenso wenig überschreiten wie die Emigranten.

Landschaften und Städte ziehen vor dem Zugfenster vorüber; bei Nacht wird Berlin passiert. Zwei Tage dauert die Fahrt, dann ist der Hafen Sassnitz auf Rügen erreicht. Die Passagiere besteigen hier einen Frachtdampfer, der sie ins neutrale Schweden bringt. Von dort geht es über Finnland nach Petrograd, wo ihnen die Bevölkerung einen begeisterten Empfang bereitet.

Die Partei der Bolschewiki erhält jetzt immer mehr Zulauf; bald hat sie über 200 000 Mitglieder. Noch ist sie nicht an der Macht, aber sie wird zu einem unübersehbaren Machtfaktor. Ministerpräsident Kerenskij lässt Lenin trotzdem per Haftbefehl suchen, weil er alle führenden Bolschewiki der Spionage für Deutschland beschuldigt. Doch kurz darauf muss er sie sogar um Unterstützung bitten, als dem Zaren ergebene Generäle ihn stürzen wollen. Die Weichen für die kommenden Ereignisse sind gestellt.

Alexander Demandt: »Lenin hat es vor allem verstanden, Menschen aufzurütteln, indem er seine Strategie in einprägsame Parolen wie ›Frieden, Land, Brot‹ fasste und seiner Anhängerschaft die Überzeugung einimpfte, dass die russische Revolution der Beginn einer sozialistischen Weltrevolution sei, die überall eine bessere Zukunft bringe. Er nützte einfach alle Schwächen des übermächtigen Gegners aus, um an der Spitze einer kleinen Minderheit die Geschicke Russlands zu bestimmen – obwohl seine Partei bei den Wahlen keine Stimmenmehrheit erhielt.«

Alle Macht den Sowjets!

Lenin proklamierte in seinen Aufrufen nun immer vehementer den bewaffneten Umsturz:

»Die Regierung schwankt. Man muss ihr den Rest geben, koste es, was es wolle! Eine Verzögerung der Aktion wäre der Tod! Alle Macht den Räten! Unsere drei Hauptkräfte – die Flotte, die Arbeiter und die Truppenteile – sind so zu koordinieren, dass wir sofort ohne Rücksicht auf die Höhe der Verluste a) das Telefonamt, b) das Telegrafenamt, c) die Bahnhöfe und vor allem d) die Brücken besetzen können. Aus den besten Arbeiterelementen sind Abteilungen mit Gewehren und Handgranaten zu bilden, um die Zentren des

Von der »Aurora« wurde der Startschuss zur Oktoberrevolution abgegeben – als Ikone der Sowjetära wird sie bis heute im Hafen von Sankt Petersburg verehrt.

Feindes ... anzugreifen und zu umzingeln. Die Losung dieser Abteilungen muss sein: Lieber allesamt zugrunde gehen als den Feind durchlassen!«

Am 25. Oktober 1917 begann in Sankt Petersburg der bolschewistische Umsturz. Eine Salve aus den Geschützrohren des Panzerkreuzers »Aurora« eröffnete den Angriff auf den Winterpalast, in dem die Provisorische Regierung ihren Sitz hatte.

»Das Winterpalais wurde nicht im Sturm genommen; das Bild einer Kolonne vorwärts drängender Arbeiter, Soldaten und Matrosen, wie es in Eisensteins Film ›Oktober‹ gezeigt wurde, ist reine Fiktion, ein Versuch, Russland seinen eigenen Sturm auf die Bastille zu geben. In Wirklichkeit wurde das Winterpalais von der Menge gestürmt, nachdem die Verteidiger aufgehört hatten, sich zu wehren. Insgesamt gab es fünf Gefallene und mehrere Verwundete, die meisten waren Opfer verirrter Kugeln.« So beschreibt der Harvard-Professor Richard Pipes den entscheidenden Teil des Oktoberumsturzes, der die Verhaftung der Provisorischen Regierung zur Folge hatte. Regierungschef Kerenskij konnte unbemerkt entkommen.

Er selbst hatte den Putsch erst möglich gemacht, indem er Gewehre an die Arbeiterschaft Petrograds verteilen ließ, um sich gegen vermeintlich zarentreue Militäreinheiten zu schützen. Nun richteten sich diese Waffen gegen ihn selbst.

Der Volkszorn wurde von den Bolschewiki ganz gezielt manipuliert. Mit Bajonetten zerstachen die revolutionären Matrosen die Augen auf den Zarenporträts im Winterpalais. Eine zutiefst symbolische Geste, deren Furor nichts Gutes für die Zukunft der Romanows erwarten ließ. Die neuen Machthaber veröffentlichten einen ersten Aufruf aus der Feder Lenins: »An die Bürger Russlands! Die Provisorische Regierung ist gestürzt. Die Staatsmacht ist in die Hände des Organs des Petrograder Arbeiter- und Soldatenrats, des militärischen Revolutionskomitees, übergegangen, das an der Spitze des Petrograder Proletariats und der Garnison steht. Die Sache, für die das Volk gekämpft hat: das sofortige Angebot eines demokratischen Friedens, die Aufhebung des gutsherrlichen Grundbesitzes, die Arbeiterkontrolle über die Produktion, die Bildung einer Räteregierung, diese Sache ist gesichert. Es lebe die Revolution der Soldaten, der Arbeiter und der Bauern!«

Das Massaker im Keller

In der Ural-Stadt Jekaterinburg steht heute am Rand einer von niedrigen Holzbaracken gesäumten Ausfallstraße ein einfaches Kreuz. »Hier kam der gefangene Zar Nikolaus mit dem Zug an« ist als Inschrift darauf zu lesen. Im Hintergrund führen Bahngleise in das nahe gelegene Stadtzentrum.

Auf diesen Gleisen rollt in der Morgendämmerung des 30. April 1918 der Bahnwaggon mit dem gestürzten Zaren Richtung Hauptbahnhof. Womit der städtische Sowjet nicht gerechnet hat: Am Bahnsteig versammelt sich eine aufgebrachte Menschenmenge und fordert die Freilassung des Gefangenen. Der Befehlshaber der Wachmannschaft droht, mit einem Maschinengewehr das Feuer zu eröffnen, falls die Menge sich nicht zerstreut. Doch die Leute weichen nicht von der Stelle. Der Kommandant schickt den Sonderzug daraufhin wieder aus dem Bahnhof. Einige Kilometer entfernt hält der

Transport erneut an. Von hier aus gelingt es, Nikolaus an seinen neuen Verbannungsort zu schaffen. Stunden später bringt ein weiterer Zug die ehemalige Zarin Alexandra und ihre Tochter Maria. Im Haus der Familie Ipatjew treffen die beiden wieder mit Nikolaus zusammen. Die anderen Kinder kommen erst drei Wochen später.

Die Familie Ipatjew war mit Salz- und Goldhandel reich geworden und hatte auf einem Hügel ein prächtiges Bürgerhaus mit Seeblick errichtet. Die örtliche Sektion der neu gegründeten Geheimpolizei beschlagnahmte die Villa nach der Revolution und richtete sie nun als Gefängnis für gehobene Ansprüche her. Um das Gebäude wurde ein Palisadenzaun aus Baumstämmen als Sichtblende und Fluchthindernis errichtet.

Nicht nur die Weltöffentlichkeit, auch die königliche Verwandtschaft im Buckingham-Palast hatte sich zu diesem Zeitpunkt schon lange von den Romanows abgewandt. Am 24. März 1917 schrieb Lord Stamfordham, der Privatsekretär des Königs, folgenden Brief an den englischen Außenminister Arthur James Balfour:

»Mein lieber Balfour,

Wie Sie von Anfang an wissen, war der König der Ansicht, die Anwesenheit der Kaiserlichen Familie (und vor allem der Kaiserin) in diesem Land werde alle möglichen Schwierigkeiten hervorrufen, und ich bin sicher, Sie verstehen, wie schwierig es für unsere Königliche Familie sein wird, die ja sowohl mit dem Kaiser als auch mit der Kaiserin eng verbunden sind. ... Der König bittet mich, Sie zu fragen, ob – nach Konsultation mit dem Premierminister – Sir George Buchanan [dem englischen Gesandten in Petrograd] nicht eine Möglichkeit eröffnet werden sollte, sich der russischen Regierung mit der Bitte zu nähern, andere Pläne für den zukünftigen Aufenthaltsort der Kaiserlichen Majestäten in Erwägung zu ziehen?

Mit freundlichen Grüßen, Stamfordham«

Im Juli 1918 bahnt sich im Ipatjew-Haus die Katastrophe an. Bericht des Kommandanten Jakow Jurowskij zum Vorabend der Hinrichtung: »Es sei angemerkt, dass es im Gegensatz zu der Vorstellung mancher Leute gar nicht so einfach ist, eine Hinrichtung zu organi-

sieren. Schließlich befanden wir uns nicht an der Front, sondern in einer so genannten ›friedlichen‹ Umgebung.«

Pawel Medwjedjew, Dienst habender Aufseher im Ipatjew-Haus, äußerte sich zum selben Abend: »Ich nahm allen Dienst Habenden und auch einigen anderen ihre Revolver ab – insgesamt waren es 12 – und brachte sie ins Büro des Kommandanten. Dann eröffnete mir Jurowskij: ›Heute müssen sie alle erschossen werden, sag der Wachmannschaft, sie sollen sich nicht beunruhigen, wenn sie Schüsse hören.‹«

Letzter Eintrag im Tagebuch von Ex-Zarin Alexandra Fjodorowna Romanowa: »Trüber Morgen, später schöner Sonnenschein. Baby hat eine leichte Erkältung. Alle gingen am Vormittag 1 Stunde aus, Olga & ich ordneten unsere Medikamente. Tatjana gab sich geistiger Lektüre hin. Sie gingen aus, Tatjana blieb bei mir & wir lasen im Buch der Propheten Amos und Audios. Geklöppelt.«

Am 16. Juli gegen Mitternacht werden die Zarenfamilie und ihr Personal – Arzt, Koch, Diener und Kammerzofe – unter dem Vorwand geweckt, dass es in der Stadt zu Unruhen gekommen sei. Angeblich zu ihrer persönlichen Sicherheit sollen sie in den Keller des Hauses gebracht werden. Nikolaus trägt seinen geschwächten Sohn die Treppe hinunter, die anderen folgen.

Bericht Kommandant Jurowskij: »Als Ort der Liquidierung war unten ein Raum mit einer holzverkleideten Zwischenwand (zur Vermeidung von Querschlägern) vorgesehen, aus dem man sämtliche Möbel entfernt hatte. Das Erschießungskommando stand im Nebenraum bereit. Die Romanows ahnten nicht das Geringste.«

Den Gefangenen werden zwei Stühle in den Raum gestellt, auf denen Alexandra und der kranke Alexej Platz nehmen. Dann verkündet Jurowskij, dass der Sowjet der Arbeiterdeputierten den Befehl gegeben habe, sie alle zu erschießen.

Bericht Jurowskij: »Das Kommando hatte bereits Instruktionen erhalten, wer wen ins Visier nehmen sollte; der Befehl lautete, ihnen direkt ins Herz zu schießen, um möglichst viel Blutvergießen zu vermeiden und die Sache möglichst schnell zu erledigen. Wortlos wandte sich Nikolaus wieder zu seiner Familie um, die anderen

Als Hinrichtungsort der Romanows wurde gezielt ein Raum mit Tapete und Holztäfelung gewählt – die abgefeuerten Pistolenkugeln sollten nicht als Querschläger die Todesschützen selbst treffen.

stießen ein paar unzusammenhängende Schreie aus. Das Ganze dauerte nur wenige Sekunden. Dann fielen die ersten Schüsse. Ich feuerte auf ihn und tötete ihn auf der Stelle.«

Knochen unter dem Mantel der Geschichte

Bereits im Sitzungsprotokoll des Moskauer Rates der Volkskommissare vom 18. Juli 1918 wurde die Mitteilung des Genossen Jakow Michailowitsch Swerdlow über die Hinrichtung von Nikolaus Romanow vermerkt. Swerdlow war zu diesem Zeitpunkt Vorsitzender des Zentralkomitees der Bolschewistischen Arbeiterpartei und einer der einflussreichsten Revolutionsführer. Einige Jahre später sollte man Jekaterinburg ihm zu Ehren in Swerdlowsk umbenennen; so hieß die Stadt dann bis zum Ende der Sowjetunion.

Der Kommandant Jurowskij jedoch berichtete weiter: »Am frühen Morgen des 19. Juli, gegen 4.30 Uhr, blieb der Lastwagen endgültig stecken; die einzige Möglichkeit, die jetzt noch blieb, war, sie zu verscharren oder zu verbrennen, ohne dass man den Stollen erreicht hätte. Einer der Genossen versprach, Letzteres zu tun, doch er setzte sich ab, ohne sein Wort zu halten. Alexej und Alexandra sollten verbrannt werden, doch stattdessen verbrannten sie versehentlich Alexej und die Hofdame. Die Überreste verscharrten sie direkt unter dem Feuer, dann entfachten sie ein zweites, das jegliche Spuren des Aushubs vollständig verwischte. Gleichzeitig hoben sie eine Grube für alle anderen aus.«

Die Arbeit des Bestattungskommandos endete erst gegen sieben Uhr. Um nach dem damaligen Stand der Wissenschaft jegliche spätere Identifizierung der Toten unmöglich zu machen, übergoss man die Körper am Ende mit Schwefelsäure. Damit sollte auch das Entstehen von Verwesungsgeruch verhindert werden, der das flache Grab möglicherweise verraten oder Tiere angelockt hätte. Am Schluss legten die Milizionäre hölzerne Eisenbahnschwellen über die Grube und fuhren sie mit dem Laster fest. Die Maßnahmen waren weitgehend erfolgreich, denn mehr als siebzig Jahre lang blieb das Grab unentdeckt.

In der Stadt Alapajewsk wurde einige Stunden später Alexandras Schwester, Großfürstin Ella, mit ihrem Mann und ihren Kindern hingerichtet. Gefesselt und mit verbundenen Augen wurden sie vom Hinrichtungskommando in einen verlassenen Bergwerksstollen vor den Toren der Stadt gebracht. Dort stieß man sie in ein Wasserloch und warf mehrere Handgranaten hinterher. Als immer noch Geräusche aus der Dunkelheit zu hören waren, ließ der Befehlshabende den Stollen mit Reisig verfüllen und in Brand setzen.

Jürgen Angelow erkennt in den Morden eine Art historischer Zwangsläufigkeit: »Oft greifen Revolutionäre in vergleichbaren Situationen der Geschichte zum grausamen Mittel des Herrschermords; das war in Frankreich nach 1789 genauso wie in Russland nach dem Oktober 1917. Sie glaubten wahrscheinlich, symbolisch gesprochen, ›ihre Schiffe hinter sich verbrennen‹ zu müssen, um die Rückkehr zum Vorher völlig auszuschließen.«

Epilog

Der Nationalstaat mit einer einheitlichen Ethnie als Staatsvolk hat sich in den letzten beiden Jahrhunderten weltweit als erfolgreiches Modell erwiesen, weil er, wie der englische Historiker Geoffrey Hosking schreibt, »die größte Gemeinschaft ist, die ein Gefühl der Zusammengehörigkeit und Solidarität zu schaffen und zu bewahren vermag, ein Gefühl, das die Loyalität fördert und die Notwendigkeit reduziert, zu Mitteln des Zwanges zu greifen«.

Genau das traf weder auf die Habsburgermonarchie noch auf das Osmanische und das Zarenreich zu. Hier gelang es nicht, zwischen der Oberschicht und den einfachen Menschen der verschiedenen Völker ein Gemeinschaftsgefühl unter einer einheitlichen Krone zu schaffen. Die fehlende nationale Identität schwächte den Zusammenhalt der Vielvölker-Imperien – wie bei den sich über Tribute finanzierenden Großreichen des Altertums (mit der Ausnahme Ägyptens, das sich über Jahrtausende an der Macht zu halten vermochte). Die Herrscher in Wien, Konstantinopel und Sankt Petersburg konnten sich nicht auf die Treue ihrer bunt zusammengewürfelten Untertanen verlassen; im Gegensatz zu Frankreich oder zum nach 1871 geeinten Deutschland, wo die Einheit des Staatsverbands trotz extremer historischer Umbrüche letztlich nicht verloren gegangen ist.

Die russisch-orthodoxe Kirche hat die letzte Zarenfamilie heilig gesprochen – acht Jahrzehnte nach ihrer Ermordung beten die Gläubigen sie an.

Im Russischen Reich verhinderte die Entwicklung des Imperiums letztendlich die Schaffung einer Nation. Seit Iwan IV. musste die Bevölkerung ihre Bedürfnisse dem Willen des Staates nach Anhäufung von materiellem Reichtum und Territorien unterordnen. »Der Staat blähte sich auf, das Volk siechte dahin«, schrieb ein russischer Historiker dazu.

Das russische Imperium bedeutete eine geografische Weite, in der alles zu verschwimmen, in einer unbegreifbaren Ferne zu versinken schien. Um diese grenzenlose Weite zu kontrollieren, mussten die russischen Herrscher einen Staat schaffen, der über grenzenlose Macht seinen Untertanen gegenüber verfügte. Die

Russen unterwarfen sich dem Staat, um das Imperium zu erhalten. Zusammengehalten wurde das Reich von der Armee. Die Wirtschaft konnte nicht einmal die Grundbedürfnisse der Bevölkerung befriedigen, geschweige denn international konkurrenzfähig werden, weil alle Erträge für das Militär und die Bürokratie abgeschöpft wurden. Nach der Revolution trat die sowjetische Nomenklatura als neue Herrscherschicht an die Stelle des Adels und blieb genauso unproduktiv.

Die Sowjetunion verwaltete auch über die Stalin-Ära hinaus das Erbe des Zarenreichs. Es gelang auch ihr nicht, die tiefe Kluft zwischen den Mächtigen (und Besitzenden) und dem Volk zu überwinden. Jürgen Angelow sieht die Gründe dafür in den autoritären Strukturen, die das Zarenreich geprägt hatten und im 20. Jahrhundert weiter bestanden: »Das hing mit den Strukturschwierigkeiten Russlands zusammen, zum Beispiel mit der Nationalitätenproblematik und den sozialen Spannungen, von denen wohl auch die Sowjetführer glaubten, sie nur mit den lange eingeübten autoritären Methoden beherrschen zu können.«

Ein zusammenschweißendes Wir-Gefühl existierte nur im Kern-Russland, und auch dort vor allem bei Bedrohungen von außen wie während der Kriege gegen Napoleon und Hitler. Mit dem Zusammenbruch der Sowjetunion 1991 ist der Anspruch der Moskauer Führung auf ein Vielvölkerreich endgültig gescheitert, auch wenn dieser Anspruch die Politik des Kreml im Kaukasus bis heute zu bestimmen scheint. Die Fehler der Vergangenheit lassen sich jedoch nur dann vermeiden, wenn Moskau allen imperialen Versuchungen entsagt. Die Entlassung der einstigen Sowjetrepubliken in die Unabhängigkeit war ein Schritt in die richtige Richtung.

Doch die Abhängigkeit der meisten neu entstandenen Staaten von Energielieferungen und Militärhilfe aus Russland bietet eine verlockende Basis für neoimperiale Pläne. Die mehr oder weniger offenen Interventionen in der Ukraine und in Georgien, in Turkmenistan, Usbekistan und Kirgisien sind ein deutlicher Hinweis darauf, dass die Machtgelüste russischer Herrscher längst nicht der Vergangenheit angehören.

MICHAEL GREGOR

STURM ÜBER DEM
BOSPORUS

Am ersten Weihnachtstag des Jahres 1683 ist Großwesir Kara Mustafa Köprülü bereit, vor den Allmächtigen zu treten. Er legt seine Insignien ab, kniet nieder, verneigt sich in Richtung Mekka und spricht zum letzten Mal das Glaubensbekenntnis der Muslime:

»Es gibt keinen Gott außer Allah und Mohammed ist sein Prophet.« Dann streift Kara Mustafa den Mantel ab, entblößt seinen Hals und lässt sich mit einer Bogensehne erdrosseln. Anschließend trennen die Schergen den Kopf vom Leichnam, ziehen die Haut vom Schädel ab und verschicken sie sorgsam ausgestopft nach Konstantinopel. Seine Majestät Sultan Mehmed IV. soll sich persönlich davon überzeugen können, dass sein Befehl ausgeführt wurde. Kara Mustafa hatte sein Leben verspielt, weil er eine Schlacht verlor – eine Schlacht, die bis heute als Schicksalsmoment der europäischen Geschichte gilt: der Kampf um Wien. Dabei war der Sieg für ihn schon zum Greifen nahe gewesen.

Mitte Juli 1683 hat die 200 000 Mann starke osmanische Armee Wien in tödlicher Umklammerung. Die gefürchteten türkischen Mineure treiben einen Tunnel nach dem anderen unter die mächtigen Festungsmauern der Stadt, füllen sie mit Fässern voller Schießpulver und bringen es zur Explosion. Unaufhaltsam frisst der massive Einsatz des Sprengstoffs eine Bresche in die Verteidigungsanlagen.

◂◂ Schiffe auf dem Wasser vor Konstantinopel.

◂ Mehmed, der Eroberer Konstantinopels. Osmanische Miniatur.

Der Kampf um Wien – Wendepunkt in der Geschichte des Osmanischen Reiches. Zeitgenössische Radierung.

Die kaiserliche Familie Österreichs hat die von Pulverdampf verhangene Stadt schon vor Tagen verlassen. Aber anstatt die schwindende Moral des Gegners zu nutzen und zum Sturm zu blasen, wartet Kara Mustafa auf die Kapitulation. Da die Wiener jedoch keine Anstalten machen, ihre Fahnen einzuholen, greift der Wesir zu einem schauderhaften Mittel: Er lässt ein benachbartes, völlig bedeutungsloses Dorf einnehmen und die Gefangenen enthaupten. Beim Anblick aufgepflanzter Köpfe, so glaubt der osmanische Heerführer, werden die Wiener ihre Haltung schon überdenken. Aber er täuscht sich, denn die Verteidiger haben kein Vertrauen in die Zusagen eines Mannes, der überall wegen seiner schrecklichen Grausamkeit gefürchtet wird.

Warum der Wesir nicht den Generalangriff anordnet, ist schwer zu sagen. Vielleicht will Kara Mustafa für sich und seinen Sultan eine möglichst große Beute herausholen. Bei einer Erstürmung muss

er den Soldaten aber die Stadt zur Plünderung überlassen. Als er schließlich am 12. September halbherzig doch eine Attacke befiehlt, ist es bereits zu spät. Denn jetzt diktiert der Gegner das Handeln. Die osmanischen Kundschafter haben ein christliches Entsatzheer im Anmarsch auf Wien entdeckt. Der Polenkönig Jan Sobieski und Herzog Karl von Lothringen führen ein Aufgebot von 80 000 Mann heran. Jetzt begeht Kara Mustafa den zweiten, entscheidenden Fehler. Anstatt sich erst einmal dem von Gewaltmärschen erschöpften Heer entgegenzuwerfen, mutet er seinen Soldaten einen Kampf an zwei Fronten zu. Eingeklemmt zwischen den Mauern Wiens und der heranpreschenden polnischen Kavallerie, wird das osmanische Feldlager zum Schlachtfeld. Die zahlenmäßig weit überlegene, aber völlig überrumpelte Armee der Osmanen muss fliehen und dabei ihre gesamte Ausrüstung zurücklassen.

Kara Mustafa jagt mit seinen Truppen die Donau hinab bis nach Buda, einige Wochen später erreicht er Belgrad. Auf der Burg Kalamegdan wartet der Wesir nun auf den Tag, an dem zwei Gesandte ihm das Todesurteil mit dem großherrlichen Siegel überbringen. Er hat so eklatant versagt, dass er nach den Gepflogenheiten der osmanischen Armee nicht mit Nachsicht rechnen kann.

Und in der Tat: Die Niederlage vor Wien markiert einen Wendepunkt in der Geschichte des Osmanischen Reiches. Beflügelt von der erfolgreichen Abwehr des Feindes und überzeugt, dass nun Gott selbst das Schwert gegen die Osmanen führt, geht der deutsche Kaiser Leopold I. in die Offensive. Gemeinsam mit der Seerepublik Venedig und einigen anderen christlichen Monarchien gründet er die »Heilige Liga«. Die Gelegenheit ist günstig, um den Osmanen endlich eine Lektion zu erteilen. Die gewaltige Armee, vor der ganz Europa zitterte, ist auf der Flucht, und der Sultan in Konstantinopel hat – wie man durch Spione weiß – einen schweren Stand. Unzufriedene Militärs, hohe Staatsbeamte und die Geistlichkeit zweifeln an seiner Regierungsfähigkeit.

Zwischen 1685 und 1689 erobern die christlichen Heere Gebiete, die seit Jahrhunderten zum Osmanischen Reich gehörten: Ungarn, Transsilvanien und Serbien, zeitweilig besetzen sie sogar den griechischen Peloponnes. Zar Peter der Große, der auf Seiten der

Das Osmanische Reich 1326–1683

Osmanisches Reich 1326 (Tod Osmans)
Osmanisches Reich v. d. Mongoleneinbruch 1402
Osmanisches Reich 1451
Erwerbungen Mehmeds II. (1451–81)
Erwerbungen bis 1520 (Selim I., 1512–20)
Erwerbungen Süleymans II. (1520–66)
Erwerbungen bis 1683
Teilw. beherrschtes Vorfeld gg. d. Abendl. 1664–83
Vasallenstaaten (rechtsliegende Schraffur)
Bis 1683 wieder verlorene Geb. (in Randfärbg.)
bedeutende Schlacht
KRAINE
KOSAKEN
Don
Dnepr
CHANAT DER KRIMTATAREN
seit 1475/78 Vasall
Tana (Asow)
Jenikale
Kuban
KRIM
1475
Kaffa
1475
Taman
Bachtschisarai
Sudak
TSCHERKESSEN
CHWARZES MEER
MINGRELIEN
Suchumkale
Poti
Batum
1578
Derbent
DAGESTAN
1645 Vas.
KASPISCHES
MEER
Tiflis
GEORGIEN
1510
Kura
Kars
Eriwan
KARABAG
1590
Sinope
1461
Samsun
1461
Trapezunt
1461
TRAPEZUNT
1461
Amasia
Erzurum
Erzindschan
1473
ARMENIEN
Aras
ASERBAIDSCHAN
1514/34/1590
Täbris
1514/1534
1585/1603
Angora
1361
1402
ANATOLIEN
1360
Sivas
Kisil Irmak
Wan
Kayseri
Malatia
KURDISTAN
1515
Tschaldiran
1514
DSULKADIR
1515
Konia
1386
KARAMAN
1392/1467
KILIKIEN
1474
Adana
MESOPOTAMIEN
1534
Mossul
ARDILAN
1630
Hamadan
PERSIEN
Selefke
(Seleucia)
Dabik
1516
Antakie
Aleppo
LURISTAN
1590/1630
ZYPERN
1571
Nikosia
Famagusta
Tripolis
SYRIEN
1516
Tigris
Euphrat
Bagdad
1534/1638
Beirut
Damaskus
1516
EER
Jaffa
Jerusalem
PERS.
GOLF
Kuwait
EL HASA
1555
HEDSCHAS 1517 Vasall
JEMEN und ADEN 1538 besetzt
1331
1337
1461

Liga kämpft, erobert den Schwarzmeerhafen Asow. Zudem tritt ein Mann in Aktion, der als eigentlicher Bezwinger der Türken in die Annalen eingehen wird: Prinz Eugen von Savoyen. Der Franzose im Dienst des Kaisers ist einer der großen Feldherrn der Geschichte. In sicherem Abstand folgt der raffinierte Taktiker dem osmanischen Heer durch den Balkan und wartet auf seine Gelegenheit. Sie kommt am 11. September 1697. Schauplatz des Dramas ist die Wojwodina, die heute zu Serbien gehört. Das osmanische Heer muss den Fluss Theiß überqueren und hat dazu eine Pontonbrücke gebaut. Während sich Zehntausende von Soldaten vor dem schmalen Zugang zur Brücke drängen, schlägt Prinz Eugen zu. Die völlig überrumpelten Osmanen werden von der Wucht des Angriffs buchstäblich in den Fluss geworfen. Schätzungsweise 30 000 Soldaten des Sultans verlieren an diesem Tag das Leben.

Nicht Wien, sondern Senta – der Schlachtort ist nach einem nahegelegenen Dorf benannt – bedeutet die eigentliche Katastrophe für die osmanische Armee. Hätte die Liga ihren Kreuzzug fortgesetzt, der Islam wäre vermutlich über kurz oder lang vom Balkan verschwunden. Ob die Geschichte dieser Region in den kommenden Jahrhunderten weniger blutig verlaufen wäre?

Aber nicht nur der Sultan, auch die Österreicher sind jetzt zu einem Waffenstillstand bereit, der den erreichten Status quo auf dem

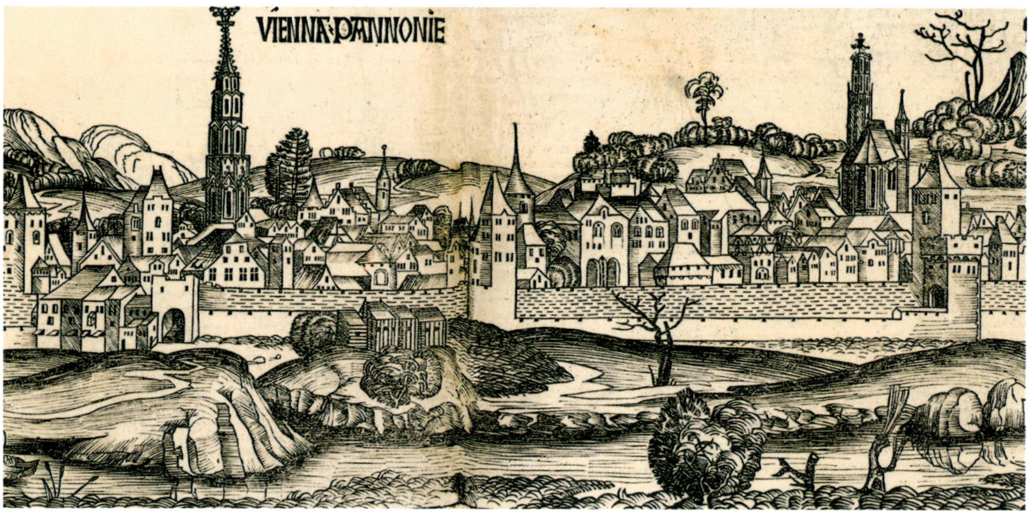

Ansicht von Wien um 1500.

Balkan festschreiben wird. Der osmanische Herrscher bekommt dabei Unterstützung aus dem fernen Westen. England und die Niederlande üben diplomatischen Druck auf Österreich aus. Da die akute Türkengefahr abgewendet ist, sollen sich die Habsburger nach Ansicht der Engländer wieder mehr im Westen Europas engagieren. Die aggressive Politik Frankreichs unter Ludwig XIV. bedroht den Frieden. Man braucht Ruhe auf dem Balkan, um dem übermächtigen Sonnenkönig Paroli bieten zu können.

Am 26. Januar 1699 trafen sich die Unterhändler der Kriegsparteien in dem rund sechzig Kilometer nordwestlich von Belgrad gelegenen Sremski Karlovci. Im Frieden von Karlowitz – so die deutsche Bezeichnung für den Ort – trat das Osmanische Reich der Liga einen Teil seiner europäischen Gebiete ab: Ungarn, Transsilvanien, das damalige Kroatien, Slawonien und die Mittelmeerküste bis Ragusa, heute Dubrovnik. Zwar konnte die osmanische Delegation Karlowitz erhobenen Hauptes verlassen, doch am Wesen des Reiches hatte sich an diesem Tag etwas Grundlegendes verändert: Nie zuvor in seiner Geschichte hatte ein Sultan von Konstantinopel vor einer nichtmuslimischen Macht die Waffen gestreckt. »Beim Abschluss des Friedensvertrages von Karlowitz sahen sich die Osmanen zum ersten Mal gezwungen, auf jene seltsame Kunst zurückzugreifen, die wir Diplomatie nennen«, erklärt der Orientwissenschaftler Bernard Lewis, ehemals Professor an der Universität Princeton und einer der Altmeister seines Fachs.

Damit hatten sich die Herrscher vom Bosporus von ihrer althergebrachten Staatsdoktrin verabschiedet. Dem bisherigen religiösen Selbstverständnis nach repräsentierten die Osmanen nämlich den Islam – und daraus wurde praktisch ein Herrschaftsanspruch über die ganze Welt abgeleitet. Das »Haus des Islam« sollte keine Grenzen haben, und es zu vergrößern war die erste Pflicht des Sultans, der von Amts wegen den Propheten Mohammed auf Gottes heiliger Erde vertrat. Jenseits des muslimischen Herrschaftsraums lag das »Haus des Krieges«, das es zu befrieden und »dem Islam zu öffnen« galt. Das bedeutete nicht, die Ungläubigen unter Zwang zu bekehren. Wohl aber war dafür zu sorgen, dass sich kein Muslim einer nichtmuslimischen Autorität unterordnen musste, die ihn hätte hindern können, nach dem Koran zu leben.

Der 26. Januar 1699 markiert zweifellos das Ende dieser Staatsdoktrin und für viele Historiker auch den Anfang vom Niedergang des Osmanischen Reiches. Sicher ist: Es hatte seinen Zenit überschritten. Nie mehr sollte Westeuropa vor den Kriegern unter dem Halbmond zittern. Aber es hätte nicht viel gefehlt, und Wien wäre in die Hände der Türken gefallen. Wäre die Geschichte Europas dann anders verlaufen? Alexander Demandt, Professor für Alte Geschichte an der Freien Universität in Berlin, ist einer der wenigen Historiker, die sich in wissenschaftlichen Publikationen der Frage nach dem »Was wäre gewesen, wenn ...?« angenommen haben. Seiner Überzeugung nach hätte die Eroberung der Donaumetropole den Verfall des Osmanischen Reiches eher noch beschleunigt:

»Ich glaube, dass die Türken nicht auf Dauer imstande gewesen wären, diese Eroberung zu halten. Sie hatten ja schon große Probleme mit Ungarn und keine geringeren Probleme mit Serbien. Das heißt, die Herrschaft über den Balkan war schon damals relativ prekär. Hier kommt der Begriff des »Overstretch« ins Spiel – der Überausdehnung. Wenn eine Macht zu groß wird, dann verliert sie an innerem Zusammenhalt und bricht auseinander. Der Besitz Wiens hätte sicherlich für das Osmanenreich eine enorme Sprengkraft besessen, die es auseinander gerissen hätte.«

Das Osmanische Reich stieß 1683 für alle Welt sichtbar an seine Grenzen. Zwar war es im 18. und 19. Jahrhundert noch immer eine imposante Großmacht. Aber zunehmend machten ihm innere und äußere Krisen zu schaffen. Am Ende wurde es unter europäischen Diplomaten als »kranker Mann am Bosporus« gehandelt, marode und rückständig, ein Koloss auf tönernen Füßen. Was waren die Gründe für das Scheitern des mächtigsten islamischen Reiches der Weltgeschichte, eines Reiches, dessen Aufstieg so atemberaubend gewesen war?

Chronik

Türkentrunk und Türkenfieber

Georg Franz Kolschitzky war sprachgewandt und verstand etwas von Geschäften. Solche Männer haben für gewöhnlich gute Kontakte, und als das osmanische Heer im Jahr 1683 auf Wien vorrückte, brauchte der Kaiser einen wie ihn. Kolschitzky wurde Kundschafter – ein ehrenvoller Posten. Trotzdem wäre der Spion des Kaisers längst vergessen, wenn er nicht als Ahnherr eines Wiener Kulturguts in die Geschichte eingegangen wäre. Denn als Dank für seine Dienste erhielt Kolschitzky die Erlaubnis, das erste Kaffeehaus in der Donaumetropole zu eröffnen.

Die geschlagenen Osmanen hatten in ihrem Feldlager – beim heutigen Flanierpark Türkenschanze – Säcke mit schwarzen Bohnen zurückgelassen. Die würzigduftende Beute ebnete dem Kaffee seinen Siegeszug durch die Salons. Auch das halbmondförmige Vanillekipferl, die ideale Beigabe zu Mokka und Melange, soll aus der Zeit der Belagerung stammen. Beim nächtlichen Teiganrühren hörten Wiener Bäcker, wie die osmanischen Angreifer einen Tunnel unter der Stadt gruben, und schlugen rechtzeitig Alarm. Das Kipferl backten sie später zum Andenken an die Niederlage der Muslime. Nun konnte jeder das Zeichen des Islam genüsslich auf der Zunge zerbröseln lassen.

Im Laufe des 18. Jahrhunderts wich die Türkenangst mehr und mehr einer Faszination für das Exotische und Fremde – »alla turca« war auf einmal chic. Die Kleider der Damen, Dekorationen und selbst die Architektur ahmten türkische Vorbilder nach. Und wer es sich leisten konnte, schmückte seine Privatgemächer mit schwülstigen Haremsdarstellungen. Auch Mozart ging mit der Mode der Zeit und bearbeitete einen türkischen Stoff: die »Entführung aus dem Serail«. Der Komponist war von den Klängen der türkischen Musik so angetan, dass er außerdem das berühmte »Rondo Alla Turca« schuf. Da wollte Selim III., osmanischer Sultan von 1789 bis 1807 und selbst ein leidenschaftlicher Komponist, nicht zurückstehen und schrieb für sein Militärorchester einen Marsch – inspiriert von Mozart.

Sultan Selim III. – ein Bewunderer Mozarts.

Die Karriere der Steppenkrieger

Zur Zeit seiner größten Ausdehnung im 17. Jahrhundert umfasste das Osmanische Reich Nordafrika einschließlich Ägyptens, die Arabische Halbinsel, den Nahen Osten, Anatolien, den Kaukasus, die Krim und Südosteuropa. Ein gigantisches Imperium, das sich über drei Erdteile erstreckte.

Am Anfang stand der Mann, dessen Name dieses Reich bis zu seinem Untergang sechshundert Jahre später tragen sollte: Osman, zunächst ein unbedeutender Provinzfürst in Westanatolien, einer unter vielen türkischen Stammesführern, die um das Jahr 1300 im unwegsamen Bergland um die Vorherrschaft stritten. Der Stammbaum Osmans lässt sich heute nicht mehr zurückverfolgen. Wie die anderen Turkstämme Anatoliens wanderte seine Sippe vermutlich Anfang des 13. Jahrhunderts aus den zentralasiatischen Steppen in das Gebiet der heutigen Türkei ein. Türkischsprachige Gruppen und Völker, die bereits in chinesischen Quellen der Antike auftauchen, hatten in den weiten Räumen Asiens lange als Jäger und Nomaden in Jurten-Zelten gelebt, ohne sich von irgendeiner sesshaften Hochkultur beeindrucken zu lassen. Die weit reichenden Eroberungen der Araber brachten sie dann mit dem Islam in Kontakt.

Viele Türken kamen als Sklaven in den Nahen Osten, wegen ihrer körperlichen Ausdauer dienten sie häufig in den Armeen der neuen Herren. Manche brachten es als Offiziere zu Reichtum und Macht. Sie legten ihre oft als schamanistisch bezeichnete Religion ab und profilierten sich als Verteidiger des sunnitischen Islam. Tatsächlich wurde der Nahe Osten im Mittelalter von Dynastien beherrscht, die aus diesen Militärsklaven hervorgegangen waren. Man könnte vermuten, dass Osmans Vorfahren nach Westen zogen, um dort zu herrschen. Tatsächlich dürfte es sich eher um eine Flucht ums nackte Leben gehandelt haben: Die Armeen des Mongolenherrschers Dschingis Khan vertrieben Ende des 12. Jahrhunderts die Steppentürken aus ihren angestammten Wohngebieten. So gelangte wohl auch Osmans Sippe nach Anatolien. Wenig deutete zunächst darauf hin, dass der Nachkomme von Flüchtlingen eine der mächtigsten Dynastien der Weltgeschichte begründen sollte.

Chronik

Die Geschichte des Osmanischen Reiches

1300–1326	Osman gründet das Staatswesen der Osmanen
1353/54	Errichtung eines osmanischen Brückenkopfes auf der europäischen Seite des Bosporus
1359–1389	Sultan Murad I. dehnt das Herrschaftsgebiet über den Balkan und Anatolien aus
1389	Schlacht auf dem Amselfeld
1451–1481	Sultan Mehmed »der Eroberer«
1453	Eroberung von Konstantinopel
1456–1480	Eroberungen auf dem Balkan
1516/17	Eroberung Syriens und Ägyptens
1518	Der Sultan der Osmanen erlangt den Kalifen-Titel
1520–1566	Sultan Süleyman der Prächtige. Goldenes Zeitalter des Osmanischen Reiches
1593–1606	»Langer Krieg« mit Österreich
1669/70	Eroberung von Kreta
1683	Belagerung Wiens
1684–1699	Die Armeen der Heiligen Liga verdrängen die Osmanen aus Ungarn
1699	Friede von Karlowitz
1737–1739	Krieg gegen Österreich
1774	Ende des osmanisch-russischen Krieges. Friede von Küçük-Kaynarca
1787–1792	Krieg gegen Russland und Österreich
1798/99	Ägypten-Expedition Napoleons
1830	Griechenland wird unabhängig
1846	Gründung der ersten osmanischen Universität
1853–1856	Krimkrieg

1878	Berliner Kongress: Serbien, Montenegro und Rumänien lösen sich aus dem osmanischen Staatsverband, Österreich besetzt Bosnien-Herzegowina
1908	Jungtürkische Revolution
1909–1918	Sultan Mehmed V.
1912/13	Erster Balkankrieg
1913	Zweiter Balkankrieg
1914	Eintritt des Osmanischen Reiches in den Ersten Weltkrieg
1915	Völkermord an den Armeniern. Sieg über die britischen Invasionstruppen bei Gallipoli
1918	Waffenstillstand von Mudros
1919–1923	Mustafa Kemal Pascha organisiert eine türkische Nationalarmee, vertreibt die Entente-Truppen aus Anatolien und proklamiert die türkische Republik

Die Belagerung Wiens. Osmanische Miniatur.

Wie die meisten Imperien besitzt auch das Osmanische Reich einen Gründungsmythos. Der Legende nach sah Osman während eines Feldzugs einen Geier über sich kreisen. Beeindruckt von der Begegnung mit dem mythischen Vogel, suchte er Rat bei einem Derwisch, einem islamischen Gelehrten und Mystiker. Der weise Mann hatte eine Deutung parat: Die beiden Schwingen des Vogels standen demnach für Europa und Asien, die zwei Kontinente, die Osmans Nachkommen einmal beherrschen sollten.

Nach Osmans Tod übernahm sein Sohn Orhan das Kommando und eroberte im Jahr 1326 die Stadt Bursa. Die quirlige Provinzmetropole, unweit der Küste des Marmara-Meeres gelegen, wird heute die »grüne Stadt« genannt. Wenn ein gnädiger Wind den Smog über den Dächern Bursas fortbläst, eröffnet sich tatsächlich ein einzigartiger Panoramablick auf den dicht bewaldeten Berg Uludag. Im Zentrum des Häusermeers befindet sich eine der ältesten Moscheen Anatoliens. Die Ruinen des einstigen Palastes der Osmanen und ein kürzlich wieder aufgebauter Glockenturm erinnern daran, dass Bursa akut erdbebengefährdet ist. Die tektonischen Platten in der Marmara-Region reiben ständig aneinander. Im Sommer 1999 brachte ein Beben Tausende von Etagenbauten an der Küste zu Fall. Auf die gleiche Weise wurde im 17. Jahrhundert der einstige Regierungssitz der Osmanen in Bursa zerstört, der vielen berühmten Herrschern als letzte Ruhestätte diente.

Rund hundert Kilometer Luftlinie liegen zwischen Bursa und Konstantinopel, das 1930 in Istanbul umbenannt wurde. Heute dauert die Reise zwischen beiden Städten dank einer Schnellfährverbindung nicht mehr als vier Stunden. Der Landweg allerdings ist wegen der weiten Ost-West-Ausdehnung des Marmara-Meeres beschwerlich und lang. Ein Blick auf die Landkarte macht deutlich: Um diese Region zu erobern, brauchte man eine Flotte. Mitte des 14. Jahrhunderts aber beherrschten Byzantiner, Venezianer und Genueser das Meer in diesem Gebiet.

Das einstige Byzanz war damals noch immer eine der größten Städte der christlichen Welt. Der römische Kaiser Konstantin hatte die strategisch gelegene Festung Byzantion im 4. Jahrhundert n. Chr. zur neuen Hauptstadt seines Reiches gewählt – sie erhielt den Na-

Das Wahrzeichen Istanbuls: die Hagia Sophia.

men Konstantinopel, »Stadt des Konstantin«. Im Laufe der folgenden Jahrhunderte wurde sie zur prächtigsten Metropole des Mittelalters ausgebaut. Die Hauptkirche, die Hagia Sophia, war bis zur Errichtung des Petersdoms in Rom der größte Kuppelbau der Christenheit. Das Oströmische Reich, über das die Herrscher vom Bosporus geboten, erstreckte sich vom Balkan bis nach Persien, bis in den Sinai und die Wüsten Arabiens.

Aber tausend Jahre nach seiner Gründung war es nur noch ein Schatten seiner selbst. Unter dem Ansturm von Persern und Arabern, waren während des Mittelalters der Osten und der Süden des Reiches verloren gegangen. Jetzt drohte neue Gefahr durch die Erben Osmans. Bereits Mitte des 14. Jahrhunderts waren sie von Osten her bis auf wenige Kilometer an Konstantinopel herangerückt. Sie eroberten nicht nur Izmir, sondern auch Nizäa, eine der wichtigsten Konzilstädte des Christentums. Die backsteinernen Festungsbauten der Stadt wurden geschleift. Ihre Ruinen zeugen davon, dass Nizäa nicht nur religiöse, sondern auch politische Bedeutung für die Byzantiner hatte: Der Ort diente den Kaisern des von

Symbol des Osmanischen Sieges: Koransuren in der Hagia Sophia.

Machtkämpfen und Putschversuchen erschütterten Imperiums lange als Exilhauptstadt.

Die osmanischen Heere zogen die Schlinge um Konstantinopel immer enger. Nördlich der Stadt überschritten sie den Bosporus, dehnten ihre Feldzüge auf den Balkan aus und drangen bis an die Mittelmeerküste vor. Dabei gingen sie den Weg des geringsten Widerstands und besetzten zunächst nur kleine Flecken Land, die sie später miteinander verbanden. Wann die Osmanen schließlich den Entschluss fassten, den »Goldenen Apfel« zu pflücken, lässt sich nicht zweifelsfrei sagen. Der Angriff auf Konstantinopel stand am Ende eines langen Zermürbungskriegs, den Historiker auch als »hundertjährige Kesselschlacht« bezeichnen.

Das Schwert des Propheten

Ihren einzigartigen Erfolg verdankten die osmanischen Heere einer ausgeklügelten Taktik, die den Gegner in eine raffinierte Falle laufen ließ. Das sollte auch der Serbenkönig Lazar bitter erfahren.

Im Juni 1389 steht seine Armee auf dem so genannten Amselfeld – im heutigen Kosovo – einer osmanischen Streitmacht gegenüber. Die gepanzerten serbischen Reiter haben keinen Zweifel, dass sie den bevorstehenden Kampf gewinnen werden. Sie treiben die leichte türkische Kavallerie, die zu Beginn der Schlacht mit ihnen plänkelt, mühelos vor sich her. Auch die merkwürdig aufgezäumten, exotischen Kamele können die christlichen Ritter nicht schrecken. Das vereinzelt herumstehende Fußvolk ist schnell niedergemacht. Die türkischen Spahis – berittene Bogenschützen – haben es scheinbar mit der Angst zu tun bekommen, denn sie ziehen sich weit auf die Flanken zurück. Lazars Kavallerie will die feindliche Hauptabteilung nun im Sturm überrollen.

Im Siegestaumel merken die Ritter nicht, dass sie in die türkische »Schnecke« geraten sind. Die osmanische Taktik beruht nämlich auf der Umzingelung des Gegners. Während dieser scheinbar erfolgreich vorstößt, gerät er in Wirklichkeit immer tiefer in die feindlichen Reihen. Und plötzlich drehen die Osmanen den Spieß um. Ihre Elite-Infanteristen, die Janitscharen, lassen den Gegner auflaufen. An einem Bollwerk aus Lanzen tragenden Kämpfern, auch »Sultansschanze« genannt, kommt der serbische Angriff zum Stehen. Gleichzeitig greift die osmanische Kavallerie – die berittenen Bogenschützen, die sich vermeintlich zurückgezogen haben – von den Seiten her an und zieht die Schlinge zu. In einem Pfeilhagel geht das serbische Ritterheer unter.

König Lazar wurde geköpft. Doch auch der Sieger sollte das Amselfeld nicht lebend verlassen. Die blutige Geschichte von Kosovo Polje, wie der Schlachtort auf Serbisch heißt, endet mit einem Selbstmordanschlag. Unter einem ungeklärten Vorwand – vermutlich gaben sie sich als angebliche Überläufer aus – gelangten mehrere tollkühne serbische Edelleute in das osmanische Lager und erhielten bei Sultan Murad I. eine Audienz. Die Leibgarde erkannte ihren Fehler erst, als die Gäste ihre Dolche zückten und den Großherrn niederstachen. Über die jungen Männer wissen wir nur, dass sie von einem gewissen Miloš Obilić angeführt wurden und ihre Tat mit dem Leben bezahlten. Murad I. ging als großer Sieger in die osmanische Geschichte ein.

Aber einer seiner Nachfolger sollte einen noch klangvolleren Namen tragen: Sultan Mehmed II., dem man den Ehrentitel »Fatih« (Eroberer) verlieh. Seine Vorgänger hatten Konstantinopel so weit eingekreist, dass vom alten Oströmischen Reich nicht mehr als die Stadt selbst übrig geblieben war – eine christliche Insel in einer von Muslimen besetzten Welt. Mehmed hatte es sich auf die Fahnen geschrieben, auch dieses letzte Bollwerk einzunehmen.

Und ein Bollwerk ist die Stadt zur damaligen Zeit noch immer. Zwei Seiten der dreieckigen Landzunge, auf der sich Konstantinopel erstreckt, werden von der See geschützt. Auf der Landseite stellt sich dem Angreifer ein dreifacher, mit Türmen bewehrter Mauerring samt breitem Wassergraben entgegen. Und eine lange, massive Eisenkette versperrt feindlichen Schiffen das Goldene Horn, den natürlichen Hafen der Stadt.

Und trotzdem: Angesichts der gigantischen Streitmacht, die der Sultan im Jahr 1453 vor den Toren der Metropole aufmarschieren lässt, muss den Einwohnern der Mut schwinden. Die schiere Länge der Stadtmauer – sie erstreckt sich über fast zwanzig Kilometer – erweist sich als großer Nachteil für die Verteidiger. Sie verfügen nicht über eine ausreichende Zahl an Kämpfern, um den Abwehrwall dicht genug zu besetzen. Schiffe mit Nachschub können den Bosporus nur unter größter Gefahr in der Dunkelheit passieren. Um die

Ruinen der mächtigen Landmauer von Byzanz.

Stadt herum haben die Belagerer schon Jahre zuvor Festungen gebaut. Die imposanteste dieser Burgen, Rumeli Hisarı, überwacht die Wasserstraße an ihrer engsten Stelle.

Immerhin – ein Hoffnungsschimmer sind die Venezianer und Genueser, reiche Handelsleute, die sich in großen Kolonien in Konstantinopel niedergelassen haben. Sie sind fest entschlossen, die Stadt um jeden Preis zu halten. Um ihre Geschäftsbeziehungen nicht zu gefährden, haben sie in früheren Zeiten das Lager oft gewechselt, doch nun stehen sie der bedrohten Metropole zur Seite. Ihr General Giovanni Giustiniani Longo nimmt die Organisation der Verteidigung selbst in die Hand.

Die Belagerung Konstantinopels ist eines der großen Dramen der Weltgeschichte. Manche Historiker betrachten das Jahr 1453 sogar als Datum einer Epochenwende, des Übergangs vom Mittelalter zur Neuzeit. Denn damals wurde nicht nur das Schicksal des über tausendjährigen Oströmischen Reiches besiegelt. Die Belagerung markiert auch in anderer Hinsicht einen historischen Wechsel. Entscheidend für die Eroberung Konstantinopels waren nämlich zwei technische Innovationen, die seit dem späten 14. Jahrhundert das Geschehen auf den Kriegsschauplätzen veränderten: Schießpulver und Kanonen. Bemerkenswert ist, dass es sich bei der neuen Militärtechnik keineswegs um eine osmanische Erfindung handelte.

Mit Kanonen von bis zu 60 cm Durchmesser bezwangen die Osmanen Byzanz.

»Man darf nicht vergessen, dass die militärischen Erfolge der Osmanen nicht zuletzt darauf zurückzuführen sind, dass sie schon früh auf westliche Militärhilfe zurückgegriffen haben«, meint Alexander Demandt. »Denn die Kanonen, die sie verwendeten, waren Kanonen aus Europa.«

Ironie der Geschichte – es sind todbringende Erfindungen aus dem Westen und europäische Spezialisten im

Dienst des Sultans, die auch der christlichen Trutzburg am Bosporus den Untergang bereiten. Mehmed setzt nicht nur in großem Stil Mineure ein, die versuchen, die Festungsmauern zu untertunneln und mit Pulver in die Luft zu sprengen. Er verfügt zudem über ein Mittel, dem selbst die starken Mauern Konstantinopels nicht gewachsen sind: die größte Kanone der damaligen Zeit – ein acht Meter langes bronzenes Monstrum aus der Gießerei eines ungarischen Meisters namens Orban. Die Waffe ist so schwer, dass für ihren Transport achtzig Ochsen benötigt werden. Ihr riesiger Schlund verschießt Kugeln von einem Dreiviertelmeter Durchmesser. Zwar nicht zielsicher, aber auf Dauer wirkungsvoll zermalmen die steinernen Geschosse an einer Stelle die Stadtmauer.

Gleichzeitig bereitet Mehmed einen zweiten Schlag gegen die Stadt vor. Noch immer gelingt es verwegenen Kapitänen, an der türkischen Flotte vorbei Nachschub in den Hafen zu liefern. Diese letzte Lebensader will der Sultan nun endgültig kappen. Da seine Schiffe die gewaltige Kette, die den Hafen schützt, nicht überwinden können, müssen sie eben hinter die Kette verfrachtet werden – und zwar auf dem Landweg!

Und so schiebt sich bald ein gespenstischer Zug von 72 Schiffen und Ruderbooten auf Walzen über Land. »Mit geblähten Segeln, unter dem Jubelgeschrei der Mannschaft und dem ohrenbetäubenden Lärm der Kesselpauken« – so beschreibt es der Historiker Nicolae Jorga – gleiten die Schiffe hinter den byzantinischen Verteidigungslinien ins Wasser. Damit ist der Hafen der Kaiserstadt in der Hand der Angreifer. Inzwischen ist man sich auf beiden Seiten der Mauer sicher, dass Konstantinopel fallen wird. Ein böses Omen, eine Sonnenfinsternis am 22. Mai, bestätigt die Stadtbewohner in ihrer düsteren Gewissheit.

Der letzte Akt des Dramas geht am 29. Mai 1453 über die Bühne. Während die osmanische Armee in endlosen Wellen gegen die Mauer anrennt, muss General Giustiniani seinen Posten am Romanos-Tor wegen einer Verletzung aufgeben. Ohne ihren charismatischen Anführer verlieren die Verteidiger bald den Mut. Unter dem Ansturm von 12 000 Janitscharen bricht der Widerstand schließlich zusammen. Der Überlieferung zufolge spielt auch ein Zufall den Angreifern in die Hände. Im Chaos des Gefechts ist eine kleine Pforte im inneren Mauerring unverschlossen geblieben. Eine Hand voll Türken nutzt diesen Zugang und erzeugt dadurch eine Panik bei den Verteidigern, die glauben, die Hauptmasse des feindlichen Heeres sei bereits in die Stadt eingedrungen. Das Ende Ostroms ist besiegelt.

Der byzantinische Adel hat in der langen Geschichte des Reiches nicht immer durch Heldenmut von sich reden gemacht – eher durch Intrigen, Zerstrittenheit und List. An jenem Tag scheinen die Edelleute gewillt, ihren Ruf zu korrigieren. Konstantin, Namensvetter des Reichsgründers, Spross aus dem Geschlecht der Paläologen und letzter Kaiser von Byzanz, fällt in der Mitte seiner Männer. Ein Janitschar trennt Konstantins Kopf vom Leib und bringt seinem Feldherrn die begehrte Trophäe.

Danach geschieht, was das schreckliche Schicksal aller eroberten Städte ist: Massaker, Vergewaltigungen, Raub. Mehmed lässt seine tapferen Krieger, die so viel Blut gegeben haben, erst einmal gewähren. Allerdings hat er streng verboten, Brände zu legen. Die prächtigen Bauten dürfen nicht angerührt werden. Denn der Sultan hat große Pläne mit der Stadt – hier war weit mehr gewonnen als bloß eine fette Kriegsbeute. Die Metropole am Bosporus soll die neue Hauptstadt seines Reiches werden!

Nachdem sich der Rauch der apokalyptischen Tage verzogen hatte, ging Mehmed daran, die Herrschaft in Konstantinopel anzutreten. Als kluger Mann griff er dabei auf Fachleute zurück, die das Verwaltungssystem der Stadt besser kannten als er selbst: die griechischen Beamten. Lukas Notaras, einer der höchsten Würdenträger Konstantinopels, wurde ebenso begnadigt wie der orthodoxe Patriarch Gennadios. Das Oberhaupt der oströmischen Kirche konnte es wohl selbst nicht fassen, dass der islamische Herrscher ihn nicht hinrichten, sondern vielmehr im Amt bestätigen ließ – er sollte in Zukunft den christlichen Untertanen des Sultans vorstehen. Denn Zwangsbekehrung gehörte nicht zur Politik der Osmanen. Der glänzende Sieg hatte in den Augen Mehmeds die Überlegenheit des Islam zur Genüge bewiesen. Die Christen mochten ihrem Aberglau-

Mehmed der Eroberer lässt Schiffe über Land ins Goldene Horn schleppen. Osmanisches Gemälde.

ben weiterhin anhängen, zumal der osmanische Staat sehr von ihnen profitieren konnte. Denn die kirchliche und bürokratische Ordnung des Byzantinischen Reiches befand sich in den Händen routinierter Technokraten, deren Fähigkeiten man für sich nutzen wollte.

Über das Verhältnis der osmanischen Sultane zur Religion ist in der Forschung viel diskutiert worden. Eines ist sicher: Das Bild des fanatischen Glaubenskämpfers, der aus seiner Begeisterung für den Heiligen Krieg eine unbezwingbare Dynamik zieht, entspricht nicht der historischen Wirklichkeit. Die Politik der Sultane war in religiösen Fragen vor allem durch Pragmatismus geprägt. Wenn es opportun schien, gingen sie auch schon vor der Eroberung Konstantinopels Bündnisse mit nichtmuslimischen Herrschern ein. Innerhalb der islamischen Welt allerdings verfolgten sie eine andere Politik. Seit Beginn des 16. Jahrhunderts trugen die Sultane offiziell den Titel des Kalifen, sie beanspruchten für sich also die Nachfolge des Propheten Mohammed und damit die weltliche und geistliche Herrschaft über alle Muslime der Welt.

Schon in der Frühzeit des Islam war die Rechtmäßigkeit dieser Nachfolge freilich umstritten. Die Uneinigkeit in dieser Frage führte unter anderem zur Spaltung des Islam in zwei Glaubensrichtungen, Sunniten und Schiiten. Aber immer wieder gelang es seit dem 7. Jahrhundert mächtigen islamischen Dynastien von Bagdad bis nach Nordafrika, den Anspruch auf den Ehrentitel politisch durchzusetzen. Die osmanischen Sultane, in deren Herrschaftsgebiet auch die heiligen Stätten von Mekka und Medina lagen, sollten den Titel am längsten tragen. Erst mit der offiziellen Auflösung des Osmanischen Reiches im Jahr 1924 erlosch auch das Kalifat der Sultane.

Die Eroberung Konstantinopels gilt nicht nur in der christlichen Welt als ein Schlüsseldatum der Geschichte. Auch für die Entwicklung des Osmanischen Reiches stellte sie eine Zäsur dar. Denn die Sultane, die von nun an in der Stadt am Bosporus residierten, die ihre Serails in den Palästen der christlichen Kaiser einrichteten und die Kirchen in Moscheen verwandelten – auch sie veränderten sich. Anfang des 20. Jahrhunderts, als das Osmanische Reich, zermürbt von inneren und äußeren Lasten, in den letzten Zügen lag, dachten türkische Historiker darüber nach, wann der Verfall des Imperiums eingesetzt hatte. Dschelal Nuri, ein bekannter Intellektueller der damaligen Zeit, entdeckte den Anfang vom Untergang im Moment des größten Triumphes: »Byzanz war der Inbegriff der Verworfenheit. Wie die Cholera-Bakterien drangen die byzantinischen Abirrungen in die osmanische Gesellschaft ... Nicht die Türken überwältigten Byzanz, sondern die Byzantiner die Türken.« Hat die Dekadenz der Hochkultur das Osmanische Reich verrotten lassen, wie Nuri vermutet? Hatte die verfeinerte Lebensweise der griechischen Metropole die Steppenkrieger verweichlicht – sodass es mit ihnen fortan

bergab gehen musste? Patrioten wie Nuri geben gerne fremden Einflüssen die Schuld an der Schwäche der eigenen Kultur. Und selbst wenn er Recht hätte – der Fäulnisprozess wäre doch ein sehr schleichender gewesen. Denn die Epoche, die der Eroberung Konstantinopels folgte, gehört zu den glanzvollsten des Osmanischen Reiches.

Labyrinth der Macht

Wer heute den Topkapi-Palast in Istanbul betritt, ist meist überrascht. Gemessen am Schloss von Versailles, dem Escorial bei Madrid oder der Wiener Hofburg, Schaltzentralen von Mächten also, mit denen sich die Osmanen ohne weiteres messen konnten, wirken die Räume eher klein und bescheiden. Dafür sind es viele. Wie ein unüberschaubares Labyrinth aus Kammern, Gängen und Innenhöfen präsentiert sich der Palast der Sultane.

»Topkapi« ist das türkische Wort für »Kanonentor« – kein sehr glamouröser Name für einen Palast. Doch die Bewohner des Serails wussten, was es mit dieser Bezeichnung auf sich hatte: Sie erinnert an die Pforte, vor der einst Meister Orbans Kanone krachte und durch die Mehmeds Soldaten in die Stadt eindrangen. Schon Mehmed hatte mit der Errichtung der Palastanlage begonnen. Seine Nachfolger fügten ihr immer weitere Anbauten hinzu, bis sie ihre heutige Gestalt erhielt.

Jahrhundertelang liefen in diesem Palast, der zugleich privater Wohnsitz des Sultans und Verwaltungszentrum war, die Fäden der Macht zusammen. Im zweiten Innenhof der Anlage befindet sich ein kunstvoll dekorierter Pavillon, in dem der »Diwan« tagte – das höchste politische Gremium im Osmanischen Reich, eine Art Aufsichtsrat unter Vorsitz des Großwesirs, des höchsten Beamten des Sultans. Gesetze, politische Angelegenheiten und Fragen der nationalen Sicherheit wurden vom Diwan verhandelt und danach dem Sultan zur Entscheidung vorgelegt. Die Mitglieder des Gremiums hatten zwar nur beratende Funktion, doch sie entschieden, welche Themen in welcher Form an die Majestät herangetragen wurden. Der Sultan gesellte sich in der Regel nicht zu den Versammlungen, doch er belauschte sie gelegentlich aus einem Nebenzimmer.

Das politische Tagesgeschäft erledigte der Großwesir in seinem Amtssitz außerhalb der Palastmauern, der wegen seines imposanten Tores »Hohe Pforte« genannt wurde. Hier ließen sich später auch ausländische Botschafter akkreditieren. In der diplomatischen Korrespondenz bürgerte sich der Begriff »Hohe Pforte« später als Synonym für die osmanische Regierung ein, so wie heute vom Weißen Haus, der Downing Street oder dem Élysée-Palast die Rede ist.

Vier Institutionen bildeten die Spitze des Staatsapparats: die Regierung des Großwesirs und seiner Minister, der oberste Heeresrichter (Kadiasker) und seine Kadis, der Schatzmeister (Defterdar) und das Sekretariat mit seinen juristischen Kanzleien. Bei diesem System von Gewaltenteilung zu sprechen, wäre angesichts der unbeschränkten Sultansmacht zu weit gegriffen. Doch die Behörden konnten sich durchaus bis zu einem gewissen Grad gegenseitig kontrollieren und natürlich auch behindern.

Die »Hohe Pforte« am Eingang zum Palast des Großwesirs in Istanbul wurde synonym für die Osmanische Regierung.

Um ein Reich, das sich vom Mittelmeer bis zum Kaukasus erstreckte, zentralistisch zu verwalten, benötigten die Sultane eine ausgeklügelte und vor allem effiziente Bürokratie. Auch die Verfechter von Verfallstheorien müssen einräumen, dass die Osmanen damit über lange Zeit sehr erfolgreich waren. Mit der wachsenden Ausdehnung des Staates stieg die Zahl der Provinzgouverneure, der Beglerbegs. Mehr als vierzig von ihnen herrschten zur Zeit Süleymans des Prächtigen im 16. Jahrhundert über 250 Distrikte, so genannte Sandschaks. Die Beglerbegs hatten keinerlei Einfluss auf die Höhe des Budgets, das ihnen die Regierung jährlich zur Verfügung stellte. Für das Eintreiben von Steuern waren sie nicht zuständig. Was sie allerdings bekamen und selbst in Hülle und Fülle nach Konstantinopel schickten, um sich die Gunst des Großherrn zu erhalten, waren Geschenke. Es kam vor allem auf persönliche Loyalität an.

In seinem berühmten Buch »Der Fürst« schrieb der Staatstheoretiker Niccolo Machiavelli im Jahr 1513: »Die Gründe für die Schwierigkeiten der Eroberung des Türkenreiches liegen darin, dass man von den hohen Würdenträgern dieses Reiches nicht herbeigerufen werden kann und auch nicht hoffen darf, dass man sich durch eine Empörung der Umgebung des Herrschers die Eroberung erleichtern kann. ... Da diese ja alle Sklaven und Kreaturen des Herrschers sind, ist es schwer, sie zu bestechen.« Machiavelli fügte einen guten Rat hinzu: »Wer also die Türkei angreift, muss darauf gefasst sein, auf ein geeintes und geschlossenes Reich zu stoßen; er tut gut daran, seine Hoffnung mehr auf die eigene Kraft als auf die Zwietracht des Feindes zu setzen.« Der florentinische Gelehrte führte seinen europäischen Zeitgenossen das Osmanische Reich als positives Beispiel für ein stabiles Machtgefüge vor Augen.

Moderne Historiker bewerten den Fall etwas differenzierter. Das Osmanische Reich war ein Militärstaat. Soldaten, allen voran die Spahis und Janitscharen, wurden nicht nur mit Geld, sondern auch mit Ländereien für ihre Loyalität belohnt. Später gewährte man ihnen das Recht auf Steuerpacht in den Provinzen. Um sich das Heer gefügig zu machen, verteilte ein neuer Sultan für gewöhnlich einen Antrittsbonus an die Truppe. Dadurch entstand eine Anspruchshaltung bei der militärischen Elite, die sie mehr und mehr zu einem Staat im Staate heranwachsen ließ. Im 18. Jahrhundert begründeten die Janitscharen regelrechte Dynastien und vererbten Titel, Steuerpachtrechte und Vermögen an ihren Nachwuchs – eine gefährliche Entwicklung, wie spätere Ereignisse noch zeigen sollten.

Auch die hohe Geistlichkeit war durchaus in der Lage, dem Sultan die Stirn zu bieten. Das osmanische Gesetz basierte auf der Scharia, dem islamischen Recht, und die Geistlichen und Rechtsgelehrten, die so genannten Ulema, waren ausgewiesene Experten auf diesem Gebiet. Dem Sultan stand ein oberster Geistlicher zur Seite, der »Scheichülislam« – eine Art Verfassungsrichter, der Gesetze auf ihre Vereinbarkeit mit dem Islam prüfte. Je nachdem, wie stark oder schwach der jeweilige Herrscher war, konnte ihm eine Fatwa, ein Rechtsgutachten des Scheichülislam, große Schwierigkeiten bereiten und sogar seine Absetzung bewirken. Weitaus gefährlicher als Militär und Geistlichkeit konnte dem Sultan allerdings die eigene Verwandtschaft werden – das zeigt die osmanische Geschichte an unzähligen Beispielen.

Missgunst unter Brüdern kommt in den besten Familien vor. Doch was am 28. Januar 1595 in den Mauern des Topkapi geschieht, ist Massenmord. Am Tag seiner Amtseinsetzung lässt Sultan Mehmed III. neunzehn seiner Brüder töten. Auch für die Konkubinen, die von seinem verstorbenen Vater schwanger sind, ist es der letzte Lebenstag. Nicht dass dabei blindwütiger Hass im Spiel wäre: Die Prinzen, von denen viele noch kleine Kinder sind, werden mit einer Bogensehne erdrosselt und danach würdevoll bestattet. An einigen Plätzen Istanbuls finden sich heute Mausoleen, so genannte Türben, mit den Särgen der Sultane und ihrer Familien. Viele dieser Särge sind nicht mehr als einen Meter lang. Vermutlich war das Osmanische Reich über lange Zeit der einzige Staat, im dem die Kindersterblichkeit bei Hofe größer war als auf dem Land.

Die eiskalt kalkulierte Ausschaltung möglicher Konkurrenten – sie hatte ihre Ursache vor allem darin, dass es im Osmanischen Reich keine klare Regelung für die Nachfolge des Sultans gab. Das Problem wurde dadurch noch verschärft, dass es wegen des islamischen Systems der Vielehe Nachkommen im Überfluss gab. Wer dauerhaft der Rivalität seiner Brüder entgehen wollte, sah offenbar die einzige Möglichkeit darin, sie beizeiten aus dem Weg zu räumen. Der Topkapi-Palast war alles andere als eine Märchenwelt aus Tausendundeiner Nacht. Der Sultan fürchtete seine Brüder und seine eigenen Kinder, die Frau des Herrschers fürchtete ihre Nebenbuhlerinnen. Aus Angst davor, dass sie gegen den Vater intrigieren, sperrte man die Söhne des Sultans von klein auf in besonderen Gemächern des Topkapi ein, den so genannten Kafes, »goldenen Käfigen« – kaum ein geeigneter Ort, um potenzielle Kronprinzen zu Feldherrn und Regenten heranzuziehen.

Lag der Grund für den allmählichen Niedergang des Imperiums im Unvermögen der Sultane? Die Liste von osmanischen Herrschern, die man im weitesten Sinne als unfähig bezeichnen kann, ist lang. Sultan Selim II. war ein schwerer Alkoholiker. Mehmed IV. kam nach den Worten des Historikers Nicolae Jorga als verwirrter

Säulengang im Topkapi-Palast.

und »absichtlich schlecht erzogener Prinz« auf den Thron und interessierte sich weitaus mehr für Jagdsport als für Politik. Sein Vorgänger Ibrahim war ein Sadist, der die eigenen Haremsdamen im Bosporus ertränken ließ. Er muss nach heutigen Maßstäben als geisteskrank gelten.

Doch lässt sich der Zustand eines Staates an den Fähigkeiten seines Oberhauptes messen? Suraiya Faroqhi, Professorin für Osmanistik an der Münchner Ludwig-Maximilians-Universität, erhebt Einspruch: »Man kann im osmanischen Staat des 17. und 18. Jahr-

Das Dach des Serails im Topkapi-Palast.

hunderts ein Zurücktreten des Herrschers und ein Hervortreten der verschiedenen Amtsträger feststellen. In der älteren Forschung hat diese Entwicklung oft als ein Symptom osmanischen Niedergangs gegolten.« Tatsächlich aber, so Faroqhi, seien nun stabile Institutionen entstanden, etwa indem die Kompetenzen des Großwesirs erweitert wurden. »Man kann es durchaus als eine Stärke des osmanischen Staates betrachten, dass er jetzt zur Not auch ohne einen aktiven Sultan auskommen konnte.«

In dieser Hinsicht unterschied sich das Osmanische Reich im Übrigen nicht von europäischen Monarchien – auch hier standen die Herrscher häufig unter dem Einfluss mächtiger Minister oder Generäle, die in Wirklichkeit die Staatsgeschäfte lenkten. Und sicher war der Anteil an krankhaften Persönlichkeiten unter den Sultanen nicht höher als in abendländischen Dynastien. Auch an Greueltaten hinter Palastmauern ist die europäische Geschichte keineswegs arm. Das Bild vom ungezügelten und ausschweifenden orientalischen Despoten, wie es durch die Phantasie der Europäer geistert,

wurde denn auch weniger durch politische Besonderheiten des osmanischen Hofes genährt als vielmehr durch eine Einrichtung, um die sich bis heute etliche Legenden ranken: den Harem.

Im Schatten des Harems

Das Wort Harem leitet sich vom arabischen »Haram« ab. Es bedeutet so viel wie »gesperrt«, »verboten« – aber auch »heilig«. Das Verbot, Schweinefleisch zu essen, gehört für Muslime ebenso zur Sphäre des Haram wie die heiligen Stätten von Mekka und Medina. In vielen islamisch geprägten Ländern sind die Häuser in zwei Bereiche unterteilt: einen, in dem man Gäste empfängt, und einen anderen, der Haram ist und in dem kein Fremder etwas verloren hat. Am osmanischen Hof war dies das Reich der Frauen.

Zwischen drei- und fünfhundert von ihnen lebten im Harem eines osmanischen Sultans. Die einzigen nicht weiblichen Wesen, die außer ihm im Harem verkehrten, waren die Eunuchen, die meist afrikanischer Herkunft waren. Sie bewachten die Frauen und Mädchen nicht nur, sie erteilten ihnen auch Unterricht und nahmen Verwaltungstätigkeiten wahr.

Wenn etwas streng verboten ist, regt es die Phantasie an, und so ist es nicht verwunderlich, dass die Europäer des 18. und 19. Jahrhunderts ein reges Interesse für den Harem entwickelten. Damals entstanden Gemälde von überquellender Sinnlichkeit – mit üppigen, gelangweilten Frauen, die sich nackt im Bad räkeln und sich gegenseitig mit kostbaren Ölen massieren. Der Harem erscheint auf diesen Bildern als eine Art erotisches Schlaraffenland, in dem unzählige schöne Frauen darauf warten, einen einzigen Mann zu verwöhnen. Ausländische Diplomaten, die sich am osmanischen Hof aufhielten, hatten da schon einen realistischeren Blick. Sie vermuteten, dass im Harem die wahren Fäden der Macht zusammenliefen – und sie hatten meist Recht damit.

Tatsächlich war die Sultansmutter, die Valide, bis weit ins 18. Jahrhundert hinein eine sehr mächtige Figur. Auch einige Konkubinen im Harem nutzten ihre Nähe zum Herrscher, um die Politik des Palastes zu beeinflussen. Zwischenzeitlich waren die Frauen im

Topkapi so mächtig, dass Historiker von »Weiberherrschaft« oder dem »Zeitalter der Favoritinnen« gesprochen haben.

Die Valide konnte als einzige Frau den Harem jederzeit verlassen und weiterhin Kontakte nach außen unterhalten. Manche Sultansmütter engagierten sich karitativ und gründeten religiöse Stiftungen. Für die meisten Haremsdamen dagegen war der Käfig, von dem aus sie hinab auf den Bosporus starrten, mit Sicherheit die Hölle. Sie waren im Mädchenalter als Sklavinnen – oft als Geschenk an den Sultan – in den Palast gelangt und verbrachten den Rest ihrer Tage in ihrem noblen Gefängnis. Und die meisten von ihnen bekamen ihren Gebieter selten oder gar nie zu Gesicht.

Merkwürdigerweise gesellte sich in Europa zum Bild des Sultans als einem Frauen verschlingenden Lüstling auch die Vorstellung vom »Sodomiten«, vom Homosexuellen. Ein Historiker des frühen 19. Jahrhunderts wie Joseph von Hammer-Purgstall sah in der sexuellen Orientierung einiger Sultane sogar einen Grund für den Niedergang des Imperiums: »So schlich sich das widernatürliche Sittenverderbnis des Morgenlandes in das Osmanische Reich ein und wucherte nicht nur durch das Beispiel von Sultanen und Wesiren.« Dem sittlichen Verfall sei der politische auf dem Fuße gefolgt.

Dabei dachte der Historiker wahrscheinlich an Szenen aus Pompeji oder die biblischen Überlieferungen von Sodom und Gomorrha. Ein dekadentes Reich und homosexuelle Ausschweifungen gehörten in dieser Vorstellungswelt eben zusammen. Das Urteil wird jedoch entkräftet, wenn man auf die Biographien der großen Eroberer Konstantinopels und des Vorderen Orients blickt: Mehmed II. Fatih verkehrte anscheinend mit Knaben, weil es ihm gefiel, Selim I.

Europäische Haremsphantasie: »Das große Bad von Bursa« von Jean-Léon Gérôme, 1885.

Yavuz hingegen aus Staatsräson – er wollte sein Reich offenbar vor späteren Nachfolgekämpfen schützen und die Familie nicht um allzu viele Söhne erweitern.

Trug dann vielleicht der Harem zum Untergang des Reiches bei? Wohl kaum. Auch in diesem Zusammenhang ist ein Vergleich mit europäischen Monarchen jener Zeit interessant. Die Einrichtung der Vielehe stellte aus christlicher Sicht zwar einen Skandal dar, trotzdem darf man nicht vergessen, dass europäische Potentaten inoffiziell in ganz ähnlichen Verhältnissen lebten wie ihre Amtskollegen am Bosporus. Der französische König Ludwig XIV. war in Versailles von Dutzenden Frauen umgeben, von der Gemahlin über verschiedene Favoritinnen bis hin zu den »Damen des königlichen Betts«, und er machte auch gar keinen Hehl daraus. Auch die sexuellen Eskapaden Augusts des Starken von Sachsen sind in die Geschichte eingegangen. Manche Mätressen übten bekanntermaßen sogar großen Einfluss auf die Politik aus, etwa Madame de Maintenon beim Sonnenkönig. In dieser Hinsicht gibt es eine Parallele zum Osmanischen Reich.

Der Name der Frau war Roxelane, sie lebte von 1506 bis 1558. In der Türkei gilt sie bis heute als bösartige Intrigantin, die Sultan Süleyman den Prächtigen zum Meuchelmord an seinem geliebten Sohn trieb, um ihre eigenen Kinder auf den Thron zu bringen. In europäischen Türkei-Reiseführern wird sie dagegen als Heldin gepriesen, die sich als Sklavin im Harem zu behaupten verstand, politisches Geschick besaß und eine romantische Liebe mit dem Großherrn lebte. Vermutlich handelt es sich in beiden Fällen um Überzeichnungen, für die das negative Frauenbild der osmanischen Geschichtsschreibung auf der einen und der europäische Feminismus auf der anderen Seite verantwortlich sein dürften.

Wahr ist wohl, dass Sultan Süleyman mit der ukrainischen Sklavin Roxelane, nachdem er bereits mit einigen Konkubinen Kinder gezeugt hatte, eine Art monogamer Ehe führte. Die Korrespondenz der beiden ist zum Teil erhalten und zeugt von echter Liebe. Vielleicht ermunterte Roxelane den Sultan tatsächlich zur Ermordung seines Sohnes Mustafa. Süleyman ging – zu Recht oder zu Unrecht – davon aus, dass Mustafa einen Umsturz plante. Dieser war beim Heer beliebt und hätte anscheinend eher das Zeug zum Herrschen gehabt als diejenigen, die an seiner Stelle auf den Thron kamen. Die schlechte Meinung der Türken von der rothaarigen Sklavin – nicht einmal hübsch soll sie gewesen sein – ist also leicht zu erklären. Manche schieben ihr sogar die Schuld am Untergang des Imperiums in die Schuhe. Aber auch die französischen Revolutionäre hassten die Königin Marie Antoinette und empörten sich über ihren zersetzenden Einfluss auf die Politik. Wie Roxelane war sie nicht nur eine Frau, sondern als gebürtige Österreicherin auch noch eine Ausländerin.

Chronik

Das Elitekorps der Janitscharen

Sie verbreiteten Angst und Schrecken und galten lange als Inbegriff der militärischen Überlegenheit der Osmanen: die Janitscharen. Seit dem 14. Jahrhundert ist die Elitetruppe der »Yeni Çeri« bezeugt. Ihre Disziplin war Ausschlag gebend für viele Erfolge auf dem Schlachtfeld. Die Janitscharen galten als todesverachtende Kämpfer, besaßen einen strengen Verhaltenskodex und waren quasi Sklaven des Sultans. Zunächst wurden die Männer unter Gefangenen rekrutiert. Die Osmanen setzten damit die orientalisch-islamische Tradition fort, Sklaven in den Militärdienst aufzunehmen. Später praktizierte man »Devşirme«, die Knabenlese: Ausgewählte Söhne von Christen wurden als Kinder kaserniert und auf den Staatsdienst vorbereitet. Im 18. Jahrhundert kam das Verfahren aus der Mode.

Die Janitscharen waren Infanteristen, denn als Sklaven durften sie keine Pferde reiten. Dennoch entwickelten sie sich zu einer mächtigen Kaste im Osmanischen Reich. Beim Antritt eines neuen Sultans erhielten sie regelmäßig eine Art Treuegeld. Ende des 18. Jahrhunderts – die Zugehörigkeit zum Korps war inzwischen erblich – besaßen die rund 50 000 Janitscharen einen erheblichen Teil des Grundbesitzes im Reich. Sie vertraten eine konservativ-islamische Politik und blockierten jede Armeereform, die auf die Abschaffung ihrer Privilegien zielte.

Bei dem Versuch, die Janitscharen zu entmachten, wurde Sultan Selim III. im Jahr 1807 ermordet. Sein Bruder, der spätere Sultan Mahmud II., überlebte den Putsch, versteckt unter einem Stapel Teppiche. Er wusste, dass bald der nächste Aufstand kommen würde, und mobilisierte die übrige Armee. 1826, bei neuen Unruhen, ließ er allein in Konstantinopel rund sechstausend Janitscharen massakrieren – das Ende einer Elite, die großen Anteil hatte am Aufstieg des Osmanischen Reiches und an seinem Niedergang.

Janitscharenkapelle. Osmanische Miniatur.

Juden, Christen und Muslime

Louis de Villeneuve ist entzückt. Als Marquis und Botschafter der französischen Krone ist er Prunk gewohnt. Doch was er nach seiner Ankunft in Konstantinopel zu sehen bekommt, übertrifft seine Erwartungen bei weitem. »Zuweilen schwimmt der ganze Hofstaat in silbern überdachten Booten über den Bosporus und das Goldene Horn«, schwärmt Villeneuve. »Auch die Paraden sind entzückend – wunderschöne Pferde mit prächtigen Schabracken, mit Silbergeschirr und Federn auf dem Kopf und Edelsteinen auf der Satteldecke, so ziehen sie dahin.«

Glaubt man den begeisterten Berichten der Gesandten aus dem 18. Jahrhundert, so herrschte im Topkapi die meiste Zeit des Jahres über Feierlaune. Oft waren es die Großwesire, die mit aufwendigen Festen Eindruck machten. Sie hatten ein besonderes Faible für Gaukler, Akrobaten, Lichtspiele und exotische Tiere. So schlugen beispielsweise Pfaue vor amüsierten Gästen ihre Räder, und nachts bewegten sich Elefantenschildkröten, denen man Kerzen auf die Panzer gepflanzt hatte, als wandelnde Kronleuchter durch die Gärten der Vergnügungsschlösser.

Das Osmanische Reich übte auf Ausländer durchaus Anziehungskraft aus, vor allem bei unternehmungsfreudigen Charakteren. Für Männer wie den zum Islam bekehrten Ungarn Ibrahim Müteferrika, der die erste Druckerpresse in Konstantinopel besaß, hatte der osmanische Staat einiges zu bieten. Angehörige der christlichen Bevölkerungsgruppen wie Griechen und Armenier machten Karriere in der Verwaltung. Auch Juden, die wie die Christen als »Schutzbefohlene« im Reich lebten und dafür eine Sondersteuer zu entrichten hatten, waren in den Behörden gut vertreten.

Seit der Zeit Osmans existierten jüdische Gemeinden in Kleinasien, doch erst Ende des 15. Jahrhunderts wuchsen die Juden zu einer städtischen Schicht heran. Die ebenso törichte wie rücksichtslose Politik der Spanier brachte sie in großer Zahl ins Land. Um ein »Versprechen an die Mutter Gottes« einzulösen, ließ die spanische Königin Isabella die Katholische alle Juden und Muslime, die sich nicht taufen lassen wollten, aus ihrem Reich vertreiben. Der Sultan

Mit spektakulären Vorführungen von Artisten beeindruckten die Sultane ausländische Besucher. Türkische Miniatur.

hieß die Flüchtlinge willkommen, zumal Spanien der Hauptkonkurrent im Mittelmeer war. Noch heute leben rund 20 000 Juden in Istanbul, von denen viele spanische Vorfahren haben. Das alte »Judezmo«, das man auch Judenspanisch nennt, wird vereinzelt noch gesprochen. Das Osmanische Reich profitierte von seinen christlichen und jüdischen Untertanen und stand dafür zu seiner Schutzverpflichtung ihnen gegenüber – was nicht verhinderte, dass es schon im 18. Jahrhundert hin und wieder zu Ausschreitungen und Pogromen gegen Nichtmuslime kam. Doch zumindest in den Städten, vor allem in Konstantinopel, ging es ihnen die längste Zeit der Reichsgeschichte über gut.

Das Osmanische Reich war seit seinen frühen Tagen ein Vielvölkerstaat, in dem Dutzende verschiedener Sprachen gesprochen wurden. Seine Bewohner hatten höchst unterschiedliche kulturelle Hintergründe – der Sultan gebot ebenso über städtisches Bürgertum auf dem Balkan wie über nomadisierende Beduinen in den Wüsten Arabiens. Es entspräche nicht der historischen Wirklichkeit, bei Serben, Griechen, Arabern und Albanern von Minderheiten zu sprechen. Sie bildeten das Reich – ebenso wie die Türken. Da die Sultansmütter aus allen möglichen Provinzen des Imperiums stammten, hatten sogar die Regenten längst das Blut vieler Völker in sich. Dagegen stand allerdings die traditionelle islamische Lehre, wonach nur die Gemeinschaft der Muslime, die »Ummah«, das offizielle Staatsvolk bildete. Musste dieser Widerspruch von Theorie und Praxis auf Dauer nicht zu Konflikten führen?

Jahrhundertelang hatte das System tatsächlich funktioniert. Da die osmanischen Herrscher – mit wenigen Ausnahmen – auf Zwangsbekehrungen verzichteten, den unterworfenen Völkern ihre Traditionen beließen, solange sie Steuern zahlten, und Nichtmuslimen sogar Karrieren in Staat und Gesellschaft offen standen, hielt das komplizierte Gewebe des Vielvölkerstaats. Gefahr drohte der Osmanenherrschaft zunächst von außen, von dem mächtigen Riesenreich im Norden: Russland.

Vom 18. Jahrhundert bis zum Ende des Osmanischen Reiches gab es eine Konstante der russischen Politik: den Versuch der Zaren, in den Besitz der Dardanellen zu gelangen, um so eine sichere

Christliche Beamte am osmanischen Hof. Gemälde im Topkapimuseum.

Seeverbindung zwischen den russischen Schwarzmeerhäfen und dem Mittelmeer zu schaffen. In dem sich anbahnenden russisch-osmanischen Konflikt kam erstmals ein Argument ins Spiel, das im Laufe des 19. Jahrhunderts immer mehr an Sprengkraft gewinnen sollte: Eine fremde Großmacht nahm für sich in Anspruch, die Interessen der christlichen Untertanen des Sultans zu vertreten. Das war zunächst natürlich nur ein politischer Vorwand. Aber auf Dauer wurde dadurch doch ein Keil zwischen die Völkerschaften des Osmanischen Reiches getrieben.

Die Erste, die im Konflikt mit dem Sultan die religiöse Karte ausspielt, ist Zarin Katharina die Große. Ihre Vorgänger haben bereits drei Kriege gegen die Osmanen geführt, mit unterschiedlichem Erfolg. Doch durch den Friedensvertrag vom 21. Juli 1774 entreißt Katharina dem Osmanischen Reich die südliche Ukraine und die strategisch wichtige Halbinsel Krim. Zwar tritt der Sultan nach dem

Wortlaut des Abkommens von Küçük-Kaynarca die Krim nicht formell an Russland ab, sondern erklärt lediglich ihre Unabhängigkeit. Faktisch aber liefert er sie damit an Katharina aus. Auch was den Seehandel betrifft, erreicht die Zarin ihre Ziele.

Darüber hinaus enthält der Vertrag einen Passus, der weit in die Hoheitsrechte der Sultane eingreift. Zwar werden sie erstmals international als Kalifen und Herren über alle Muslime anerkannt. Gleichzeitig aber gestehen sie der Zarin die nominelle Hoheit über die orthodoxen Christen im Osmanischen Reich zu – eine politische Demütigung ersten Ranges und der Beginn einer Polarisierung innerhalb der osmanischen Gesellschaft. Von jetzt an besitzen die Christen des Reiches eine zweite Schutzmacht, ob sie das wollen

Die blaue Moschee in Istanbul.

oder nicht. Sie werden damit zugleich zu einer Bevölkerungsgruppe, deren Loyalität dem Sultan gegenüber zweifelhaft ist – politischer Sprengstoff für die Zukunft.

Der Friede von 1774 offenbarte vor aller Welt die Schwäche der Osmanen. Ihr Imperium war in jeder Hinsicht gegenüber Europa ins Hintertreffen geraten, politisch, militärisch und auch ökonomisch. Die Mächtigen an der Hohen Pforte konnten nun die Augen nicht länger vor der Tatsache verschließen, dass die glanzvollen Jahre des Reiches vorüber waren.

»Als die Osmanen mit einer der größten Krisen ihrer Geschichte konfrontiert wurden, stellten sie sich die Frage ›Was haben wir falsch gemacht?‹ «, erklärt der Orientalist Bernard Lewis. »Die Debatte wurde in der Türkei unmittelbar nach der Unterzeichnung des Friedensvertrages von Karlowitz 1699 eröffnet, und nach Küçük-Kaynarca bekam sie eine neue Dringlichkeit. In gewissem Sinne dauert sie bis zum heutigen Tage an.« Was aber hatten die Osmanen falsch gemacht?

Lewis, der sich in seinem Werk vor allem mit der Auseinandersetzung zwischen dem Westen und der islamischen Welt befasst, diagnostiziert bei den Osmanen des 17. und 18. Jahrhunderts eine ungesunde Nabelschau. Briefwechsel beweisen, dass etwa Sultan Mustafa III., der den Krieg gegen Katharina verloren hatte, kaum Adria und Ostsee auseinander halten konnte. Sicher gab es Berichte von osmanischen Reisenden über den Westen, und die Beamten des Sultans wussten über Geographie besser Bescheid als ihr Dienstherr. Aber der mangelnde Blick über den eigenen Tellerrand hinaus, das »Schmoren im eigenen Saft« war gewiss einer der Gründe dafür, dass das Osmanische Reich den Anschluss an technische Entwicklungen in Europa verpasste.

Einen weiteren Grund hat der deutsch-israelische Historiker Dan Diner entdeckt. In seinem unlängst erschienenen Buch »Versiegelte Zeit. Über den Stillstand in der islamischen Welt« attestiert er dem Osmanischen Reich eine Erstarrung, die letztlich auf den Einfluss des Sakralen auf alle Lebensbereiche zurückzuführen ist. Während sich im Europa des 18. Jahrhunderts die Wissenschaften von der religiösen Sphäre emanzipierten – eine Entwicklung, die als

»Aufklärung« in die Geschichte eingegangen ist –, blieb in der islamischen Welt der Koran lange Zeit die einzige Quelle der Bildung, ja das einzige Buch, das überhaupt Verbreitung fand. Allerdings hat nach Auffassung Diners der von ihm beschriebene Stillstand nicht etwa damit zu tun, dass der Islam an sich besonders rückständig wäre. Schuld an der Stagnation sei vielmehr die Vorherrschaft des Religiösen überhaupt, von der sich die islamische Welt bis heute nicht befreit habe.

Eine ähnliche Sichtweise vertritt auch Alexander Demandt: »Wir haben im 9. und 10. Jahrhundert schon sehr aufgeklärte arabische Philosophen. Einer von ihnen schrieb, dass alle Religionen nur Schleier vor dem Angesicht Gottes sind. Das heißt, sie sind alle mehr oder weniger gleichberechtigt. Da ist bereits eine Idee der Toleranz formuliert worden, lange bevor die Aufklärung bei uns Gleiches gefordert hat. Daher hat die Stagnation der islamischen Kultur, die zweifellos erkennbar ist, ihre Ursache nicht im Wesen des Islam. Man sollte auch nicht von einem Rückfall oder einer Dekadenz sprechen. Eher von einem relativen Punkteverlust gegenüber den Entwicklungen in Europa. Wir haben in Europa die Renaissance, wir haben den Humanismus, wir haben die Reformation und vor allem die Aufklärung, das heißt große, vom Bürgertum getragene Geistesbewegungen, die es in islamischen Ländern in dieser Form eben nie gegeben hat.«

Die politischen Impulse, die als Folge der Aufklärung in die Französische Revolution und die Neuordnung Europas durch Napoleon mündeten, kamen bei den Mächtigen im Zentrum des Osmanischen Reiches erst an, als es zu spät war. Aber sie erfassten die Peripherie des Imperiums und entwickelten dort eine Sprengkraft, die dem Koloss schwere Schäden zufügte.

Der Einbruch der Moderne

General Napoleon Bonaparte kam mit großen Absichten in den Orient. Er träumte von einem mit Frankreich verbundenen Imperium, das sich von Ägypten bis Indien erstrecken sollte, in der Tradition Alexanders des Großen. Dabei sollten jedoch weder der osmanische

Sultan noch der Islam beleidigt werden. Ziele, die kaum miteinander in Einklang zu bringen waren.

Napoleon versuchte vergeblich, Ägypten zu erobern. Zeitgenössisches Porträt.

Sultan Selim III. war ein Freund und Bewunderer der Franzosen, auch wenn sie Dinge taten, die ihm kaum gefallen konnten, etwa ihren König zu köpfen. Aber Österreich und Russland waren seine Feinde, und solange die französischen Revolutionstruppen sie in Schach hielten, hatte er wenig zu befürchten. In einem Grußschreiben beglückwünschte Selim 1792 die französische Republik. Den Feinden der Revolution wünschte er, »dass sich der Aufruhr wie die Syphilis unter ihnen verbreiten möge«.

Selims Begeisterung für die Franzosen verschwand, als im Frühsommer 1798 Napoleon mit 38 000 Mann in Ägypten landete. Französische Kaufleute kontrollierten schon lange den Mittelmeerhandel in Richtung Orient, nun wollte der verwegene Feldherr das Land am Nil zur französischen Kolonie machen. Aus seiner Sicht war diese Expedition kein Angriff gegen das Osmanische Reich, denn in den afrikanischen Provinzen regierten Herren, die nur noch nominell dem Sultan unterstanden. In Ägypten waren das die Mamelucken, die sich von Militärsklaven zu einer despotischen Herrscherkaste aufgeschwungen hatten. Am 21. Juli 1798 schickte Napoleon ihre Truppen buchstäblich in die Wüste – in der so genannten »Schlacht bei den Pyramiden«. Die Franzosen glaubten, die große Kulturnation Ägypten vom Tyrannenjoch befreit zu haben. Es wurde ihnen jedoch nicht gedankt.

Wenn Selim III. die arabischen Provinzen aufgegeben hätte, wäre das Osmanische Reich wohl schon ein Jahrhundert früher untergegangen. Auch die Seemacht England hatte kein Interesse daran, dem Erzrivalen Frankreich den Nahen Osten zu überlassen. Der britische Admiral Horatio Nelson durchkreuzte den Siegesplan des Landstrategen Bonaparte und vernichtete die französische Flotte in der Bucht von Abukir an der Nilmündung. Sogar Russland leistete den Osmanen plötzlich Hilfe. Denn Selims Heer allein wäre den Franzosen nicht gewachsen gewesen. 1801 musste Napoleon schließlich einsehen, dass sein ehrgeiziges Unternehmen gescheitert war. Die »Armée d'Orient« zog ab.

Manche Historiker halten die französische Ägypten-Expedition für den Beginn einer neuen Zeitrechnung im Nahen Osten. Denn sie löste zumindest eine intellektuelle Bewegung aus: die arabische Renaissance, die »Nahda«. Napoleon hatte in seinem Propagandakampf gegen den Sultan an das ägyptische und das arabische »Nationalgefühl« appelliert und den Untertanen dieser Provinzen zugleich den kulturellen und technischen Fortschritt Europas vor Augen geführt. Er verfehlte damit zwar den gewünschten Mobilisierungseffekt. Doch einige arabische Denker wie der Philosoph

Mohammed Abduh fühlten sich offenbar daran erinnert, dass einst, vor rund tausend Jahren, die Araber den Europäern, von den Türken ganz zu schweigen, kulturell weit überlegen gewesen waren. »Zivilisation und Nation waren die zentralen Ideen der Französischen Revolution, die die Völker des Orients damals übernahmen«, erklärt Henry Laurens, der renommierte französische Nahost-Historiker vom Pariser Collège de France.

Einer, der die Zeichen der neuen Zeit erkannte, war Mohammed Ali (1769–1849). Geboren wurde er im selben Jahr wie Napoleon, als Sohn albanischer Eltern im mazedonischen Ort Kavala. Auch er entschloss sich zu einer militärischen Karriere und schwang sich schließlich zum Alleinherrscher auf. Als die Franzosen aus Ägypten abzogen, galt es, die Rückkehr der Mamelucken an die Macht zu

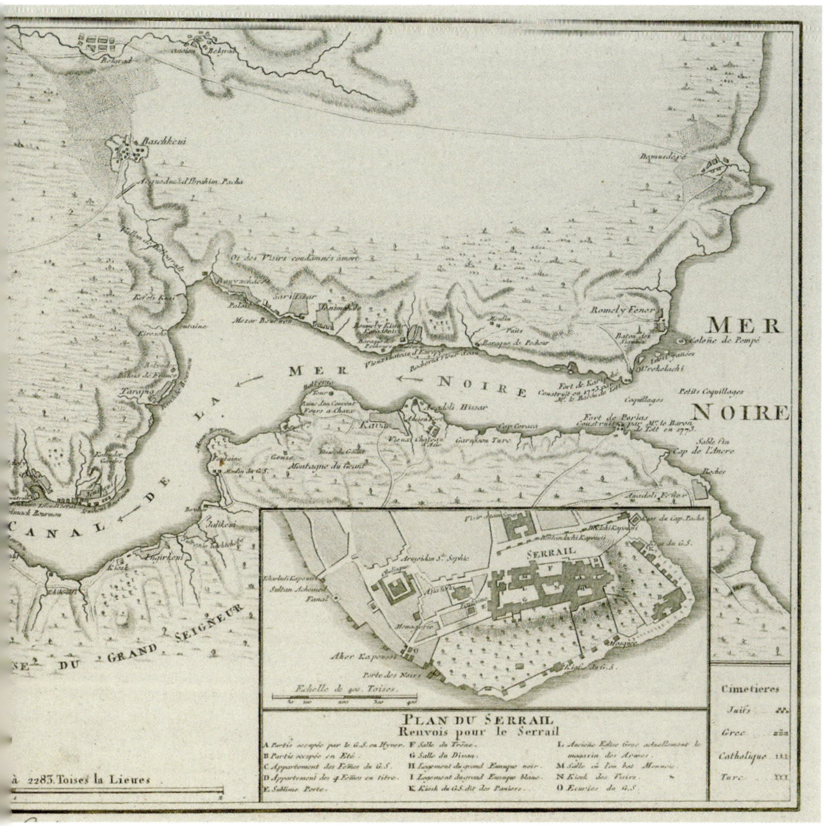

Bosporuskarte um 1800.

verhindern. Das besorgte Ali, den der Sultan als Gouverneur an den Nil entsandt hatte, indem er die führenden Mitglieder der Mamelucken-Clans 1811 zu einem opulenten Festmahl in die Zitadelle von Kairo lud – eine bewährte Art, die Anwesenheit möglichst vieler Personen an einem Ort sicherzustellen. Die Herren speisten gut, allerdings zum letzten Mal. Ali ließ sie ermorden.

Der Feldzug der Franzosen hatte das verkrustete Machtgefüge in Ägypten einstürzen lassen, sodass Ali nun etwas Neues aufbauen konnte. Er zentralisierte die Wirtschaft, ordnete den Bau von Fabriken an und reformierte die Armee grundlegend. In Alis Staat genossen Christen und Juden vor dem Gesetz die gleichen Rechte wie Muslime – und mussten nun auch Militärdienst leisten. Bis heute gilt Mohammed Ali als Begründer des modernen Ägypten.

Der Mann, der als Erster europäische Ideen und Strukturen in ein arabisches Land verpflanzte, wuchs angesichts seiner großen Erfolge zu einer Konkurrenz für den Sultan heran. Nominell war Ali nur Statthalter der Hohen Pforte in Ägypten, praktisch aber hatte er bereits den ersten arabischen Nationalstaat geschaffen. Entsprechend selbstbewusst trat er auf – und griff nach der Macht in Syrien. Seiner modernisierten Armee waren die Truppen des Sultans nicht gewachsen. In dieser schwarzen Stunde gab es für die Osmanen nur die Hoffnung auf Hilfe aus dem Ausland.

Der preußische Offizier Helmuth von Moltke – der spätere Generalstabschef – hielt sich zu dieser Zeit als Militärberater im Osmanischen Reich auf. In seinem Reisetagebuch berichtete er von den verlustreichen Schlachten im syrischen Krieg. »Ne sarar var – was schadet's, meinten die Leute nach der Katastrophe«, notierte Moltke am 1. September 1839, »der Padischah [der Sultan] ist reich genug, um hin und wieder eine Schlacht und ein paar Provinzen zu verlieren! Die europäischen Kabinette haben darüber eine andere Ansicht, alle sprechen den Wunsch aus, das Osmanische Reich möglichst gestärkt und gekräftigt zu sehen.« Tatsächlich schickten Frankreich, Großbritannien und Österreich ein Expeditionskorps in den Nahen Osten, um den starken Mann Ägyptens in die Schranken zu weisen.

Am Ende sollte für alle Beteiligten etwas herausspringen: Mohammed Ali räumte Syrien und Palästina; seine Nachkommen be-

kamen dafür als »Vizekönige« die Herrschaft über Ägypten zuerkannt. Tatsächlich herrschte die von Ali begründete Dynastie bis zur Abdankung König Faruks im Jahr 1952 über das Land am Nil. Die europäischen Mächte vergrößerten ihren Einfluss in der Region und erweiterten ihre Handelsprivilegien. Am meisten gewann das Osmanische Reich: Es blieb am Leben.

Doch in den ersten Jahrzehnten des 19. Jahrhunderts hatte sich ein entscheidender Wandel vollzogen. Der Blick der Europäer auf das Imperium veränderte sich. War man früher fasziniert gewesen von dem geheimnisvollen Reich im Orient, so erregte es nun immer stärkere Geringschätzung. Schon der Freiheitskampf der Griechen in den Jahren 1821 bis 1830 rief europäische Intellektuelle – allen voran den englischen Dichter Lord Byron – auf den Plan. Sie begeisterten sich für die Auflehnung des alten Kulturvolks gegen die Tyrannei des Sultans. Das Reich am Bosporus wurde zum Inbegriff für Rückständigkeit und darüber hinaus mehr und mehr zum Spielball der europäischen Mächte. Ungeniert mischten sie sich in die inneren Konflikte des Imperiums ein.

In Syrien war es nach dem Rückzug von Alis Truppen zu einem Bürgerkrieg zwischen den verschiedenen Religionsgruppen gekommen. Die katholischen Maroniten im Libanon, aber auch die mit ihnen verfeindete religiöse Gemeinschaft der Drusen hatten große Verluste zu verzeichnen. Offiziell aus humanitären Gründen griffen schließlich die europäischen Mächte ein. Sie begannen nachzuahmen, was Katharina die Große einige Jahrzehnte früher vorgemacht hatte, und erklärten sich zu Schutzmächten religiöser Minderheiten: Frankreich protegierte die katholischen Christen, England die Drusen, Russland weiterhin die Orthodoxen, und Preußen engagierte sich jetzt für die Juden. Immer mehr Untertanen des Sultans erhielten in den Folgejahren europäische Pässe und stellten sich in den Dienst ausländischer Mächte. Sie blieben zwar eine Minderheit unter den Christen und Juden des Osmanischen Reiches, doch in der muslimischen Bevölkerung regte sich allmählich Misstrauen gegenüber den »Schutzbefohlenen«. Für religiöse Fanatiker wurde das Spiel dadurch immer leichter.

Zwischen Reform und Staatsbankrott

»Theatralisch, triumphal, ein kluger Schachzug« – so lauten die Urteile ausländischer Botschafter über den Festakt im Topkapi-Palast am 3. November 1839. Würdige Herren werfen sich vor einem Jüngling im Sonntagsanzug nieder. Die Minister des Reiches geloben, alle Anstrengungen für eine Reform des Staates auf sich zu nehmen. Der 16-jährige Sultan Abdülmedschid I. will, dass alles besser wird: Es soll mehr Rechte für die Nichtmuslime geben, mehr Effizienz in der Verwaltung, mehr Verlässlichkeit in der internationalen Politik.

Die folgende Zeit der »wohlwollenden Verordnungen«, der so genannten Tanzimat-Reformen, ist eine der interessantesten Epochen der osmanischen Geschichte. Dank tatkräftiger Wesire wie Reschit Pascha erleben die Städte des Reiches einen Modernisierungsschub. Man eifert den Europäern nach – die Gründung eines Elite-Gymnasiums nach französischem Modell gehört ebenso dazu wie die Einrichtung einer Militärakademie und der Universität von Konstantinopel. Sogar der Sultan selbst setzt ein Zeichen und beschließt, aus dem düsteren und verschachtelten Topkapi auszuziehen. Sein neuer Palast am Wasser kündet von Aufbruchsstimmung. Das Dolmabaçe-Serail ist ein modernes Palais, das sich an europäischen Formen orientiert, mit Kronleuchtern und einem eigenen Gaswerk für die Beleuchtung.

Ehrgeizige Projekte, die jedoch größtenteils mit ausländischem, vor allem französischem Kapital bezahlt wurden. Frankreich war in Konstantinopel Mitte des 19. Jahrhunderts ein Kulturvorbild, Französisch die beliebteste Fremdsprache. Wer heute in der Türkei ein Geschenk entgegennimmt, bedankt sich noch immer mit »mersi«. Viele französische Begriffe haben damals Einzug ins Türkische gehalten. Mit Millionen Francs setzten die Osmanen denn auch ihre Reformen in die Tat um. Immer wieder nahm der Sultan Kredite im Ausland auf, zu horrenden Zinsen, die teilweise gleich vom ausbezahlten Kapital abgezogen und einbehalten wurden.

In den 1870er Jahren war der Schuldenberg des Imperiums so groß, dass es seine Steuereinnahmen an ausländische Gläubiger verpachten musste. Ein internationaler Verwaltungsrat, die so genann-

te »dette publique«, hatte nun die Hand auf dem Staatshaushalt des Reiches – ein besseres Mittel, um den Sultan politisch zu steuern, konnte es kaum geben. Doch immer offener verliehen die europäischen Mächte ihren Forderungen auch mit Drohgebärden Nachdruck. Den Bewohnern Konstantinopels wurde der Anblick britischer und französischer Schlachtschiffe, die auf dem Bosporus patrouillierten, allmählich vertraut. Allein die Konkurrenz zwischen den europäischen Staaten eröffnete dem Sultan noch politische Spielräume. Doch spätestens seit Mitte des 19. Jahrhunderts betrachteten die Europäer das Osmanische Reich nur noch als Dispositionsmasse im internationalen Machtpoker.

Am Abend des 9. Januar 1853 spielt sich in Sankt Petersburg eine denkwürdige Szene ab. Nach einem Hauskonzert spricht Zar Nikolaus I. mit dem britischen Botschafter George Hamilton Seymour

Der Dolmabaçe-Palast. Symbol für den Anbruch einer neuen Epoche.

und prägt dabei einen Begriff, der Berühmtheit erlangen wird: Der Mann am Bosporus sei »krank, sehr krank«. Das Land zerfalle – wer wisse schon, wann. Die Plauderei bei Sekt und Kaviar sorgt für Aufruhr bei den Mächtigen in London und Paris. Plant Nikolaus etwa eine Sterbehilfe für den »kranken Mann am Bosporus«? Wenig später rücken russische Truppen in osmanische Gebiete auf dem Balkan ein. Sultan Abdülmedschid wäre wohl bereit, auch diese Demütigung hinzunehmen – doch seine Minister sind es nicht. Die osmanische Armee macht mobil.

Die ersten Kämpfe finden auf dem Territorium des heutigen Rumänien statt. Zar Nikolaus hat die Kampfkraft der vermeintlich todgeweihten Osmanen offensichtlich unterschätzt – ebenso die Bereitschaft von Briten und Franzosen, seinem Drang zu den Meerengen einen Riegel vorzuschieben. Sie treten auf Seiten des Osmanischen Reiches in einen militärischen Konflikt ein, der nach seinem Hauptschauplatz als »Krimkrieg« in die Geschichte eingeht. Ein Jahr lang belagert die christlich-muslimische Allianzarmee die Festung der Hafenstadt Sewastopol – und trägt den Sieg davon. Der Zar muss in einen Frieden einwilligen.

Zwanzig Jahre später brechen die Feindseligkeiten erneut aus. Russland nutzt Unruhen auf dem Balkan, um auf Kosten des Osmanischen Reiches noch einmal zu expandieren. Und wiederum sind es die Mächte Europas, die intervenieren, diesmal allerdings auf friedlichem Wege. Im Sommer 1878 treffen sich Vertreter Frankreichs, Englands, Österreich-Ungarns, Russlands und des Osmanischen Reiches in Berlin, um die Grenzen auf dem Balkan neu abzustecken. Eingeladen hat sie Otto von Bismarck, der sich als »ehrlicher Makler« empfiehlt, denn das neu geschaffene Deutsche Reich hat keine territorialen Interessen auf dem Balkan.

Völlig selbstlos ist die Initiative des Reichskanzlers freilich nicht. Er sucht vor allem freundschaftliche Beziehungen zu Russland, um eine mögliche Annäherung des Zaren an Frankreich zu verhindern. Denn durch den Sieg im Deutsch-Französischen Krieg von 1870/71 und die Annexion Elsass-Lothringens hatte sich das junge Reich einen »Erbfeind« im Westen geschaffen. Jetzt kommt alles darauf an, keinen weiteren Gegner im Osten entstehen zu lassen und das Ge-

Die Allianz aus Osmanen, Briten und Franzosen zwang das Zarenreich in die Knie. Gemälde zum Gedenken an den Krimkrieg.

spenst eines Zweifrontenkrieges zu bannen. Der Balkan und das Osmanische Reich sind für Bismarck dabei kaum mehr als Manövrierobjekte im großen europäischen Strategiespiel und, wie er sich privat abfällig äußert, »nicht die Knochen eines einzigen pommerschen Musketiers wert«.

Sultan und Kaiser

Mit Wilhelm II. übernahm 1888 in Deutschland ein Mann das Ruder, der von ganz anderem Schlag war als der nüchterne Machttechniker Bismarck. Berauscht von einem wirtschaftlichen und technischen Aufschwung, der in der deutschen Geschichte seinesgleichen suchte, betrat der Kaiser mit der Pickelhaube die Bühne der Weltpolitik – provozierend, polternd, säbelrasselnd. Das Deutsche Reich, der Spätentwickler unter den europäischen Großmächten, sollte in aller Eile das erlangen, was andere Nationen, allen voran Großbritannien, längst hatten: Kolonien, eine Flotte, Absatzmärkte in Übersee, kurz: imperialen Glanz.

Wo aber war in diesem globalen Spiel noch etwas zu holen? Der große Kuchen Afrika war bereits unter Briten und Franzosen fast vollständig aufgeteilt. Immerhin: Ein paar Gebiete im Osten und Südwesten des Kontinents ließen sich noch besetzen. Auch auf einigen Pazifik-Atollen wurde die Flagge des Deutschen Reiches schließlich entrollt. Aber gab es nicht eine lohnendere Beute, prestigeträchtiger und von viel größerer politischer Bedeutung – das von Staatsbankrott zu Staatsbankrott wankende Imperium unter dem Halbmond? »Selbst wenn wir Konstantinopel nicht für uns brauchen können, wollen wir an der Konkursmasse des Osmanischen Reiches beteiligt sein«, äußerte in jenen Jahren der Politiker Friedrich Naumann und gab damit die geheimen Absichten der deutschen Außenpolitik zu erkennen.

Man hoffte, sich im Nahen Osten ein Rohstoffreservoir zu sichern und einen Absatzmarkt für die neuen Erfolgsprodukte »made in Germany« zu erschließen. Max Freiherr von Oppenheim, Archäologe und Nachkomme berühmter Bankiers aus Köln, fand in einem Gutachten für den geplanten Bau einer Eisenbahntrasse nach

Bagdad noch drastischere Worte: »Wenn nun die einzelnen Menschenrassen des Bagdadbahngebiets in kultureller Beziehung fraglos weniger wertvoll sind als das amerikanische Volk, ist doch jede einzelne derselben weit besser als der amerikanische Neger, gar nicht zu reden vom Indianer.« Durch die rassistisch gefärbte Brille imperialistischer Politik gesehen, ließ sich mit Türken und Arabern immer noch mehr Staat machen als mit anderen Eingeborenen.

Aber nicht nur wirtschaftliche und strategische Erwägungen lenken den Blick des deutschen Kaisers nach Südosten. Ein ganz persönliches Faible des Monarchen kommt hinzu. Wilhelm II. liebt das Reisen über alles, und er hat großes Interesse an der Erforschung der Welt des Alten Testaments. Die berühmten Stätten biblischer Geschichte von Jerusalem bis Babylon gehören alle zum Osmanischen Reich. Der bibelfeste Monarch, der auch schon mal in Gottesdiensten predigt, fördert archäologische Ausgrabungen auf den Spuren der Heiligen Schrift und verfolgt sie mit Spannung.

Kaum ein Jahr nach seiner Inthronisierung reist der junge Kaiser zur Hochzeit seiner Schwester mit dem griechischen Kronprinzen nach Athen und nutzt die Gelegenheit zu einem Abstecher nach Konstantinopel. Von Sultan Abdülhamid II. wird er herzlich empfangen. Der osmanische Regent hat politische Freunde dringend

Verlauf der Bagdadbahn auf einer zeitgenössischen Karte.

Sultan Abdülhamid empfing 1889 den deutschen Kaiser Wilhelm II.

nötig. Sein Ruf in der Welt ist schlecht. Französische und englische Zeitungen nennen ihn den »Roten Sultan« – wegen der Blutspur, die seine Politik der Unterdrückung nationalen Aufbegehrens durch den Balkan zieht. Russland, der Angstgegner der Osmanen, ist durch internationale Verträge vorläufig in die Schranken gewiesen. Aber dass der Zar nach wie vor auf den Besitz der Dardanellen erpicht ist, daran kann kein Zweifel bestehen. In dieser Situation ist Wilhelm II., der neue mächtige Mann am Horizont der europäischen Politik, beim Sultan mehr als willkommen.

Einer freilich tobte im Hintergrund: Otto von Bismarck. Der Reichskanzler und bisherige Architekt der deutschen Außenpolitik hatte gerade zwei Jahre zuvor den Rückversicherungsvertrag mit Russland zustande gebracht. Dieser garantierte die Neutralität des Zarenreichs im Falle eines Krieges mit Frankreich. Ein strategisches Meisterstück, das der »Eiserne Kanzler« nun durch den Besuch des Kaisers in Konstantinopel gefährdet sah. Wilhelm II. hatte Bismarck im Vorfeld erst gar nicht über die Reise informiert, dessen Verärgerung nahm er in Kauf. Er hatte ohnehin vor, aus dem Schatten des mächtigen alten Mannes zu treten und das Ruder der deutschen Außenpolitik selbst in die Hand zu nehmen. Das Osmanische Reich sollte dabei eine bedeutende Rolle spielen.

Die liberale deutsche Presse, beeindruckt vom Schwung des jungen Monarchen, unterstützte ihn. Die »Illustrierte Zeitung« jubilierte: »Ein für die Beziehungen zwischen dem Türkischen und Deutschen Reiche hochwichtiges und denkwürdiges Ereignis hat sich in diesen Tagen am Bosporus vollzogen. Liegen seinem Besuch

auch keinerlei politische Motive zugrunde, so wird derselbe doch in der gesamten mohammedanischen Welt einen mächtigen Eindruck hervorrufen und dazu beitragen, das längst bestehende freundschaftliche Verhältnis zwischen Deutschland und der Türkei noch mehr zu befestigen.« Einige Monate später wurde Bismarck, der lästige Übervater des Reiches, von Wilhelm II. entlassen. Der Weg zur Achse Berlin – Konstantinopel war frei.

Zehn Jahre nach seiner ersten Vorsprache bei der Hohen Pforte war Wilhelm II. wieder in Richtung Bosporus unterwegs. Diesmal jedoch nicht auf Stippvisite, sondern mit allem Pomp eines Staatsbesuchs. Offizieller Anlass der Reise von 1898 war die Einweihung der neu errichteten protestantischen Kirche in Jerusalem. Wilhelms Vater hatte das Grundstück vom Sultan als Geschenk erhalten. Nach langer Bauzeit war das Gotteshaus, dessen hoher Turm bis heute die Silhouette der Jerusalemer Altstadt prägt, nun endlich vollendet. Seine Majestät wollte es sich auf keinen Fall nehmen lassen, die Kirche feierlich einzuweihen.

Eine Reise nach Jerusalem kam in jenen Jahren noch einer Expedition gleich. Für Unterbringung wie Verpflegung des Kaisers und seines ansehnlichen Trosses konnte man nicht auf vorhandene Ressourcen zurückgreifen, sondern musste jeden Abend eine stattliche Zeltstadt errichten. Da sich in Deutschland keine Firma fand, die den reibungslosen Ablauf hätte gewährleisten können, griff der kaiserliche Jerusalem-Pilger trotz seiner sonstigen Vorbehalte gegen alles Britische nolens volens auf die Dienste des Londoner Unternehmens Thomas Cook zurück.

Auch wenn der offizielle Anlass der Reise ein religiöser war, versäumte es der Kaiser nicht, politische Zeichen zu setzen. In Damaskus legte er am Sarkophag des arabischen Nationalhelden Saladin einen Kranz nieder – ein Akt, dessen Symbolik sowohl in Konstantinopel wie in London verstanden wurde. Denn der Heerführer hatte im 12. Jahrhundert den englischen Kreuzfahrer Richard Löwenherz in die Schranken gewiesen und aus dem Heiligen Land vertrieben. Noch mehr freilich ließ die dem Festakt folgende Ansprache Wilhelms II. die Welt aufhorchen: »Möge der Sultan und mögen die 300 Millionen Mohammedaner, die, auf der Erde zer-

Jerusalem um 1890.

streut lebend, in ihm ihren Kalifen verehren, dessen versichert sein, dass zu allen Zeiten der deutsche Kaiser ihr Freund sein wird.«

Der deutsche Kaiser als Freund aller Muslime – von denen Millionen als mehr oder weniger unfreiwillige Untertanen der britischen Krone, der französischen Republik oder des russischen Zaren lebten. Darin lag eine versteckte Drohung und eine Weichenstellung für die Zukunft. Während sich das Deutsche Reich in Europa isolierte, warb es um einen Verbündeten am Bosporus. Und ganz nach dem Grundsatz »Die Feinde meiner Feinde sind meine Freunde« bahnte sich eine Allianz an, die sich am Ende für beide Seiten als verhängnisvoll erweisen sollte.

Aber vorerst sah alles nach einer grandiosen Erfolgsgeschichte aus. In der Entourage des Kaisers reiste Georg von Siemens, Generaldirektor der Deutschen Bank. Ihm hatte der Monarch eine Schlüsselrolle bei der gewünschten deutsch-osmanischen Annäherung zugedacht. Es ging um ein Projekt von atemberaubender Dimension: den Bau einer Bahnlinie, die Konstantinopel mit Bagdad verbinden sollte. Zu diesem Zeitpunkt hatte Berlin bereits eine Anbindung an Konstantinopel. Durch die neue Trasse sollte also eine Zugverbindung von der deutschen Hauptstadt bis zur orientalischen Metropole am Tigris entstehen.

Chronik

Heimkehr nach Zion

Im Zuge der kaiserlichen Orientreise von 1898 kam es zu einer denkwürdigen Begegnung. In Konstantinopel gewährte Wilhelm II. einem Mann eine Audienz, der ihm auf eigene Kosten nachgereist war: Theodor Herzl. Der jüdische Journalist aus Wien war in Paris Zeuge der berüchtigten »Dreyfus-Affäre« geworden. Der zu Unrecht erhobene Vorwurf des Hochverrats gegen den jüdischen Armeeoffizier Alfred Dreyfus löste eine bis dahin beispiellose antisemitische Hetzkampagne in Teilen der französischen Presse aus. Herzl wurde dadurch in seiner Ansicht bestärkt, dass selbst in einem liberalen und aufgeklärten Land wie Frankreich die gesellschaftliche Stellung der Juden jederzeit gefährdet sei – ganz zu schweigen von Osteuropa, wo sich der Hass gegen die religiöse Minderheit regelmäßig in Pogromen entlud. Das Volk der Juden, so Herzls Überzeugung, könne nur in einem eigenen Staat überleben.

Mit der Veröffentlichung seiner Schrift »Der Judenstaat« im Jahr 1896 wurde Herzl zum Initiator einer politischen Bewegung, die unter dem Begriff »Zionismus« – nach Zion, dem biblischen Namen für Jerusalem – in die Geschichte einging. Im August 1897 veranstaltete Herzl in Basel den ersten »Zionistischen Weltkongress« mit etwa zweihundert Delegierten. Die Teilnehmer beschlossen das »Basler Programm«, das die »Schaffung einer öffentlich-rechtlich gesicherten Heimstätte für das jüdische Volk in Palästina« forderte.

Der Landstrich zwischen Jordan, Totem Meer und Mittelmeer, die biblische Heimat der Juden, war zu Herzls Zeiten Teil des Osmanischen Reiches. Zwar lebten dort nach wie vor jüdische Familien, und die türkischen Behörden akzeptierten auch die Einwanderung von Juden, brachten sie doch europäisches Know-how in das rückständige Land. Aber die formelle Abtretung Palästinas an eine jüdische Regierung war eine Forderung von ganz anderer Dimension, die ohne einen mächtigen Verbündeten nicht die geringste Aussicht auf Erfolg hatte.

In Wilhelm II. hoffte Herzl diesen Verbündeten gefunden zu haben. Der jüdische Journalist und der Monarch waren bereits Bekannte. Obwohl er nicht gerade für seine Aufgeschlossenheit gegenüber Untertanen jüdischen Glaubens bekannt war, schien Wilhelm II. zeitweise eine gewisse Sympathie für den umtriebigen Schöpfer des Zionismus zu hegen und der Vision eines jüdischen Staates auf biblischem Boden wohlwollend gegenüberzustehen. Seine Majestät versprach sogar, in diesem Sinne auf den Sultan einzuwirken. In Konstantinopel allerdings wollte Wilhelm II. davon nichts mehr wissen. Alle Juden seien »Schmarotzer«, ließ er verlauten. Er dachte nicht daran, seinen osmanischen Gastgeber mit einem Ansinnen von so weit reichenden Konsequenzen zu brüskieren. Auch Theodor Herzls direkte Gespräche mit Sultan Abdülhamid II. führten zu keinem Ergebnis.

Die so aussichtslos scheinende Vision des Bittstellers sollte sich ein halbes Jahrhundert später erfüllen, als das deutsche Kaiserreich und das Imperium des Sultans längst untergegangen waren. Auf den Trümmern des Osmanischen Reiches entstand nach dem Ersten Weltkrieg das britische Protektorat Palästina und 1948 – nach der Katastrophe eines weiteren Weltkriegs und des Holocaust – der Staat Israel.

Theodor Herzl.

Das Osmanische Reich war angesichts seiner notorischen Geldnot nicht in der Lage, ein so ambitioniertes Projekt zu finanzieren. Hier sollte die Deutsche Bank zu Hilfe kommen. Es bedurfte des sanften Drucks seiner Majestät, um den vorsichtigen Siemens für ein so offenkundiges Wagnis zu gewinnen. Denn die Investitionskosten waren enorm und die zu erwartenden Einnahmen aus dem Bahngeschäft ungewiss. Erst als der osmanische Staat sich vertraglich zu jährlichen Garantiezahlungen verpflichtete, stand dem Unternehmen nichts mehr im Weg.

»Also Volldampf vorwärts nach dem Euphrat und Tigris und nach dem Persischen Meere, und damit kommt der Landweg nach Indien wieder in die Hände, in die er allein gehört, in die kampf- und arbeitsfreudigen deutschen Hände«, schwadronierte eine Zeitung bei der Rückkehr des Kaisers. Der Landweg nach Indien in deutscher Hand: eine Vision, die in London wenig Begeisterung auslöste.

1903 waren die Verträge unter Dach und Fach. Tausende türkische Arbeiter rückten, unter Leitung deutscher Ingenieure, zu der geplanten Trasse aus. Es bestand bereits ein Teilstück, das die osmanische Hauptstadt mit Konya in Anatolien verband und das von einem internationalen Konsortium finanziert worden war. Der folgende Streckenabschnitt in Richtung Persischer Golf stellte allerdings eine viel größere Herausforderung dar. Der Weg führte mitten durch das zerklüftete Taurusgebirge. Dutzende von Tunnels mussten gesprengt, Brücken in Schwindel erregender Höhe über Täler gespannt werden, damit man in die Euphratebene gelangen konnte.

Von Aleppo aus zweigte eine Nebenstrecke nach Damaskus ab, die die »Perle des Orients« mit der Hauptstadt am Bosporus verband. Von hier aus entstand in jenen Jahren, ebenfalls unter Leitung eines deutschen Ingenieurs, eine zweite Eisenbahnlinie, die zwar nicht so berühmt war wie die Bagdadbahn, aber eine nicht weniger große Errungenschaft bedeutete. Sie sollte Damaskus mit Mekka verbinden und die oft wochenlange Pilgerreise in die heilige Stadt der Muslime auf wenige Tage verkürzen. Als »Hedschasbahn«, benannt nach der Region, in der Mekka liegt, ging sie in die Geschichte ein.

Aus der Sicht britischer Politiker allerdings stellten beide Trassen eine Bedrohung dar. Man darf dabei nicht vergessen, dass in je-

Mekka, die heilige Stadt der Muslime, gehörte jahrhundertelang zum Herrschaftsgebiet der Osmanen.

nen Jahren die Dampflokomotive das modernste und schnellste Verkehrsmittel zu Land war. Auf Schienen konnten nicht nur Waren aller Art rollen, im Ernstfall verkürzten Bahnlinien auch Truppentransporte um Wochen. Der fromme Zweck der Hedschasbahn konnte nicht darüber hinwegtäuschen, dass sie am Golf von Akaba vorbeiführte und damit dem Sinai bedrohlich nahe kam. Jenseits dieses Gebirges aber lag der Suezkanal, die Lebensader des britischen Empires – das Tor nach Indien.

Bereits im Jahr 1876 hatte Großbritannien die Aktienmehrheit an der überschuldeten französisch-ägyptischen Betreibergesellschaft des 1869 eingeweihten Kanals übernommen. Als einige Jahre später dann politische Unruhen das Land am Nil erschütterten, nutzte London die Gunst der Stunde und besetzte Ägypten unter dem Vorwand, die wirtschaftlichen Interessen der britischen Aktionäre schützen zu müssen.

Die neuen Eisenbahnlinien veränderten die Rolle des Osmanischen Reiches im globalen Strategiespiel der europäischen Mächte. Der »kranke Mann am Bosporus« besaß jetzt eine Trumpfkarte, mit der im Ernstfall zu rechnen war. Dass dahinter auch das Engagement des Deutschen Reiches stand, verstärkte den Konflikt noch. Die bereits wegen der aggressiven Flottenpolitik des Kaisers angeheizte antideutsche Stimmung in Großbritannien erhielt durch das

Bahnprojekt zusätzlichen Zündstoff. Die Baufortschritte standen regelmäßig auf der Tagesordnung des britischen Unterhauses.

Wenn es in Europa zum Krieg kommen sollte – und das schlossen die Verantwortlichen in London, Paris, Berlin und Sankt Petersburg schon lange nicht mehr aus –, wie würde sich das Osmanische Reich verhalten? Am Bosporus gaben sich längst auch deutsche Militärexperten die Klinke in die Hand. Sie halfen bei der dringend notwendigen Modernisierung der osmanischen Armee. Würde sich das Reich unter dem Halbmond im Konfliktfall auf die Seite seines neuen Gönners schlagen?

Der Riese wankt

Im Jahrzehnt vor dem Ausbruch des Ersten Weltkriegs erschüttert eine Dauerkrise das Osmanische Reich. Auf dem Balkan begehren die unterdrückten Völker auf. Innerhalb des morschen Imperiums formiert sich politischer Widerstand gegen die Willkürherrschaft Sultan Abdülhamids II. Wie ein Relikt aus einer längst vergangenen Epoche wirkt sein autokratisches Herrschaftssystem im 20. Jahrhundert. Aber auch im Osmanischen Reich, in dem der Großteil der Bevölkerung außer dem Koranunterricht keinerlei Bildung erfährt, sind inzwischen kleine Eliten herangewachsen, die sich an europäischen Ideen orientieren. Ihr politisches Ziel: eine konstitutionelle Monarchie nach westlichem Vorbild, verfassungsmäßig garantierte Grundrechte, Aufhebung der Zensur und ein Mitspracherecht für nationale Minderheiten.

Seit 1907 entwickelt sich das »Komitee für Einheit und Fortschritt« zum Sammelbecken aller Unzufriedenen. Wenn sie auch im Detail höchst unterschiedliche Ziele verfolgen, so sind sie sich doch in einem Punkt einig: Die Macht des Sultans muss beschnitten werden. Zwei auf dem Gebiet des heutigen Griechenland stationierte Generäle nehmen schließlich das Heft in die Hand. Sie zwingen Abdülhamid II. zur Abdankung und inthronisieren seinen Bruder. Er nennt sich fortan Mehmed V. Aber außer dem Herrschertitel hat er mit seinem Vorgänger nichts mehr gemein. Der letzte Sultan des Osmanischen Reiches ist nur noch eine Marionette der Militärs.

Chronik

Vom Osmanischen Reich zur türkischen Republik

4. Juli 1918	Tod Sultan Mehmeds V. Nachfolger wird Mehmed VI. Vahideddin
30. Oktober 1918	Waffenstillstand von Mudros zwischen dem Osmanischen Reich und der Entente
15. Mai 1919	Die Griechen besetzen Smyrna (Izmir) als zukünftige Hauptstadt einer griechischen Provinz Ionien an der türkischen Küste
23. Juli 1919	Mustafa Kemal wird zum Präsidenten des türkischen Nationalkongresses von Erzerum gewählt
März 1920	Besetzung Konstantinopels durch Entente-Truppen
23. April 1920	Eröffnung der türkischen Nationalversammlung in Ankara
10. August 1920	Friedensvertrag von Sèvres zwischen der Entente und dem Sultan. Mustafa Kemal organisiert im Folgenden den bewaffneten Widerstand gegen Gebietsabtretungen an Armenier und Griechen
2. Dezember 1920	Friede von Gümrü mit den Armeniern
März 1921	Türkisch-sowjetischer Freundschaftsvertrag
Januar 1921 – Oktober 1922	Kämpfe zwischen Türken und Griechen
11. Oktober 1922	Waffenstillstand von Mudanya. Die Griechen müssen Kleinasien endgültig räumen
1. November 1922	Die Nationalversammlung beschließt die Aufhebung des Sultanats. Mehmed VI. geht ins Exil. Offizielles Ende des Osmanischen Reiches
24. Juli 1923	Friedensvertrag von Lausanne. Anerkennung der Grenzen der Türkei
29. Oktober 1923	Mustafa Kemal wird zum ersten Präsidenten der türkischen Republik gewählt

Mustafa Kemal, genannt Atatürk – »Vater der Türken«.

Und darin bestand das Problem der Umwälzung durch die »Jungtürken«, wie sie sich nannten. An der Spitze der Revolution stand kein aufstrebendes Bürgertum mit breitem Rückhalt in der Bevölkerung, sondern eine Hand voll Generäle. Vor allem aber: Der Umsturz kam hundert Jahre zu spät. Zu lange hatte das Joch der osmanischen Verwaltung auf den Völkern des Balkans gelastet, hatten korrupte Beamte die Provinzen ausgebeutet, hatte eine unbewegliche Bürokratie jeden ökonomischen Fortschritt verhindert, waren junge Männer unter unmenschlichen Bedingungen in den Militärdienst gezwungen worden, hatte man jede politische Opposition mit brutaler Gewalt im Keim erstickt. Serben, Bulgaren, Griechen, Mazedonier, Albaner – sie waren längst nicht mehr mit vagen Versprechungen auf Mitsprache in politischen Gremien zu besänftigen. Ihr Ziel lautete: nationale Unabhängigkeit!

1912 schien die Gelegenheit gekommen, diese Vision in die Realität umzusetzen. Italienische Truppen griffen die osmanische Provinz Libyen an. Während die militärische Führung der Osmanen größte Mühe hatte, das letzte verbliebene Territorium des Reiches auf afrikanischem Boden zu verteidigen, schlug eine Allianz aus Serben, Bulgaren und Griechen gezielt los. Der Balkan fing Feuer. In kurzer Zeit eskalierte der Konflikt zu einem der grausamsten Kriege der Moderne. Der aufgestaute Hass der unterdrückten Völker entlud sich in Massakern an der muslimischen Zivilbevölkerung. Hunderttausende türkischer Familien flohen in Panik über den Bosporus. Am Ende musste sich die osmanische Führung in einen demütigenden Frieden fügen, der den Angreifern die nationale Unabhängigkeit garantierte. Das bedeutete nichts weniger als einen Schlussstrich unter die jahrhundertelange Herrschaft der Osmanen in Südosteuropa.

Die Balkankriege erschütterten nicht nur die ohnehin marode Wirtschaft des Reiches, sie hatten noch weitaus schlimmere Folgen. Der Nationalismus der christlichen Völker, der sich in Massenmorden entladen hatte, provozierte eine Gegenreaktion der türkischen Seite. Hatte die jungtürkische Regierung anfangs noch die Absicht gehegt, christliche Volksgruppen zumindest ansatzweise am politischen Geschäft zu beteiligen, so gewannen jetzt die Hardliner die Oberhand. »Die Türkei den Türken« lautete ihre Parole.

Glühendster Prophet dieser Bewegung war General Enver Pascha, der seit 1913 mit zwei weiteren Generälen, Dschemal und Talaat, das zerfallende Reich mit diktatorischen Vollmachten regierte. Envers Blick war nach Osten gerichtet. Er träumte von der Errichtung eines großtürkischen Reiches, das alle muslimischen Turkvölker in Aserbaidschan, Usbekistan, Turkmenistan und sogar China mit einbeziehen sollte. Eine ideologische Polarisierung mit unheilvollen Folgen. Die auf dem Boden des Osmanischen Reiches lebenden Christen – Armenier und Syrisch-Orthodoxe – gerieten in eine prekäre Situation. Sie galten nun als potenzielle Staatsfeinde, als Bürger, deren Loyalität fragwürdig war. Und weil sie die Gefahr spürten, suchten sie tatsächlich Schutz und Unterstützung bei christlichen Staaten – allen voran Russland. Eine Entwicklung, die geradewegs in einen Völkermord führen sollte.

Enver Pascha, General und türkischer Nationalist, träumte von einem vereinigten Großreich aller Turkvölker.

Als im Juni 1914 mehrere Schüsse durch die Straßen von Sarajevo hallten, war Europa längst auf Krieg eingestellt. Die Ermordung des österreichischen Thronfolgers durch einen serbischen Terroristen lieferte nur noch den letzten Anstoß. Wie ein mechanisches Räderwerk griffen die militärischen Bündnissysteme, die im Jahrzehnt zuvor geschaffen worden waren. Kriegserklärung folgte auf Kriegserklärung. Deutschland machte an der Seite Österreich-Ungarns gegen Frankreich, England und Russland mobil.

Und das Osmanische Reich? So freundschaftlich die Beziehungen zwischen Berlin und Konstantinopel auch waren, so eng die wirtschaftlichen und militärischen Verflechtungen – es gab keinen Bündnisvertrag zwischen beiden Ländern. Die Hohe Pforte hatte in den Jahren vor dem Krieg auch Beziehungen nach London und Paris gepflegt, mit gutem Grund. Denn das britische und französische Kapital, das im Land steckte, übertraf die deutschen Investitionen noch immer bei weitem. Man hatte 1914 am Bosporus also durchaus politische Optionen und war gewillt, die günstigste zu sondieren.

Doch die Gespräche in Sankt Petersburg, Paris und London erweckten bald das Misstrauen der osmanischen Diplomaten. Nach und nach sickerte durch, dass in den Schubladen der Verbündeten bereits detaillierte Pläne lagen, wie das Imperium im Falle seines Kriegseintritts auf deutscher Seite – und einer als sicher angenommenen Niederlage – unter den Siegern aufgeteilt werden sollte. Letztlich unternahm man weder in London noch in Paris irgendwelche Anstrengungen, um das Osmanische Reich ins alliierte Lager zu ziehen. Im Gegenteil: Sollte es an der Seite Deutschlands den Krieg verlieren, hätte man endlich die Gelegenheit, den morschen Koloss ein für alle Mal zu zertrümmern und sich selbst die fettesten Stücke der Beute zu sichern. So sollte es auch kommen.

Sturm über dem Bosporus

Während die Hohe Pforte noch taktiert, ist der Seekrieg im Mittelmeer schon in vollem Gange. Der deutsche Konteradmiral Wilhelm Souchon ist mit den beiden Kreuzern »Goeben« und »Breslau« auf der Flucht vor einer Übermacht britischer Zerstörer. Aber anstatt die nahe Adria anzusteuern und sich in den Schutz der österreichischen Flotte zu begeben, bricht Souchon mit seinen Schiffen in Richtung Dardanellen durch. Hinter dem waghalsigen Coup steckt eine raffinierte Strategie. Zwar ist das Osmanische Reich zu diesem Zeitpunkt offiziell noch immer neutral, aber die Beziehungen zu Großbritannien haben sich während der letzten Wochen zusehends verschlechtert. Zwei moderne Kampfschiffe, die die Hohe Pforte bei einer englischen Werft bestellt hatte, sind von den Briten nach Kriegsausbruch beschlagnahmt worden.

Der Plan, den das deutsche Oberkommando verfolgt, ist so einfach wie wirkungsvoll. Man will den Türken die beiden eigenen

Schiffe zum Kauf anbieten. Die Taktik geht auf. In einer offiziellen Note wirft die osmanische Regierung den Briten vor, den Liefervertrag verletzt zu haben. Gleichzeitig kündigt sie an, sich bei den Deutschen Ersatz zu beschaffen. Damit sind die Würfel gefallen. Schon wenige Wochen später beschießen die ehemals deutschen Panzerschiffe unter türkischer Flagge russische Häfen. Die offiziellen Kriegserklärungen folgen prompt. Das Imperium befindet sich jetzt auf Seiten der Mittelmächte im Krieg.

Eine Entscheidung, deren Folgen absehbar waren. Denn aufgrund seiner geopolitischen Lage steht das Osmanische Reich den Alliierten an nicht weniger als drei Fronten gegenüber: den Russen im Kaukasus und den Briten auf dem Sinai sowie in Mesopotamien. Aber wenn vor allem das britische Oberkommando glaubte, mit der türkischen Armee ein leichtes Spiel zu haben, dann hatte es sich gründlich verrechnet.

Am 25. April 1915 versuchen Franzosen, Australier und Neuseeländer unter britischem Oberkommando, über die Halbinsel Gallipoli die Dardanellen in Besitz zu nehmen und Konstantinopel im Handstreich zu erobern. Doch die größte militärische Operation zu Lande und zu Wasser während des Ersten Weltkriegs endet in einem Desaster. Die alliierten Einheiten stoßen auf unerwartet heftigen Widerstand der Türken. Erstmals macht ein General mit Namen Mustafa Kemal von sich reden – der spätere »Atatürk«. Zusammen mit seinem deutschen Bundesgenossen Otto Liman von Sanders organisiert er erfolgreich die türkische Abwehr. Der Beginn einer Karriere, die ihn zu einem der berühmtesten Staatsmänner des 20. Jahrhunderts machen sollte.

Für Winston Churchill, seinen später nicht minder berühmten Kontrahenten auf britischer Seite, hätte diese Schlacht fast das vorzeitige Ende der Laufbahn bedeutet. Als erster Lord der Marine war Churchill für das Dardanellen-Fiasko verantwortlich und musste erst einmal seinen Hut nehmen. Auch ein britischer Vorstoß in Mesopotamien, auf dem Gebiet des heutigen Irak, endete in einer verheerenden Niederlage. Eine komplette englische Armee wurde von den Türken umzingelt und musste nach Monaten unsäglichen Leidens schließlich kapitulieren.

Einmarsch britischer Truppen in Jerusalem 1917.

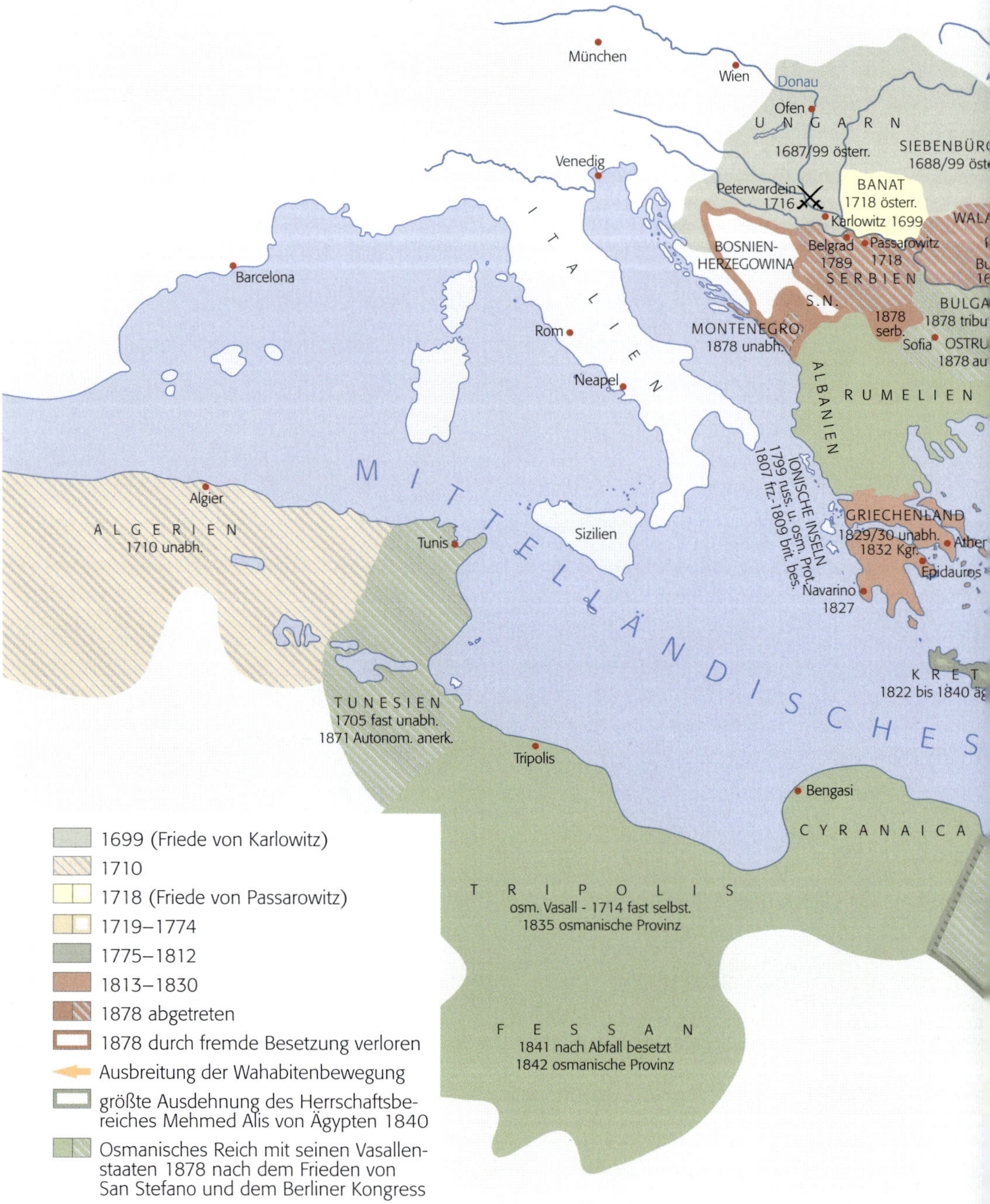

Osmanisches Reich 1699 –1878

DOLIEN
599 poln.
Dnjepr
Don
Wolga
Astrachan
Jedisan 1774 russ.
1792 russ.
Otschakow
SSARABIEN
12 russ.
Odessa
1794 gegr.
Akkerman 1826
Asow
1774 endgült. russ.
CHANAT DER KRIM
1771/74 unabh.
KRIM
1783/92 russ.
Sewastopol
Donaudelta
1829 russ.
1856 osm.
1878 rum.
1878
rum.
KASPISCHES MEER
ABCHASIEN
1829 russ.
MINGRELIEN
1803 russ.
1804 russ.
IMERETIEN
Tiflis
ütschük
alnardsche
771
SCHWARZES MEER
1856 bis 1871 neutralisiert
Sinope
Trapezunt
1829 russ.
1878 russ.
Kars
Kura
Eriwan
Konstan-
tinopel
1700
Hunkâr Iskelesi
1833
Erzurum
ARMENIEN
1724 osm.
1736 pers.
Täbris
ussa
Angora
Kütahya 1833
KLEINASIEN
KURDISTAN
yrna
Konia
Teheran
Mossul
PERSIEN
Adana
Antalya
MESOPOTAMIEN
Aleppo
Rhodos
ZYPERN
1878 brit. bes.
SYRIEN
Euphrat
Bagdad
Tigris
Beirut
Damaskus
Kerbala
EER
Akkon
Nisib 1839
Abukir
1798
Jerusalem
Basra
Alexandria
Damiette
Suez-Kanal
1859-69 erb.
1875 Kanalaktien
d. Khediven brit.
Kuwait
PERSISCHER GOLF
Kairo
EL-HASA
ARABIEN
DSCHEBEL
DSCHAMMAR
GYPTEN
811 autonom unter Vizekönigen
1845/67 mit dem Titel »Chadive«)
ROTES MEER
HEDSCHAS
Ed-Dirija
Er-Riad
Medina
Mekka
Et-Taif
Wadi Halfa

Weniger erfolgreich verliefen die türkischen Operationen gegen die russischen Invasionstruppen im Nordosten des Reiches. Dieser Feldzug wurde vor allem von einem Ereignis überschattet, das bis auf den heutigen Tag für politischen Zündstoff sorgt: dem Völkermord an den Armeniern.

Der Krieg gegen Russland war für die osmanischen Streitkräfte eine einzige Folge von Niederlagen. Schnell war ausgemacht, wem man dafür die Schuld geben konnte: der mit den russischen Truppen kollaborierenden armenischen Bevölkerung Anatoliens. Tatsächlich begrüßten die christlichen Armenier, die zunehmend Repressalien der jungtürkischen Regierung ausgesetzt waren, die Soldaten des Zaren als Befreier. An vielen Orten kam es auch zu Anschlägen armenischer Freischärler gegen die muslimische Zivilbevölkerung. Das reichte zur Entstehung der »Dolchstoßlegende«, dem angeblichen Verrat der Armenier an der osmanischen Armee. Sie diente als Rechtfertigung für eine groß angelegte Vernichtungsaktion. Seit dem Frühjahr 1915 verfügten die türkischen Machthaber die Deportation Hunderttausender armenischer Familien – angeblich handelte es sich um eine kriegsbedingte Umsiedlungsmaßnahme. In Wirklichkeit handelte es sich um organisierte Todesmärsche in die Wüste, eine »Verbannung ins Nichts«.

Die Berichte über endlose Züge halb verhungerter Menschen, bestialische Morde und Vergewaltigungen erreichten schon bald das deutsche Außenministerium und die Oberste Heeresleitung. Angesichts der prekären militärischen Lage setzten die Verantwortlichen in Berlin eindeutige Prioritäten. Um keinen Preis sollte der Bündnispartner brüskiert werden. An alle zivilen und militärischen Dienststellen des Deutschen Reiches im Nahen Osten erging deshalb die Order, die Vorfälle als »innertürkische Angelegenheiten« zu behandeln und von jeglicher Einmischung abzusehen. Historiker schätzen die Zahl der armenischen Opfer auf ein bis zwei Millionen. Die exakte Erforschung der Vorgänge ist schwierig, da türkische Behörden bis heute eine Aufarbeitung dieses dunklen Kapitels osmanischer Geschichte behindern.

Einige der politisch Verantwortlichen wurden allerdings von der Vergangenheit eingeholt. Talaat Pascha, der sich wie Enver und

Cemal bei Kriegsende nach Berlin rettete, fiel 1921 den Schüssen eines armenischen Rächers zum Opfer. Der anschließende Prozess gegen den Schützen, einen Studenten namens Soromon Tehlerjan, erregte enormes Aufsehen. Im Laufe des Verfahrens vor einem Berliner Gericht kam erstmals das Ausmaß des Völkermords ans Licht der Öffentlichkeit. Am Ende stand ein bemerkenswertes Urteil: Freispruch für den Attentäter!

Die Vernichtung der angeblichen Feinde im Innern konnte den militärischen Zusammenbruch des Osmanischen Reiches nicht verhindern. Im Süden machte ein neuer Gegner mobil, der die Gelegenheit gekommen sah, das verhasste türkische Joch ein für alle Mal abzuschütteln: die Araber. Scherif Hussein von Mekka hatte seit 1915 Kontakt zu britischen Regierungsstellen in Kairo. Als Belohnung für ein Eingreifen arabischer Hilfstruppen auf englischer Seite stellte man ihm ein unabhängiges Arabien mit der Hauptstadt Damaskus in Aussicht. Ein Versprechen, das allerdings im Widerspruch zu einem Geheimvertrag stand, der zwischen einem britischen und einem französischen Diplomaten ausgehandelt worden war. Als »Sykes-Picot-Abkommen« wurde er später berühmt und – vor allem in der arabischen Welt – berüchtigt. Denn dieses Papier legte fest, dass die überwiegend von Arabern bewohnten Gebiete des Osmanischen Reiches unter den westlichen Siegermächten aufgeteilt werden sollten.

Aber davon wussten die Wüstensöhne zunächst nichts. Die englischen Zusagen lockten die Beduinen der arabischen Halbinsel in den Kampf. Vor allem die strategisch wichtige Hedschasbahn war permanenten Guerilla-Angriffen ausgesetzt – eine zusätzliche Front, der die ohnehin überlastete osmanische Armee nicht mehr gewachsen war. Unaufhaltsam stieß ein britisches Heer von Ägypten her durch den Sinai nach Norden vor und rollte den Nahen Osten auf. Jerusalem wurde eingenommen, wenig später Damaskus. Im Oktober 1918 blieb dem Osmanischen Reich kein anderer Ausweg mehr, als die Kapitulationsurkunde zu unterzeichnen. Das sechshundert Jahre alte Imperium existierte nicht mehr.

Chronik

Lawrence von Arabien

Thomas Edward Lawrence brachte es als »Lawrence von Arabien« zu Weltruhm.

Er war eine der schillerndsten Persönlichkeiten des 20. Jahrhunderts. Archäologe, Spion, Guerillakämpfer, Politiker und Schriftsteller: Thomas Edward Lawrence (1888–1935), der während des Ersten Weltkriegs als »Lawrence von Arabien« Geschichte schrieb. Seine Karriere begann in Kairo. Bei Kriegsausbruch zog das britische Oberkommando dort eine Reihe von Orientexperten zusammen. Die Männer vom »Arab Bureau« sollten militärische Aufklärung und Spionage auf dem Gebiet des Osmanischen Reiches betreiben. Lawrence, der nach jahrelanger Tätigkeit als Archäologe im Nahen Osten fließend Arabisch sprach, fiel dabei eine besondere Aufgabe zu: Kontakt mit den aufständischen Beduinen herzustellen. Die Begegnung mit dem Sohn des Emirs von Mekka, Faisal, sollte sein Leben verändern. Ihm traute Lawrence zu, »die Wüste in Brand zu stecken«. Aus dem Oxforder Intellektuellen wurde ein Guerillakämpfer, der unter enormen Strapazen seinen persönlichen Krieg gegen das Osmanische Reich führte. Zu seinen spektakulärsten Unternehmungen zählte die Einnahme des strategisch wichtigen Hafens von Akaba mit einer kleinen Beduinentruppe. Wiederholt organisierte er auch Überfälle auf osmanische Truppentransporte der Hedschasbahn.

Nach dem Krieg wurde der hagere Brite im arabischen Kostüm zu einer populären Heldenfigur. Die Verfilmung seiner Lebenserinnerungen »Die sieben Säulen der Weisheit« mit dem Schauspieler Peter O'Toole in der Hauptrolle ließ den Mythos Lawrence bis in unsere Tage weiterleben. Er selbst allerdings sah seine historische Rolle durchaus zwiespältig. Schon früh hatte er vom Sykes-Picot-Abkommen erfahren und seinen einheimischen Mitkämpfern verschwiegen, dass Briten und Franzosen die arabischen Gebiete des Osmanischen Reiches unter sich aufteilen wollten. Bei den Friedensverhandlungen in Paris trat er noch als Berater Faisals auf – doch es war vergeblich. Der Traum vom freien und unabhängigen Arabien wurde von den Westmächten zunichte gemacht.

Über den Verrat an den arabischen Waffenbrüdern kam Lawrence nie hinweg. In den zwanziger Jahren lehnte er alle politischen Ämter ab, die man ihm anbot, und lebte zurückgezogen im Süden Englands. Zeitweise diente er sogar unter falschem Namen als einfacher Soldat in der britischen Armee. 1935 kam er bei einem Motorradunfall ums Leben.

Phoenix aus der Asche

War der Untergang des Osmanischen Reiches unvermeidlich oder nur das Ergebnis eines verlorenen Krieges? Die Frage nach dem »Was wäre gewesen, wenn ...?« ist zwar spekulativ, aber sie schärft den Blick für die Tendenzen einer historischen Entwicklung. Schon lange vor der Niederlage von 1918 lag das Reich am Bosporus im Sterben. Die militärische Niederlage hat den Tod sicherlich beschleunigt, aber der Patient wäre so oder so nicht mehr zu retten gewesen. Seine Zeit war abgelaufen.

»Das Osmanische Reich scheiterte aus dem gleichen Grund, aus dem das Zarenreich gescheitert ist, aus dem die Sowjetunion gescheitert ist: Es scheiterte am Eindringen westlicher Ideen«, analysiert Alexander Demandt. »Dieses Eindringen westlicher Ideen in die alte Denk- und Kulturwelt hat so viel Sprengkraft entwickelt, dass dagegen die alten Traditionen nicht standhalten konnten. Und man kann das sehr deutlich bei den Osmanen sehen. Der Nationalismus der Balkanvölker war ja nicht vom Himmel gefallen. Er entwickelte sich im Zuge der europäischen Romantik mit der Vorstellung, dass jedes Volk seinen eigenen Staat haben sollte.«

Ganz ähnlich wie die Donaumonarchie war auch das Osmanische Reich ein Relikt aus einer vergangenen Epoche. Ein Vielvölkerstaat, in dem Dutzende von Sprachen gesprochen wurden und Menschen mit völlig unterschiedlichen kulturellen und religiösen Traditionen lebten. Der Nimbus eines Herrschers, der Glanz seines Hofes und die Demonstration militärischer Stärke mochten im 15. oder 16. Jahrhundert noch genügt haben, um ein Imperium dieser Größenordnung zusammenzuhalten. Spätestens seit dem Ende des 18. Jahrhunderts reichte das jedoch nicht mehr aus. Als die Völker sich selbst entdeckten und ein Gefühl für den Wert der eigenen Sprache, Kultur, Tradition und Religion entwickelten, entstand daraus auch der Anspruch auf politische Selbstbestimmung. Er erzeugte eine Sprengkraft, die auf Dauer selbst mit brutaler Gewalt nicht mehr zu unterdrücken war.

Die Völker des Balkans hatten das als Erste demonstriert. In Südosteuropa hinterließ die Zerschlagung des Kolosses einen geopolitischen Raum, der die Weltpolitik bis in unsere Tage in Atem hält. Das Gleiche gilt für den arabischen Teil des Reiches. Der Traum der Araber von einer Nation unter dem Banner des Propheten, einem Großreich mit der Hauptstadt Damaskus, das sich vom Jemen über die Arabische Halbinsel und den gesamten Vorderen Orient bis an die Grenze der Türkei erstreckt hätte, erfüllte sich nicht. Briten und Franzosen hatten andere Pläne. Schon damals war bekannt, dass dieser Teil der Welt einen Schatz im Überfluss birgt – Erdöl, das Lebenselixier der modernen Industriegesellschaften. Unter diesem Gesichtspunkt teilten Briten und Franzosen die Region in Einflusssphären auf. Sie zogen Grenzen, die größtenteils bis heute bestehen und die weniger Rücksicht auf die einheimische Bevölkerung als auf die wirtschaftlichen Interessen der Siegermächte nahmen.

Auch der Irak wurde 1918 aus dem Staatsgebiet des Osmanischen Reiches als britische Einflusszone herausgeschnitten – ein künstliches Staatsgebilde. Heute, nach dem Ende der Diktatur Saddam Husseins, entladen sich dort ethnische und religiöse Gegensätze der verschiedenen Volksgruppen in einer Spirale der Gewalt.

Die Neuordnung der Region hinterließ noch eine weitere historische Hypothek: das staatenlose Volk der Kurden. Briten und Franzosen hatten ihnen zunächst ein eigenes Gemeinwesen in Aussicht gestellt. Doch die militärischen Erfolge Kemals Anfang der zwanziger Jahre verhinderten die geplante Abspaltung des Kurdengebiets von der Türkei. So enwickelte sich ein Krisenherd, der bis auf den heutigen Tag virulent ist.

Aber keine Region auf dem Boden des ehemaligen Imperiums sollte in der Folgezeit mehr von sich reden machen als der schmale Streifen zwischen Mittelmeer und Jordan – Palästina. Großbritannien übernahm das Protektorat über das alte Land der Bibel und öffnete es für jüdische Einwanderer. Sie kamen in großer Zahl. Erst als sich in den dreißiger Jahren gewaltsamer arabischer Widerstand regte, änderten die Briten ihre Politik und erschwerten die Immigration. Aber das Tor, einmal aufgestoßen, ließ sich nicht mehr schließen. Die Katastrophe des Holocaust und die große Zahl jüdischer Flüchtlinge, die nach dem Krieg Richtung Palästina drängten, schufen Fakten, die am Ende zur Gründung des Staates Israel führten.

Die Neuordnung des Vorderen Orients mit all ihren ungelösten Problemen war vor allem das Ergebnis europäischer Politik. Mit einer Ausnahme: der Türkei selbst. Die geplante Zerschlagung des verbliebenen osmanischen Staatsgebiets durch Briten und Franzosen scheiterte am verbissenen militärischen Widerstand Mustafa Kemals. Die Niederlage des Osmanischen Reiches war die Stunde des Siegers von Gallipoli. Nach der Flucht des jungtürkischen Triumvirats wurde er zur Schlüsselfigur im allgemeinen Chaos. Vor allem gegen den Versuch Griechenlands, große Gebiete im Westen der Türkei zu annektieren, organisierte er den bewaffneten Widerstand und verteidigte das Territorium, das noch heute die Türkei bildet, gegen weitere Zersplitterung.

Drei Jahre nachdem osmanische Politiker in Sèvres bei Paris der Zerschlagung des Imperiums zugestimmt hatten, musste in Lausanne noch einmal verhandelt werden. Kemal hatte in zähen Kämpfen Fakten geschaffen, die von den Alliierten nicht mehr revidiert werden konnten. Der Friedensvertrag vom Juli 1923 wurde zur Geburtsurkunde der modernen Türkei.

Die Europäer hatten das Osmanische Reich zerstört. Umso erstaunlicher ist der politische Kurs, den Kemal in den folgenden Jahren mit unbeirrbarer Konsequenz umsetzt: die Europäisierung der Türkei. »Ein amerikanisches Sprichwort lautet: If you can't beat them, join them! – Man muss mit den Wölfen heulen, wenn man sie nicht verjagen kann«, charakterisiert Bernard Lewis die Strategie des Politikers. »Kemal tat beides, und was er in der Folge unternahm, um die europäische Dominanz zurückzudrängen und gleichzeitig die europäische Kultur zu übernehmen, stellt einen Wendepunkt dar, der mit dem Sieg in Konstantinopel und der Niederlage vor Wien vergleichbar ist.«

Kemal, dem man später den Ehrennamen »Atatürk« – Vater der Türken – verleihen wird, räumt in den zwanziger Jahren mit allem auf, was an das Osmanische Reich erinnert. Ein beispielloses Reformprogramm soll den Staat am Bosporus aus dem islamischen Mittelalter in die europäische Moderne katapultieren: Trennung von Staat und Religion, ein Rechtssystem nach westlichem Vorbild, Einführung der europäischen Zeitrechnung mit dem Sonntag als Ru-

Istanbul – die Stadt auf der Grenze zwischen Orient und Okzident.

hetag, Verbot des Schleiers bei Frauen und des Fez bei Männern, Einführung des Frauenwahlrechts, Verbot der Mehrehe, weltliche Schulen und Universitäten – um nur einige der Neuerungen zu nennen. Am sinnfälligsten für die kompromisslose Hinwendung nach Europa ist die Umstellung des Schriftsystems von arabischen auf lateinische Buchstaben, wobei man unter anderem auf die deutschen Umlaute ö und ü zurückgreift. Und noch ein Bruch mit der Geschichte des Osmanischen Reiches: Nicht Konstantinopel, sondern Ankara wird die Hauptstadt der neu gegründeten Republik Türkei.

Es handelte sich um Reformen, die in ihrer Radikalität nur mit den kommunistischen Umwälzungen in Russland oder China vergleichbar sind. Doch fanden sie eben unter völlig anderen Vorzeichen statt. Mit ihnen sollte gerade der Anschluss an die westlichen Demokratien gelingen. Umso weniger gerechtfertigt müssen heute vielen Türken die Vorbehalte europäischer Politiker gegen einen

EU-Beitritt ihres Landes erscheinen – Vorbehalte, die vor allem mit Defiziten gegenüber europäischen Wertvorstellungen begründet werden, etwa im Rechtssystem, im Umgang mit Minderheiten und generell im Zusammenhang mit den Menschenrechten.

Der berühmte britische Historiker Arnold Toynbee bezeichnete die türkische Republik als ein »Denkmal für die Vormachtstellung der westlichen Zivilisation«. Mittlerweile haben sich die Verhältnisse gründlich geändert. In der islamischen Welt nimmt die Attraktivität der westlichen Zivilisation immer mehr ab. Die Polarisierung zwischen den Wertesystemen des Westens und des Islams ist eines der beherrschenden Themen heutiger Weltpolitik. Ob die Türkei den von ihrem Gründungsvater eingeschlagenen Weg weitergehen wird oder ob das Erbe des Osmanischen Reiches doch zählebiger ist, als Atatürk dachte – diese Frage wird die türkische und die europäische Politik auch zukünftig in Atem halten.

GEORG GRAFFE
DANIEL GERLACH

MIT GLANZ UND
GLORIA IN DEN
UNTERGANG

Der 18. Januar 1871, im Spiegelsaal des Schlosses von Versailles: Überall deutsche Uniformen, ordenbehangene Herren, Fahnen, Säbel und Standarten. Die wenigen Zivilisten verlieren sich in der Menge.

In einer militärischen Zeremonie wird der preußische König Wilhelm I. zum deutschen Kaiser ausgerufen. Otto von Bismarck, der zukünftige Reichskanzler und Drahtzieher hinter den Kulissen, verliest mit tonloser Stimme eine nüchterne Proklamation an das deutsche Volk. Schließlich bringt der Großherzog von Baden das protokollarische »Hoch« auf den neuen Kaiser Wilhelm aus.

Doch der strahlende Glanz der historischen Feierstunde bleibt lediglich an der Oberfläche. Unübersehbar nimmt Wilhelm den Kaisertitel nur wider Willen an, weil er fürchtet, die altehrwürdige preußische Krone dadurch zu beschädigen. Auch etliche der anwesenden Fürsten können ihre reservierte Haltung kaum verbergen. »Vor 170 Jahren König, jetzt Kaiser, ein recht gutes Avancement«, bemerkt der sächsische Kronprinz Albert süffisant. Keine vier Jahre ist es her, da hat Albert in Königgrätz noch an österreichischer Seite gegen die Preußen gekämpft.

Bismarck wusste lange vorher, dass er Deutschland wahrscheinlich nur in einem Krieg gegen Frankreich würde einigen können. Als der militärische Konflikt im Juli 1870 schließlich ausbrach, warfen selbst die Süddeutschen ihre alten Ressentiments gegen Preußen

◂◂ Der Maler Anton von Werner hat die Proklamation des Deutschen Kaisers am 18. Januar 1871 im Spiegelsaal des Schlosses von Versailles auf einem Monumentalgemälde festgehalten.

◂ Wilhelm II., dritter und letzter Kaiser des Deutschen Reiches.

über Bord. Die nationale Begeisterung kannte keine Grenzen. Nur die Fürsten selbst zögerten, weil sie um ihre Unabhängigkeit bangten. Der Bayer Ludwig II. musste gar mit Geldgeschenken aus Berlin gefügig gemacht werden.

Ort und Zeitpunkt der Kaiserproklamation hat Bismarck geschickt gewählt. Genau 170 Jahre zuvor, am 18. Januar 1701, war der Kurfürst von Brandenburg zum »König in Preußen« gekrönt worden. Die Kaiserproklamation schien somit den Aufstieg der Hohenzollern-Dynastie zu vollenden. Der Ort kann symbolträchtiger kaum sein. Das prachtvolle Barockschloss von Versailles repräsentiert wie kein zweites Gebäude die Größe der französischen Nation. Ludwig XIV., der Sonnenkönig, hatte es einst zu einem der schönsten monarchischen Herrschaftssitze in Europa ausbauen lassen. Bis zur Revolution 1789 residierten hier die französischen Könige. Dass sich die Geburt des Deutschen Reiches ausgerechnet in Versailles vollzieht, wurde von den Franzosen als perfide Demütigung empfunden und war eine tiefe Genugtuung für die deutsche Nationalbewegung.

Genau dort, wo am 18. Januar 1871 das Deutsche Reich »in den Sattel« gehoben wurde«, wie Bismarck sagte, sollte es 48 Jahre später zugrunde gehen. Am 28. Juni 1919 musste eine deutsche Delegation unter Leitung des Reichsaußenministers Ulrich Graf von Brockdorff-Rantzau einen Friedensvertrag unterschreiben, der nach französischem Willen die Machtstellung Deutschlands zerstören sollte. Nicht zufällig zitierten die Sieger des Ersten Weltkriegs den Gegner in den Spiegelsaal des Schlosses von Versailles – mit der Vertragsunterzeichnung wollten die Franzosen den Gründungsakt des Deutschen Reiches gleichsam ungeschehen machen.

Versailles 1871 und Versailles 1919 – dazwischen lag ein halbes Jahrhundert, in dem sich die wechselvolle Geschichte des Kaiserreichs entfaltete. Nachdem Deutschland nun endlich gleichberechtigte Großmacht geworden war, wollte es bald auch Weltmacht werden. Und tatsächlich: Das Land erlebte einen ungeahnten Aufschwung in Wirtschaft, Wissenschaft und Kunst. Doch es vermochte sich letztlich den neuen Zeiten nicht anzupassen und trug wesentlich dazu bei, dass der Erste Weltkrieg – die »Urkatastrophe des 20. Jahrhunderts« – über Europa und die Welt hereinbrach.

Das Schloss von Versailles – Symbol für Aufstieg und Fall des Deutschen Reiches.

Dieses verhängnisvolle Ende konnte 1871 niemand vorhersehen. Der Sieg über Frankreich und die Gründung des neuen Nationalstaats versetzten die Deutschen in eine beispiellose Euphorie. Im Überschwang seiner Gefühle fasste der Historiker Heinrich von Sybel in Worte, was damals wohl viele Menschen in Deutschland dachten: »Wodurch hat man die Gnade Gottes verdient, so große und mächtige Dinge erleben zu dürfen? Und wie wird man nachher leben? Was zwanzig Jahre der Inhalt alles Wünschens und Strebens gewesen, das ist nun in so unendlich herrlicher Weise erfüllt!«

Was für ein Gebilde war dieses Kaiserreich eigentlich? War es eine zu spät gekommene Großmacht, wie einige Historiker provokant behaupten? Auf jeden Fall war es ein Reich mit einer zuweilen irritierenden Geschichte.

Chronik

Das deutsche Kaiserreich

3. Juli 1866	Schlacht von Königgrätz: Preußen besiegt Österreich
19. Juli 1870	Ausbruch des Deutsch-Französischen Krieges
2. September 1870	Sieg der deutschen Truppen bei Sedan
18. Januar 1871	Kaiserproklamation in Versailles
3. März 1871	Wahlen zum ersten Deutschen Reichstag
25. Mai 1875	Gründung der Sozialistischen Arbeiterpartei Deutschlands (ab 1890 Sozialdemokratische Partei Deutschlands)
1884/85	Erwerb von deutschen Kolonien in Afrika und Asien
9. März 1888	Tod Kaiser Wilhelms I.
15. Juni 1888	Tod Kaiser Friedrichs III., Nachfolger wird Wilhelm II.
20. März 1890	Entlassung Bismarcks
1890–1894	Reichskanzler Georg Leo Graf von Caprivi
1894–1900	Reichskanzler Fürst Chlodwig zu Hohenlohe-Schillingsfürst
1897–1900	Bernhard von Bülow Staatssekretär des Auswärtigen Amtes
6. Dezember 1897	Platz-an-der-Sonne-Rede Bülows im Reichstag: Offizielle Verkündung deutscher Weltmachtambitionen
28. März 1898	Der Reichstag stimmt dem Flottengesetz Alfred von Tirpitz' zu
1900–1909	Reichskanzler Bernhard von Bülow
8. April 1904	Abschluss der Entente cordiale zwischen Frankreich und Großbritannien
1905/06	Erste Marokko-Krise
Oktober 1908	Daily-Telegraph-Affäre
1908/09	Bosnische Annexionskrise
1909–1917	Reichskanzler Theobald von Bethmann Hollweg
1911	Zweite Marokko-Krise
12. Januar 1912	Reichstagswahlen: Die SPD bildet erstmals die stärkste Fraktion

1912/13	Erster und Zweiter Balkankrieg
1913/14	Liman-von-Sanders-Krise
1914	
28. Juni	Ermordung des österreichischen Thronfolgers Franz Ferdinand in Sarajevo
6. Juli	»Blankoscheck« des deutschen Reichskanzlers an Österreich-Ungarn
23. Juli	Übergabe des österreichischen Ultimatums an Serbien
25. Juli	Serbische Antwort auf das Ultimatum
28. Juli	Österreichische Kriegserklärung an Serbien
29. Juli	Russische Teilmobilmachung
30. Juli	Russische Generalmobilmachung
1. August	Deutsche Kriegserklärung an Russland
2. August	Einmarsch deutscher Truppen in Luxemburg
3. August	Deutsche Kriegserklärung an Frankreich, Einmarsch deutscher Truppen in Belgien
4. August	Britische Kriegserklärung an Deutschland
26.–30. August	Schlacht bei Tannenberg
5.–12. September	Marne-Schlacht
1.–3. Mai 1915	Durchbruchsschlacht bei Gorlice-Tarnow; größter militärischer Erfolg der Mittelmächte
1916	
21. Februar – 11. Juli	Schlacht von Verdun
31. Mai/1. Juni	Seeschlacht im Skagerrak
1. Juli – 25. November	Schlacht an der Somme
1917	
6. April	Kriegserklärung der USA an Deutschland
Juli – Oktober	Reichskanzler Georg Michaelis, Nachfolger wird Georg Graf von Hertling
1918	
8. Januar	US-Präsident Woodrow Wilson verkündet seine 14 Punkte
28. Januar	Massenstreiks in Berlin und anderen deutschen Großstädten
3. März	Friedensvertrag von Brest-Litowsk

März – Juli	Erfolglose deutsche Frühjahrsoffensive
8. August	Durchbruch der Alliierten bei Amiens
27. September	Fall der Siegfriedlinie
29. September	Die Oberste Heeresleitung fordert einen sofortigen Waffenstillstand
3. Oktober	Prinz Max von Baden wird Reichskanzler
26. Oktober	General Erich Ludendorff wird entlassen
28. Oktober	Verfassungsreform: Einführung der parlamentarischen Monarchie, Beginn der Meuterei auf Schiffen der deutschen Hochseeflotte
4. November	Beginn des Matrosenaufstands in Kiel
7. November	Revolution in München: Sturz der Wittelsbacher
9. November	Revolution in Berlin: Max von Baden erklärt den Thronverzicht Wilhelms II., Ausrufung der Republik, Friedrich Ebert wird die Kanzlerschaft übertragen
10. November	Wilhelm II. flieht ins holländische Exil
11. November	Unterzeichnung des Waffenstillstandsvertrags durch Matthias Erzberger
28. Juni 1919	Friedensvertrag von Versailles

Reichstagsgebäude in Berlin, erbaut 1884 bis 1894 vom Architekten Paul Wallot.

Auf verworrenen Pfaden

Jahrhundertelang war Deutschland machtlos und zersplittert, seine Bewohner ohne ein echtes Gefühl von Zusammengehörigkeit. Das »Heilige Römische Reich Deutscher Nation«, das auf das ostfränkische Karolingerreich zurückging und seinen ehrwürdigen Namen seit 1432 trug, war weder heilig noch deutsch noch eine Nation, spotten manche Historiker heute. Bereits etliche Zeitgenossen sahen in ihm ein bemitleidenswertes Gebilde – man fragte sich, wie es angesichts seiner zahlreichen Mängel überhaupt funktionieren konnte, und sein Untergang schien unausweichlich. Die territoriale Vielfalt dieses Reiches nahm in der Frühen Neuzeit absurd anmutende Formen an: Auf dem Wormser Reichstag von 1521 zählte man über vierhundert selbstständige Territorien. Die Spannweite reichte von winzigen Einheiten wie der Herrschaft Salem oder der Grafschaft Katzenelnbogen über mittelgroße Gebiete, etwa die Markgrafschaft Baden oder das Fürstbistum Würzburg, bis hin zu den großen Reichsständen wie den Kurfürstentümern Trier und Brandenburg.

Den Kaiser stellten seit 1438 die Habsburger. Deren Stammland, Österreich, gehörte allerdings nur teilweise zum Heiligen Römischen Reich, große Teile lagen außerhalb, etwa Ungarn oder Siebenbürgen. Der Kaiser war damit hin und her gerissen zwischen den Interessen des Reiches und denen der eigenen Dynastie. Hinzu kam, dass Deutschland sich seit der Reformation in Glaubenskriegen selbst zerfleischte. Der Dreißigjährige Krieg von 1618 bis 1648 verwüstete das Land und zementierte die Spaltung in einen protestantischen und einen katholischen Teil. Das Reich sank dadurch zu einem weitgehend machtlosen Gebilde herab, das abhängig war von den Ränkespielen anderer Großmächte. Die führenden deutschen Adelsgeschlechter gingen immer mehr ihre eigenen Wege, so etwa die Hohenzollern in Brandenburg, die Wittelsbacher in Bayern, die Wettiner in Sachsen oder die Welfen in Hannover. Sie alle strebten nach eigenen Königreichen: Die Sachsen erreichten dieses Ziel im Jahr 1697 als Erste, die Welfen 1815 als Letzte.

Im Kampf um die Macht erwiesen sich die preußischen Könige als besonders skrupellos – und als besonders erfolgreich: Friedrich

NORDSEE
KGR. DÄNEMARK
Kopenhagen
KGR. SCHWEDEN
SCHLESWIG
Schleswig
HOLSTEIN
Kiel
Helgoland
brit. 1890 dt.
1891 preuß.
Cuxhaven
zu Old.
Lübeck
GRHZM. MECKLENBURG-SCHWERIN
Schwerin
GRHZM. MECKL.-STRELITZ
Neustrelitz
Wilhelmshaven
Hamburg
HZM. LAUENBURG
Pers.-Union m. Preußen
1876 zu Schl. Holst.
GRHZM. OLDENBG.
Oldenburg
Bremen
HANNOVER
BRAND
Amsterdam
KGR. NIEDERLANDE
Haag
Rotterdam
Weser
FSM. SCHAUMBURG LIPPE
Bückeburg
Hannover
Braunschweig
Magdeburg
Elbe
Potsdam
Berlin
FSM. LIPPE-D.
Detmold
Münster
HZM. BRAUNSCHWEIG
Dessau
HZM. ANHALT
WESTFALEN
Essen
K
G
R.
P
R
zu Hann.
PROV. SACHSEN
Halle
Leipzig
KGR. SACHSEN
Dresden
Antwerpen
Düsseldorf
Arolsen
FSM. WALDECK
Kassel
Brüssel
Rhein
Köln
HESSEN-NASSAU
Maas
KGR. BELGIEN
RHEIN-PROVINZ
zur Rhein-prov.
THÜRINGISCHE STAATEN
GRHZM. LUXEMBG.
bis 1890 in Pers.-Union
mit den Niederlanden
Koblenz
GRHZM.
Frankfurt
HESSEN
Darmstadt
Main
Sedan 1870
Luxemburg
zu Old.
Reims
PFALZ zu Bayern
BADEN
Gravelotte 1870
Metz
Saarbrücken
Spichern 1870
Nürnberg
KGR. BAYERN
B
ÖS
Karlsruhe
Wörth 1870
REICHSLAND ELSASS-LOTHRINGEN
1871 dt.
Straßburg
Stuttgart
KGR. WÜRTTEMBERG
GRHZM. BADEN
FRANKREICH
Donau
Hohenzollern zu Preußen
Augsburg
Inn
München
Belfort
Rhein
Dijon
Basel

Das deutsche Kaiserreich 1871

der Große stellte sich ab 1740 offen gegen das Reich und gegen die Habsburger. Er entriss ihnen Schlesien und konnte diese reiche Beute im Siebenjährigen Krieg (1757–1763) selbst gegen eine gewaltige Übermacht verteidigen. Bereits die Zeitgenossen starrten fassungslos auf das »Mirakel des Hauses Brandenburg«. Niemand hatte damit gerechnet, dass sich das kleine Preußen würde behaupten können. Doch nun stieg es zur Großmacht auf und wurde ein gefährlicher Konkurrent für die Habsburger. Vorerst waren die beiden Mächte noch vereint im Kampf gegen einen gemeinsamen Feind: Frankreich. Napoleon besiegte sowohl die Österreicher als auch die Preußen und löste das Heilige Römische Reich Deutscher Nation 1806 kurzerhand auf. Auf seine Anweisung hin wurde Deutschland neu geordnet: Die vielen kleinen Territorien verschwanden, neue, größere Einheiten entstanden, die aber alle vom Gutdünken Frankreichs abhängig waren. Deutschland blieb ein machtloses Gebilde.

»Am Anfang war Napoleon.« Mit diesem Satz hat der Historiker Thomas Nipperdey sein monumentales Werk zur deutschen Geschichte begonnen. In der Tat schuf der Kampf gegen den französischen Imperator bei den Deutschen zum ersten Mal ein Gefühl von Zusammengehörigkeit, das Bewusstsein, eine gemeinsame Nation zu bilden. Doch die Vertreter der Großmächte, die 1814/15 – nach Napoleons Scheitern – auf dem Wiener Kongress über die neue europäische Friedensordnung verhandelten, gestalteten Deutschland und den Kontinent nicht nach den Wünschen der verschiedenen Nationalbewegungen, sondern nach monarchisch-dynastischen Interessen. Der Deutsche Bund wurde gegründet, ein Zusammenschluss von 41 kleinen und mittleren Staaten und Teilen von Preußen und Österreich. Zu einer eigenständigen kraftvollen Politik war er kaum in der Lage. Das Zentrum Europas wurde von den Großmächten bewusst schwach gehalten.

Mitte des 19. Jahrhunderts brach dann der alte preußisch-österreichische Gegensatz aufs Neue hervor, und 1866 kam es zum Krieg zwischen den beiden Mächten. Auf dem Schlachtfeld von Königgrätz in Böhmen siegten an einem heißen Julitag die Armeen des preußischen Generalstabschefs Helmuth von Moltke. Preußen stieg zur deutschen Vormacht auf, annektierte große Gebiete nördlich des

Die Schlacht bei Sedan brachte am 8. September 1870 die für Preußen glückliche Vorentscheidung im deutsch-französischen Krieg.

Mains und gründete den Norddeutschen Bund, der den Deutschen Bund ablöste. Nur die süddeutschen Staaten blieben abseits, und selbst dem preußischen Ministerpräsidenten Bismarck gelang es vorerst nicht, ihren Widerstand gegen die Schaffung eines von Preußen dominierten Deutschen Reiches zu überwinden.

Erst die von Bismarck raffiniert provozierte Kriegserklärung Frankreichs am 19. Juli 1870 wischte alle Skepsis gegenüber dem preußisch-deutschen Einheitsstaat mit einem Streich beiseite. Der Krieg gegen den »Erbfeind« verschaffte der deutschen Nationalbewegung ungeahnten Zulauf. Als bereits nach wenigen Wochen, am 2. September, die französischen Hauptarmeen bei Sedan vernichtend geschlagen wurden, kannte die Begeisterung in Deutschland keine Grenzen mehr. Der Weg zum machtvollen Deutschen Reich, das den anderen Großmächten erstmals auf gleicher Augenhöhe begegnen konnte, war damit frei.

»Setzen wir es in den Sattel, reiten wird es schon können«

Am 18. Januar 1871 schlägt schließlich die große Stunde: Die deutschen Fürsten proklamieren den preußischen König zum Deutschen Kaiser – das Volk hat dabei kein Wörtchen mitzureden. Nach der ersten geheimen, gleichen und freien Reichstagswahl vom 3. März 1871 stimmt die Volksvertretung dann mit der überwältigenden Mehrheit von 375 zu 7 Stimmen für die neue Reichsverfassung. Diese tritt dann im April 1871 in Kraft.

Das Deutsche Reich war eine konstitutionelle Monarchie, ein monarchischer Bund, dem 26 Mitglieder angehörten, genauer vier Königreiche, sechs Großherzogtümer, fünf Herzogtümer, sieben Fürstentümer und drei freie Städte, außerdem das Reichsland Elsass-Lothringen. Vom Prinzip der Volkssouveränität war man noch weit entfernt. Inhaber der staatlichen Macht waren vielmehr die regierenden Fürstenhäuser und die drei freistädtischen Senate. In dem zutiefst monarchisch geprägten Staatsgefüge thronte über allem ein starker Kaiser. Völlig ungebunden ernannte er den Reichskanzler, der nur ihm verpflichtet war, und er bestimmte über Krieg und Frieden. Die Exekutive war damit der parlamentarischen Kontrolle entzogen. Die Legislative nahmen Reichstag und Bundesrat gemeinsam wahr. Doch der monarchisch dominierte Bundesrat, in dem die Einzelstaaten vertreten waren, konnte etwaigen Bemühungen des Reichstags um eine liberalere Gesellschaftsordnung jederzeit einen Riegel vorschieben.

Reichskanzler Bismarck sorgte ferner dafür, dass die Parlamentarier kaum Einfluss auf militärische Entscheidungen nehmen konnten. So übte denn auch der Kaiser die weit gehende Kontrolle über den Militärapparat aus. Bismarck verstand es in den Folgejahren stets, eine Parlamentarisierung der bewaffneten Macht konsequent zu verhindern, das heißt dem Reichstag die Möglichkeit zu verwehren, in militärische Belange hineinzureden. So wies er 1883 den damaligen Kriegsminister Georg von Kameke erfolgreich in die Schranken, als dieser die Nähe zum Reichstag suchte und ihm ein gewisses Mitspracherecht einräumen wollte. »Ein parlamentarischer

General in aktivem Dienste ist stets eine unpreußische Erscheinung, als Kriegsminister aber eine gefährliche«, kommentierte Bismarck scharfzüngig. »Damit würde eine Zukunft angebahnt werden, in welcher die monarchische Tradition unseres Heeres langsam, aber sicher hinfällig werden müsste.«

Im Zentrum der Politik des Reiches stand der Kaiser. Vollkommen ungebunden wählte der Monarch seinen Reichskanzler, und weitgehend unabhängig dirigierte er den Militärapparat. Bis Ende der 1880er Jahre bestimmten Wilhelm I. und Otto von Bismarck die Geschicke des Landes. Sie waren ein eingespieltes »Team« und teilten dieselben konservativ-monarchischen Grundüberzeugungen. Der Kaiser ließ Bismarck daher weitgehend freie Hand.

Als Wilhelm I. im März 1888 mit 91 Jahren stirbt, folgt ihm sein Sohn auf den Thron. Der neue Kaiser Friedrich III. ist mit der ältesten Tochter der englischen Königin Victoria verheiratet und steht den Ideen des Liberalismus nahe. Aber wie es im Leben so geht: Die Weichen der Geschichte werden oft durch Zufälle gestellt. Eine tödliche Krankheit ist es, die den neuen Kaiser nur 99 Tage mehr schlecht als recht regieren lässt: Er leidet an Kehlkopfkrebs. Im Juni 1888 stirbt Friedrich III. im Alter von nur 56 Jahren.

Wilhelm II. und seine Gemahlin, Kaiserin Auguste Viktoria. Postkarte zum 25-jährigen Thronjubiläum.

Vielfach ist diskutiert worden, was passiert wäre, wenn Friedrich III. länger regiert hätte. Wäre es ihm wohl gelungen, in Deutschland eine parlamentarische Monarchie nach britischem Vorbild einzuführen? Kurz- und mittelfristig hätte sich am Staatsgefüge des Reiches vermutlich wenig geändert. Zu fest war die monarchische Idee im Denken der Eliten verankert, zu sehr wäre auch Friedrich III. von Bismarck abhängig gewesen, dem vermeintlich genialen Leiter der Außenpolitik. Langfristig allerdings hätten sich die Verhältnisse sehr wohl liberalisieren lassen. Der frühe Tod Friedrichs III. raubte dem Deutschen Reich eine Chance auf politische Veränderung, die sich auf den verhängnisvollen Verlauf der deutschen und der europäischen Geschichte fundamental ausgewirkt hätte.

Im Juni 1888 bestieg Friedrichs Sohn, der nur 29 Jahre alte Wilhelm II., den Thron. Der junge Monarch, ein unsteter Charakter, war unerfahren und lehnte liberales Gedankengut zutiefst ab. Vermag man die antiliberale Haltung Wilhelms I. noch aus der Tatsache heraus begreifen, dass er einer Epoche entstammte, die Verfassung und Parlament nicht kannte, so galt dies für den 1859 geborenen Wilhelm II. nicht. Doch auch unter seiner Herrschaft verharrte das Reich im monarchischen Konservatismus. Es gab kaum Spielraum für innenpolitische Reformen. Erst als im Oktober 1918 der militärische Zusammenbruch unmittelbar bevorstand, wurde die parlamentarische Monarchie eingeführt, und schon wenige Tage später ging sie zusammen mit dem Kaiserreich unter.

Innenpolitik zwischen Agonie und Euphorie

Scheiterte das Kaiserreich also an einer verknöcherten, rückwärts gewandten Innenpolitik? Eine solche Antwort liegt auf der Hand – und doch übergeht sie wichtige historische Fakten. Vergessen wird dabei beispielsweise, dass das deutsche Wahlrecht von 1871, das eine geheime, gleiche und direkte Abstimmung für alle Männer ab 25 Jahren vorsah, weit fortschrittlicher war als die Wahlregularien in den meisten anderen Monarchien Europas, auch als die in Großbritannien. Allerdings hatte Bismarck dieses Gesetz nicht aus Liebe zur Demokratie entworfen, sondern aus politischem Kalkül: Er ging davon aus, dass in dem agrarisch geprägten Deutschen Reich die breite Schicht der armen Landbevölkerung konservativ wählen und die liberalen, bürgerlich-großstädtischen Kreise überstimmen würde. Etwas Freiheit gewähren, um mehr Freiheit zu verhindern – das war Bismarcks Überlegung.

Diese Rechnung ging freilich schon bald nicht mehr auf. Im ersten Reichstag konnte Bismarck sich noch auf eine satte Mehrheit von Konservativen und Nationalliberalen stützen. Deren Fraktionen schmolzen im Laufe der nächsten Jahrzehnte aber mehr und mehr zusammen – zugunsten des Zentrums, der katholischen Volkspartei, und vor allem der stetig wachsenden Sozialdemokratie. Diese Entwicklung entsprach dem allgemeinen Trend des ausgehenden 19. Jahrhunderts, auch wenn das Wahlsystem, genauer gesagt der Zuschnitt der Wahlkreise, die Konservativen begünstigte.

Auf jeden der 382 Wahlkreise entfielen 1871 rund 100 000 Einwohner. Da sich jedoch der starke Bevölkerungszuwachs der folgenden Jahre nicht gleichmäßig auf das Reich verteilte, sondern vor allem die Städte betraf, gingen die Einwohnerzahlen in den Wahlkreisen bald weit auseinander: Im bevölkerungsreichsten Bezirk, Teltow-Charlottenburg, lebten vor dem Ersten Weltkrieg 338 700 Wahlberechtigte, im kleinsten, in Schaumburg-Lippe, hingegen nur 10 700. Trotzdem stellten beide Kreise je einen Reichstagsabgeordneten. In den urbanen Zentren, die neben dem liberalen Bürgertum auch eine wachsende Industriearbeiterschaft beherbergten, wog eine Stimme also viel weniger als in den eher konservativ geprägten ländlichen Regionen. Die Folgen zeigten sich etwa bei der Reichstagswahl von 1884: Die Sozialdemokraten erhielten zwar 170 000 Stimmen mehr als die Konservativen, bekamen jedoch vier Parlamentssitze weniger zugesprochen.

Den Aufstieg der SPD konnte die ungerechte Wahlkreiseinteilung aber nicht verhindern. 1912 stellte sie mit 110 Sitzen die mit Abstand stärkste Fraktion im Reichstag, gefolgt vom Zentrum, das 91 Abgeordnete einbrachte, obwohl es nicht einmal halb so viele Stimmen erhalten hatte. Auch wenn die Sozialdemokraten keine politische Macht besaßen, schien ihr Siegeszug unaufhaltsam. Die Bedrohung durch diese Partei, die zu dieser Zeit noch auf Revolution und Kaisersturz zielte, hing wie ein Damoklesschwert über den Konservativen des Reiches.

Doch nicht nur von Seiten der Sozialdemokraten drohte der Regierung Ungemach: In den ersten Jahren nach der Reichsgründung stand die Innenpolitik zunächst im Zeichen von Bismarcks Kampf gegen die katholische Kirche. In diesen heftigen Konflikten musste der Kanzler schwere Niederlagen hinnehmen. Den Problemen war

Otto von Bismarck (1815-1898), der Architekt und die Symbolfigur für die Erfolgsgeschichte des Deutschen Reiches.

mit den Mitteln traditioneller Machtpolitik nicht mehr beizukommen, nicht einmal dann, wenn ein so geschickter Stratege wie Bismarck agierte. Der Weg in die politische Zukunft des Reiches konnte letztlich nur über allmähliche Reformen führen – aber war das den Herrschenden bewusst?

Die Auseinandersetzung mit dem politischen Katholizismus gärte bereits in der ersten Hälfte des 19. Jahrhunderts. Im Kern ging es um die Trennung von Staat und Kirche, um die Beschränkung ihres gesellschaftlichen Einflusses auf den seelsorgerischen Bereich. Nach Gründung des Reiches brach der Konflikt, den man nun »Kulturkampf« nannte, offen aus. Eine Reihe von Gesetzen gegen die katholische Kirche wurde erlassen. 1872 verbot man den Jesuiten-Orden im Reich und stellte die Schulen unter staatliche Aufsicht. Im Jahr darauf übernahm der Staat die Kontrolle über die innerkirchliche Personalpolitik. 1874 führte die Regierung die noch heute übliche Zivilehe ein – seither ist für Heiratswillige nicht die Kirche, sondern das Standesamt die erste Adresse. Doch all diese Maßnahmen brachten Bismarck nicht den erhofften Erfolg, der kirchliche Einfluss ließ sich nicht vollständig zurückdrängen. Das wäre nur dann möglich gewesen, wenn die deutschen Katholiken sich vom Papst losgesagt und eine nationale Kirche, etwa nach englischem Vorbild, gegründet hätten. Doch davon konnte keine Rede sein.

Zwar gab es auch unter deutschen Katholiken durchaus Kritik an Papst Pius IX., der – seit 1846 im Amt – alle liberalen Tendenzen der Zeit verdammte. Aber Bismarcks Kreuzzug gegen die Kirche schweißte das katholische Lager im Reich nur noch enger zusammen. Bei der Reichstagswahl vom Januar 1877 konnte die katholische Zentrumspartei ihre Wählerstimmen verdoppeln und die Zahl der Mandate von 63 auf 91 steigern. Bismarck war mit seinem Kulturkampf gescheitert, und das erkannte er auch. Getreu dem Motto, man solle sich mit dem Gegner verbünden, den man nicht besiegen kann, ging er auf die katholische Kirche zu, als Pius IX. im Jahr 1878 starb und sein Nachfolger Leo XIII. sich den weltlichen Mächten gegenüber wesentlich kompromissbereiter zeigte. Die meisten Kulturkampfgesetze wurden bis 1887 wieder abgeschafft oder zumindest abgemildert.

Wenngleich es Bismarck im »Kulturkampf« nicht gelungen war, die katholische Zentrumspartei politisch auszuschalten, erwies sich andererseits der Schulterschluss mit den Liberalen als überaus fruchtbar. Die parlamentarische Basis erlaubte es, den Verfassungsrahmen mit Hilfe zahlreicher Gesetze auszugestalten. In kurzer Zeit entwickelte sich das Reich zu einem homogenen Verwaltungs- und Wirtschaftsraum. Zwischen 1871 und 1875 traten insgesamt 167 Gesetze in Kraft, durch die unter anderem das Handels- und das Strafgesetzbuch vereinheitlicht sowie die Währungs- und Münzeinheiten in Deutschland festgelegt wurden.

Querschüsse

Auf einen Schlag geraten dann die Sozialdemokraten ins Visier des »Eisernen Kanzlers«: Es ist ein milder Frühlingstag, der 11. Mai 1878, als Schüsse durch die Straßen Berlins hallen. Schüsse, die dem Kaiser gelten, aber ihr Ziel verfehlen. Der Attentatsversuch des Handwerksgesellen Max Hödel ist ein willkommener Vorwand für einen zweiten »Kreuzzug«, diesmal gegen die Sozialdemokratie. Dabei geht es nicht nur darum, die verhassten Sozialdemokraten zu schwächen. Bismarck zielt zugleich auf die Liberalen. Indem er mit seinem bisherigen Bündnispartner bricht, vollzieht er eine innenpolitische Wende. Insgeheim hat er die konservativ-liberale Koalition früher schon für unnatürlich gehalten. Außerdem verliert die Partei in der Gunst der Wähler, und es ist abzusehen, dass sie die geplanten Gesetze gegen die Sozialdemokraten nicht mittragen wird. Eine gute Gelegenheit, das gemeinsame Tischtuch zu zerschneiden.

Als am 2. Juni 1878 erneut ein Attentäter auf den Kaiser schießt und ihn schwer verletzt, greift Bismarck durch. Er löst den Reichstag auf und veranlasst Neuwahlen. Keiner der beiden Attentäter, das ist schnell klar, hat irgendetwas mit der SPD zu tun. Dessen ungeachtet steht der Wahlkampf, der nun entbrennt, ganz im Zeichen der Agitation gegen die »vaterlandslosen Gesellen«, wie Bismarck die Sozialdemokraten nennt. Eine beispiellose Hetze gegen die Partei August Bebels vergiftet das innenpolitische Klima. Der einflussreiche Historiker Heinrich von Treitschke diffamiert die Sozialdemokratie gar als »Schule des Verbrechens«.

Mit Rückendeckung der von ihm beeinflussten Presse arbeitet Bismarck darauf hin, die Konservativen weiter zu stärken, nachdem die Liberalen das Sozialistengesetz im Reichstag erwartungsgemäß abgelehnt haben. Gezielt schürt der Kanzler die Ängste vor einer ra-

Bismarck auf dem Berliner Kongress, dargestellt als »ehrlicher Makler« zwischen den Großmächten.

dikalen Linken, die in bürgerlichen Kreisen seit der Revolution von 1848 tief verwurzelt sind. Bei der Wahl am 30. Juni 1878 können die Konservativen tatsächlich Gewinne verzeichnen, während Sozialdemokraten und Liberale Stimmen verlieren. Dennoch bleiben die Liberalen stärkste Fraktion, sodass Bismarck nun auf eine Zusammenarbeit mit dem Zentrum angewiesen ist.

Im Oktober 1878 geht das »Gesetz gegen die gemeingefährlichen Bestrebungen der Sozialdemokratie« mit Unterstützung des Zentrums durch den Reichstag. Dieses Gesetz beschneidet die Presse-, Meinungs- und Versammlungsfreiheit der Partei und ihrer Mitglieder empfindlich, etliche Funktionäre kommen in Haft. Für die SPD ist das ein schwerer Schlag. Allerdings kann Bismarck die Bewegung nicht zerschlagen, sondern nur vorübergehend eindämmen. Schon verzeichnet die SPD neue Wahlerfolge. 1890 erhält sie schließlich die meisten Stimmen und stellt 35 Abgeordnete im Reichstag. Die Zeiten haben sich geändert: In den expandierenden Industriestädten ist mit den Arbeitermassen ein gewaltiges Wählerpotenzial für die Partei herangewachsen.

Daran ändern auch die sozialpolitischen Maßnahmen nichts, die Bismarck parallel zum Sozialistengesetz auf den Weg bringt. »Wenn der Arbeiter keinen Grund mehr zur Klage hätte, wären der Sozialdemokratie die Wurzeln abgegraben«, lautet das nüchterne Kalkül des Kanzlers. Zwischen 1883 und 1889 wird in Deutschland mit Unfall-, Kranken-, Invaliditäts- und Altersversicherung ein soziales Netz installiert. An der Finanzierung beteiligen sich nicht nur der Staat, sondern auch Arbeitgeber und Arbeitnehmer. Zwar bieten die Versicherungen nur bescheidene Leistungen. Dennoch – das Deutsche Reich hat das modernste Sozialsystem dieser Zeit. In den meisten anderen Ländern Europas gibt es überhaupt keinen Versicherungsschutz für Arbeiter. Das neue System federt soziale Härten ab, und die Einnahmen aus der Krankenversicherung steigern die Qualität der medizinischen Versorgung. Die Säuglingssterblichkeit etwa geht spürbar zurück.

Trotz der unbestreitbaren Errungenschaften in der Sozialgesetzgebung fällt Bismarcks innenpolitische Bilanz ernüchternd aus. Die drohende Spaltung des Landes lässt sich nicht übersehen. Wo bleibt die politische Integrationsfigur, die in der Lage wäre, die Gräben zwischen Parteien und Interessengruppen einzuebnen, das Deutsche Reich behutsam zu verändern und so auf die Herausforderungen der Zukunft einzustellen? Der 1815 geborene, erzkonservative Bismarck ist dazu kaum in der Lage.

Wilhelm Liebknecht und August Bebel, die führenden Abgeordneten der Sozialdemokraten. Idole für die einen, Vaterlandsverräter für die anderen.

»Mit Volldampf voraus«

»Der liebe Wilhelm hat wieder eine neue Rede mit vielem Gedröhn losgelassen. Ich wünschte, die deutsche Regierung gäbe die Politik der fortwährenden Feuerwerke, Aufsehen erregenden Überraschungen usw. auf, da die Eitelkeit und die Einbildung des Publikums und sein übertriebenes Nationalgefühl dadurch bis zu einem vollkommen lächerlichen Grade aufgestachelt werden«, schrieb Königin Viktoria, die britische Mutter des deutschen Kaisers, am 4. Juli 1900. Mit großer Sorge hatte sie registriert, wie nach dem Amtsantritt ihres Sohnes eine neue Ära begann – man sollte sie später nach dem Regenten als »Wilhelminismus« bezeichnen.

Wilhelm II. war eine ambivalente, schillernde Persönlichkeit. Wie kein zweiter Hohenzoller der jüngeren deutschen Geschichte prägte er sich dem Gedächtnis der Nachwelt ein, und sein aus heutiger Sicht oft operettenhaft anmutendes Auftreten verleitete manchen Biographen zu Überzeichnungen, die Karikaturen gleichkamen. Aber: »War der Kaiser an allem schuld?«, so fragte unlängst der Historiker Wolfgang J. Mommsen ironisch angesichts der Flut von kritischen Publikationen über Wilhelm II.

Sicherlich war »Wilhelm Imperator Rex« keine politische Lichtgestalt. Eher ein harmloser Gutmensch, wie der Historiker Alexander Demandt urteilt. Schon früh litt Wilhelm nicht nur unter seinem von Geburt an verkrüppelten linken Arm, sondern auch unter den dilettantischen Bemühungen diverser Mediziner, diese Behinderung zu beseitigen. Das Verhältnis zu seiner Mutter Viktoria und die Erziehung durch seinen Hauslehrer Georg Hinzpeter prägten den jungen Thronfolger nachhaltig. Viktoria, eine hochintelligente, selbstbewusste Frau, behandelte ihren Sohn mit großer Kühle. Sie reagierte überaus reserviert, zuweilen mit Abscheu auf ihr preußisches Umfeld, in dem sie sich seit der Eheschließung mit Kronprinz Friedrich Wilhelm – dem späteren Kaiser Friedrich III. – bewegte.

Wilhelm entwickelte eine Art Hassliebe zu Großbritannien. Einerseits bewunderte er die Lebensart und die imperiale Größe des Landes. Andererseits litt er unter nationalen Minderwertigkeitsgefühlen und lehnte die von seinen Eltern bevorzugte parlamentarische Monarchie ab. Hinzpeter war bestrebt, ihm Tugenden wie Pflichterfüllung, Selbstbeherrschung und Nächstenliebe zu vermitteln. Er hatte damit nur teilweise Erfolg, was auch an seinen harten Methoden gelegen haben mag. Das sprunghafte, unbeherrschte Wesen des Thronfolgers, seine Rastlosigkeit, sein Hang zu vorschnellen Urteilen, sein Mangel an Takt – all das wirkte den Disziplinierungsversuchen des Hauslehrers entgegen. Oder war es eine Folge davon? Allerdings darf nicht übersehen werden, dass Wilhelm der Erziehung durch Hinzpeter wichtige Anregungen verdankte, insbesondere im Bereich der Sozialpolitik. Auf die pädagogischen Fähigkeiten des Lehrers waren auch die überdurchschnittliche Auffassungsgabe, das gute Gedächtnis und nicht zuletzt die Großzügigkeit des jungen Monarchen zurückzuführen.

Als Wilhelm den Thron bestieg, war er fest entschlossen, ein »persönliches Regiment« zu führen und die staatspolitischen Geschäfte selbst zu lenken. »Wer gegen mich ist, den zerschmettere ich«, verkündete er wenig konziliant. Und wenig später meinte er großspurig mit Blick auf Bismarck: »Sechs Monate will ich den Alten verschnaufen lassen, dann regiere ich selbst.« Solche Äußerungen mussten ihn zwangsläufig in Konflikt mit dem Kanzler bringen, der nicht bereit war, auf seine zentrale Rolle in der Politik des Reiches zu verzichten. Bereits im März 1890 trat Bismarck entnervt zurück, weil er Wilhelms Eingriffe in seine Sozialpolitik nicht länger hinnehmen wollte. Der Kaiser zeigte wenig Bedauern über den Abgang jenes Vollblutpolitikers, der die deutschen Geschicke während der letzten Jahrzehnte im Wesentlichen gelenkt hatte. »Der Kurs bleibt der alte, und nun Volldampf voraus!« lautete Wilhelms lakonischer Kommentar zur Demission Bismarcks.

Aber kann man für die Zeit von 1888 bis 1914 wirklich von einem »persönlichen Regiment« des Kaisers sprechen? Übernahm er tatsächlich die politische Führungsrolle, die Bismarck so virtuos ausgeübt hatte? Und prägte dieser Monarch wirklich die »wilhelminische« Epoche, oder verhielt es sich gerade andersherum: War er vielleicht nur ein Produkt seiner Zeit?

Wilhelm II. ließ keine Gelegenheit ungenutzt, um öffentlich seine Machtfülle zu demonstrieren, über das Gottesgnadentum zu

schwadronieren, den Reichstag schlecht zu machen und sich in Staatsstreichplänen zu ergehen. Doch sein tatsächlicher Einfluss auf die Staatsgeschäfte blieb begrenzt. Es war eher der Schein von Macht, der ihn umgab und der die Wahrnehmung des Monarchen im In- und Ausland prägte. Wilhelm II. war allzu wankelmütig, um der deutschen Politik seinen Stempel aufdrücken zu können. In seiner Sprunghaftigkeit vergaß er rasch, was er eben noch vehement vertreten hatte, und seine Empfänglichkeit für Schmeicheleien machte ihn höchst beeinflussbar.

»Der Lotse geht von Bord« – berühmte Karikatur in der britischen Zeitung »Punch«.

Nach 1888 sollte die Reichsleitung nie mehr so geschlossen auftreten, wie das unter Bismarck und Wilhelm I. der Fall gewesen war. Faktisch zerfiel die Führungsspitze bald in verschiedene, zuweilen widersprüchlich agierende Machtzentren, von denen Wilhelm II. nur eines war. Der Reichskanzler, das Auswärtige Amt, der Generalstabschef und enge Vertraute des Kaisers übten massiven Einfluss aus. Je nach Konstellation vermochte sich diese oder jene Fraktion durchzusetzen, die Allianzen wechselten. Eine einheitliche, kontinuierliche und prinzipienfeste Führung gab es im Deutschen Reich nicht mehr.

Chronik

Der Hauptmann von Köpenick

Kaum jemand hat der wilhelminischen Gesellschaft so schonungslos den Spiegel vorgehalten, wie das der Schustergeselle Friedrich Wilhelm Voigt in einem genialen Streich getan hat.

Zunächst deutet wenig darauf hin, dass Voigt zu einem der bekanntesten Deutschen der Kaiserzeit werden sollte. 1849 als Sohn eines Schuhmachers in Ostpreußen geboren, landet er mit vierzehn Jahren wegen Diebstahls zum ersten Mal im Gefängnis. Sechsmal wird er in den kommenden Jahrzehnten verurteilt, zuletzt sitzt er fünfzehn Jahre lang wegen schweren Raubes. Nach seiner Freilassung im Februar 1906 verschlägt es ihn nach Berlin. Hier kommt ihm die Idee zu einem bravourösen Coup.

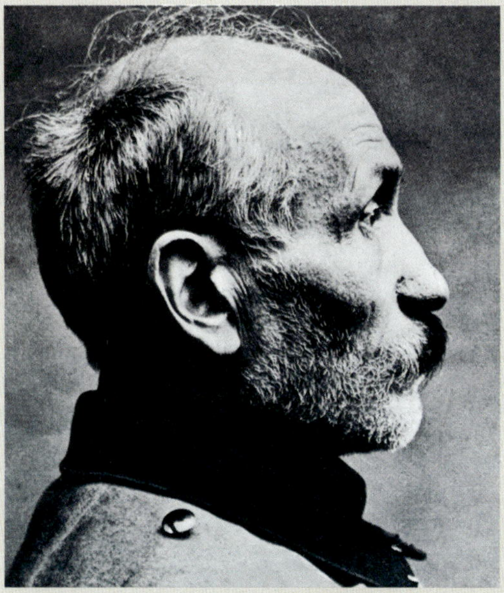

Der Schustergeselle Friedrich Wilhelm Voigt alias »Hauptmann von Köpenick«.

Bei verschiedenen Trödlern besorgt er sich die Teile der Uniform eines Hauptmanns des 1. Garderegiments zu Fuß und hält am Mittag des 16. Oktober auf der Straße zwei Trupps Soldaten an. Unter Berufung auf eine allerhöchste Kabinettsorder unterstellt er sich die zehn Mann und marschiert mit ihnen zum Rathaus von Köpenick. Er verhaftet den Bürgermeister Dr. Georg Langerhans und beschlagnahmt gegen Quittung das Bargeld aus der Stadtkasse. Anschließend lässt er den Bürgermeister zur Neuen Wache nach Berlin abtransportieren und verschwindet mit viertausend Mark.

Zehn Tage später wird Voigt von der Polizei aufgegriffen, das Landgericht Berlin verurteilt ihn zu vier Jahren Gefängnis. Ganz Deutschland lacht darüber, dass niemand es wagte, die Legitimation einer preußischen Uniform in Frage zu stellen. Selbst der Kaiser amüsiert sich. »Das soll uns mal jemand nachmachen«, soll er gesagt haben und begnadigt Voigt 1908. Dieser reist durch Deutschland, England und die USA, erzählt überall seine Geschichte und signiert Fotos, die ihn in der berühmten Hauptmannsuniform zeigen. Durch den Verkauf seiner Memoiren kommt er erstmals zu Geld. Am 3. Januar 1922 stirbt Friedrich Wilhelm Voigt mit 72 Jahren in Luxemburg.

Krisen

Wie wenig Einfluss der Kaiser auf den Gang der Reichspolitik hat, zeigen die Krisen, die nach der Jahrhundertwende die internationalen Beziehungen erschüttern. Wilhelm II. ist im Grunde nicht in der Lage, positiv gestaltend auf die Politik einzuwirken. Das macht insbesondere die so genannte Daily-Telegraph-Affäre vom Oktober 1908 deutlich. In diesem Monat veröffentlicht der britische Oberst Edward Stuart Wortley im Londoner Massenblatt »Daily Telegraph« eine Sammlung von Gesprächsnotizen, die er bei einem Besuch Wilhelms II. auf seinem Landsitz Highcliff Castle auf der Insel Wight angefertigt hat. Der deutsche Kaiser stellte sich Wortley gegenüber pathetisch als persönlicher Freund der Briten dar und behauptete zugleich, dass die Mehrheit seiner Landsleute antibritisch eingestellt sei. Ferner, so rühmte sich der Monarch, habe er während des Burenkriegs im Alleingang eine Koalition der Großmächte gegen England verhindert, und überhaupt sollten die Briten wegen des deutschen Flottenbaus nicht beunruhigt sein. Dieser richte sich in keiner Weise gegen England – vielmehr werde man in London eines Tages noch dankbar sein, die deutsche Flotte auf seiner Seite zu haben.

In Großbritannien, mehr noch aber in Deutschland lösen diese unbedachten Äußerungen einen Sturm der Entrüstung aus, und bis weit ins konservative Lager hinein üben Politiker massive Kritik an Wilhelm II. Die Baronin Hildegard von Spitzemberg, die als Gattin des württembergischen Gesandten in Berlin zum engeren Kreis der Hofgesellschaft gehört, nennt das Interview »das Beschämendste, Kläglichste, Indiskreteste und Bedenklichste, was der Kaiser sich bisher geleistet hat. Allgemein herrscht der Eindruck, der Kaiser ruiniert die ›politische Stellung‹ Deutschlands und macht es ›zum Gespött der Welt‹.«

Wenn es Wilhelm II. also nicht gelang, die deutsche Politik maßgeblich zu bestimmen, warum wurde und wird das Kaiserreich – und vor allem sein Untergang – dann derart mit diesem Monarchen in Verbindung gebracht? Vielleicht, weil er all das in seiner Person

Kurz vor dem Ersten Weltkrieg ist Deutschland hinter den USA zur zweitgrößten Wirtschaftsmacht der Welt aufgestiegen.

bündelte, was den damaligen Zeitgeist ausmachte? In Wilhelm II. erkannten sich zweifellos große Teile der Öffentlichkeit wieder – in seiner nonchalanten Gestik, seiner nervösen Betriebsamkeit und seinem Faible für technische Neuerungen. In den Augen der meisten Zeitgenossen repräsentierte er das Reich und die Deutschen viel besser, als das Wilhelm I. und Bismarck zum Schluss getan hatten, die beide aus einer anderen Epoche stammten. Insofern wird die Zeit ab 1888 zu Recht als »wilhelminisch« bezeichnet.

Das ändert aber nichts daran, dass Deutschland dringend einen Monarchen gebraucht hätte, der mit seiner Autorität nach innen wie nach außen ausgleichend und reformierend wirken konnte – gerade weil überall der Ruf nach Veränderungen ertönte, ob es um eine deutsche Weltpolitik ging oder um die Parlamentarisierung der Staatsgeschäfte. Wilhelm II. erfüllte diese Rolle gewiss nicht. Bismarck beschrieb ihn treffend als einen »Brausekopf«, der nicht schweigen könne, Schmeichlern zugänglich sei und Deutschland womöglich ungewollt in einen Krieg stürzen würde. Der junge Kaiser war damit überfordert, auf die innen- wie außenpolitisch zunehmend verfahrene Situation angemessen zu reagieren. Aufmerksamen Zeitgenossen entging das keineswegs. Besorgt notierte Baronin Spitzemberg am 31. Dezember 1890 in ihr Tagebuch: »Das letzte Jahrzehnt des Jahrhunderts treten wir an im Zeichen der jungen Generation, die, mit ihrem stürmischen Kaiser unerwartet früh ans Ruder gekommen, mit vollen Segeln in das wild bewegte Zeitenmeer hinaustreibt. Wohin?«

Innenpolitische Blockade

Das größte tatsächliche innenpolitische Problem, für das diese Zeit keine Lösung fand, war die fortschreitende Spaltung der politischen Kräfte im Land – eine Erblast, die Wilhelm II. von Bismarck übernommen hatte. Auf der einen Seite stand die stetig wachsende SPD, die 1913 bereits 1,1 Millionen Mitglieder zählte. Auf der anderen Seite agierten die Konservativen und die Nationalliberalen, in enger Verbindung mit nationalistisch-militaristischen Interessenverbänden, die die öffentliche Meinung im Reich immer geschickter zu lenken verstanden. Zu den einflussreichsten dieser Gruppen gehörten der Alldeutsche Verband, der Kolonialverein, der Flottenverein und der Kyffhäuser-Bund mit 2,8 Millionen in Wehrvereinen organisierten Mitgliedern. In die Propaganda dieser Verbände mischten sich auf immer aggressivere Weise antisemitische Töne, besonders bei den Alldeutschen. Bei den Wahlen von 1912 gewann die antisemitische Partei mit 3 Prozent der Stimmen immerhin 13 Sitze im Reichstag. Der zunehmende Antisemitismus in der Politik war insofern paradox, als die große Mehrheit der deutschen Juden sich längst assimiliert hatte und sich mit dem Nationalstaat identifizierte.

Die Reichskanzler waren im Grunde nicht darauf angewiesen, sich nach irgendwelchen Interessenverbänden zu richten, und sie konnten von Kaisers Gnaden auch ohne parlamentarischen Rückhalt im Amt bleiben. Allerdings waren sie auf Zustimmung im Reichstag angewiesen, um den Gesetzgebungsprozess effektiv gestalten zu können. Weil das Zentrum und die Sozialdemokratie stetig expandierten und Liberale wie Konservative gleichzeitig immer mehr Wähler verloren, gab es im Parlament keine klaren Mehrheitsverhältnisse mehr. Die einzelnen Blöcke waren zu dauerhaften Koalitionen nicht in der Lage, die Gräben zwischen ihnen waren zu tief. Politische Programme und weltanschauliche »Wahrheiten« wetteiferten erbarmungslos miteinander. Es blieb bei vorübergehenden Kooperationen bei Einzelfragen. In den Jahren von 1900 bis 1909 konnte Reichskanzler Bernhard von Bülow für einen gewissen Ausgleich bei den innenpolitischen Zwistigkeiten sorgen. Doch

Hofstaatliches Zeremoniell auf seinem Höhepunkt: Regierungsjubiläum von Kaiser und Kaiserin.

das eigentliche Problem blieb ungelöst: Nach wie vor haperte es gewaltig bei der Anpassung der politischen Strukturen an die Erfordernisse der neuen Zeit.

Preußen etwa war nicht gewillt, von seinem traditionellen Dreiklassenwahlrecht abzurücken. In den beiden mecklenburgischen Großherzogtümern gab es sogar noch eine ständische Landesvertretung wie zu Urgroßvaters Zeiten, Wahlen fanden hier überhaupt

nicht statt. Reichskanzler Theobald von Bethmann Hollweg (1909–1917) bemühte sich vergeblich, mit einer »Politik der Diagonalen« zwischen den Lagern zu vermitteln. Er entfremdete sich damit sowohl von den Konservativen als auch von den linken Kräften.

Die innenpolitische Krise erreichte 1913 ihren Höhepunkt, als es nicht gelang, einen Finanzierungsrahmen für die Heeresvorlage zu zimmern, mit der die weitere Aufrüstung des Reiches durchgesetzt werden sollte. Da die Konservativen eine Vermögenszuwachssteuer vehement ablehnten, wurde das Gesetz schließlich von einer Mitte-links-Koalition unter Einschluss der SPD verabschiedet – für das politische Selbstverständnis der Regierung ein ungeheuerlicher Vorgang. Vierzig Jahre lang hatte man die Sozialdemokraten bekämpft, eine Zusammenarbeit mit ihnen war eigentlich unvorstellbar. Und nun doch? Die alten Eliten waren gefangen zwischen dem von links ertönenden Ruf nach politischen Veränderungen und dem eigenen Credo des konservativen Beharrens. Wie konnte diese Spannung ausgehalten werden, wenn nun noch die Belastungen eines großen Krieges hinzukamen?

Deutschland in Europa

Nach 1871 geriet Europa in Umbruch. Durch die Niederlage Frankreichs und den Sieg Deutschlands wurden die bislang gewohnten Rollen vertauscht: Das einst so starke Frankreich lebte fortan in Angst vor seinem scheinbar übermächtigen Nachbarn. Auch die anderen Großmächte beobachteten die neue Kraft in der Mitte Europas aufmerksam und irritiert. Hatte man eben noch den französischen Herrscher Napoleon III. kritisch beäugt, so richteten sich die Blicke nun auf Otto von Bismarck. Schon vier Jahre nach dem Ende des Deutsch-Französischen Krieges schien ein erneuter Waffengang gefährlich nahe. In der »Krieg-in-Sicht-Krise« von 1875 zeigte sich unmissverständlich, dass die beiden Weltmächte England und Russland ein weiteres Erstarken Deutschlands nicht tolerieren würden.

Die Deutschen zogen neues Selbstbewusstsein aus ihrer späten nationalstaatlichen Einigung. Die Zeiten politischer Ohnmacht schienen endgültig der Vergangenheit anzugehören. In den Jubel über die Gründung des Reiches mischte sich allerdings die Erkenntnis, dass es für die Machterhaltung eine zentrale Bedingung gab: Man musste Frankreich dauerhaft diplomatisch isolieren, um das nach Revanche dürstende Land von einem Angriff abzuhalten. Eine französisch-russische Allianz galt es daher unbedingt zu verhindern, denn das Reich wäre einem Zweifrontenkrieg kaum gewachsen gewesen. Preußen-Deutschland war durch seine fulminanten Siege von 1866 und 1870/71 endlich zur gleichberechtigten europäischen Großmacht aufgestiegen. Um diesen schwer erkämpften Status nicht wieder zu verlieren, musste es um jeden Preis vermeiden, in die Rolle des Juniorpartners zurückzufallen, die es seit Mitte des 18. Jahrhunderts gespielt hatte.

Bismarck versuchte dieser außenpolitischen Notwendigkeit gerecht zu werden, indem er ein enges Verhältnis zu Österreich-Ungarn und Russland pflegte und deren unterschiedliche Interessen wie ein Jongleur auszubalancieren versuchte. Doch es gelang ihm letztlich nicht, die Absicherung des Reiches auf ein festes Fundament zu stellen. Und war es überhaupt möglich, den so vielfältigen Belangen der Deutschland umgebenden Staaten gleichermaßen Rechnung zu tragen? Schon allein das vergiftete deutsch-französische Verhältnis und die Rivalität zwischen Wien und Sankt Petersburg auf dem Balkan machten das langfristig unmöglich. Was blieb, war ein »System der Aushilfen« – d.h. kurzfristige, tagespolitisch orientierte Bündnisse, Gegenbündnisse und Geheimabkommen. Als Bismarck 1890 abtrat, hatte sich dieses System weitgehend erschöpft. Seine Nachfolger schafften es in kürzester Zeit, den mühsam errungenen außenpolitischen Kredit des Reiches zu verspielen. Doch auch Bismarck hätte kaum verhindern können, dass sich die Lage für Deutschland langfristig verschlechterte. Auf Dauer konnten Berlin, Wien und Sankt Petersburg nicht an einem Strang ziehen, früher oder später musste es daher zum Bruch kommen.

Die große Show der Kaiserzeit: Prunkvolle Parade »Unter den Linden«.

In der vierjährigen Amtszeit des Kanzlers Georg Leo Graf von Caprivi geriet das Reich mehr und mehr in eine desolate außenpolitische Situation. Die Abkehr von Russland konnte durch ein besseres Verhältnis zu England nicht aufgewogen werden. Und es kam, wie es kommen musste: Frankreich und Russland besiegelten zwischen 1891 und 1894 eine Allianz. Erstmals zeichnete sich ab, was Bismarck stets hatte verhindern wollen: die »Einkreisung« des Reiches. In Berlin dachte man allerdings nicht daran, den Status als unabhängige und gleichberechtigte Großmacht aufzugeben, und eine Annäherung an eine der beiden Flügelmächte wäre nur um den Preis der Juniorpartnerschaft zu haben gewesen. Es blieben also nur der 1879 geschlossene Zweibund mit Österreich-Ungarn und der 1882 vereinbarte Dreibund unter Einschluss Italiens.

Weltmacht oder Untergang

Der Nachfolger Caprivis, Fürst Chlodwig zu Hohenlohe-Schillingsfürst, der bis 1900 regierte, vermochte an dieser unbefriedigenden Lage nichts zu ändern. Alt und gebrechlich, war er von vornherein eine bloße Übergangsfigur. Je mehr sich das Jahrhundert dem Ende näherte, desto stärker wirkte sich der Zeitgeist des Hochimperialismus auf die Politik aus und desto weniger war der greise Regierungschef in der Lage, diesen Strömungen entgegenzusteuern. Immer lauter erschallten die Rufe nach Wachstum und Expansion, Bismarcks Formel vom »saturierten Reich« schien längst überholt. »Wir müssen begreifen, dass die Einigung Deutschlands ein Jugendstreich war, den die Nation auf ihre alten Tage beging und seiner Kostspieligkeit halber besser unterlassen hätte, wenn sie der Abschluss und nicht der Ausgangspunkt einer deutschen Weltmachtpolitik sein sollte«, sagte Max Weber, der berühmte Soziologe und Nationalökonom, im Jahr 1895. Aber war Deutschland nicht schon längst eine Weltmacht?

Das Reich war auf dem besten Weg, nach den USA die zweitgrößte Volkswirtschaft der Erde zu werden. Um die Jahrhundertwende förderten die deutschen Bergwerke über hundert Millionen Tonnen Steinkohle und fast acht Millionen Tonnen Roheisen. Die deutsche Chemieindustrie war Weltspitze, deutsche Wissenschaftler wie Wilhelm Röntgen, Werner von Siemens oder Albert Einstein genossen internationales Ansehen. Auf deutschen Werften entstanden mächtige Ozeanriesen, die Hamburg-Amerika-Linie war die größte Reederei der Welt. Das Reich erstreckte sich in den von Hoffmann von Fallersleben im Deutschlandlied markierten Wunschgrenzen »von der Maas bis an die Memel, von der Etsch bis an den Belt«. 1884/85 hatte Bismarck aus einer Reihe von innen- und außenpolitischen Erwägungen heraus Kolonien vor allem in Afrika erworben und dann rasch wieder das Interesse an ihnen verloren. Togo, Kamerun, Deutsch-Ostafrika und Deutsch-Südwestafrika waren zusammen immerhin mehr als fünfmal so groß wie das Deutsche Reich selbst. Doch in dem riesigen Gebiet lebten kaum Weiße, wirtschaftlich und militärisch war es bedeutungslos. Eine aufstrebende Nation konnte mit diesem Kolonialbesitz kaum zufrieden sein. Großbritannien, Frankreich, Russland und die Vereinigten Staaten expandierten in ungleich wichtigeren Regionen.

In das überschwängliche Selbstbewusstsein und die Freude über die Einheit des Reiches mischte sich in den Jahren vor der Jahrhundertwende mehr und mehr Zukunftsangst. Die allseits akzeptierte Lehre des Sozialdarwinismus prophezeite demjenigen, der nicht mehr wuchs, den Untergang. Aus deutscher Sicht musste man also dem Trend der Zeit folgen und Weltpolitik betreiben, um im 20. Jahrhundert zum exklusiven Klub der global agierenden Reiche zu gehören. Um dieses Ziel zu erreichen, brauchte Wilhelm II. neue Köpfe, die anders dachten, die einen »modernen« Zugang zur Politik hatten. Systematisch baute er Bernhard von Bülow, den Botschafter in Rom, zum Nachfolger Hohenlohes auf. Bülow sollte sein »neuer Bismarck« werden. 1897 übernahm er als Staatssekretär des Auswärtigen Amts die Führung der Außenpolitik. Anfang Dezember des Jahres goss Bülow in einer Reichstagsrede den deutschen Geltungsanspruch in eine Formel, die zum geflügelten Wort werden sollte: »Wir wollen niemanden in den Schatten stellen, aber wir verlangen auch unseren Platz an der Sonne.« Drei Jahre später trat Bülow das Amt des Reichskanzlers an.

Chronik

Das deutsche Kolonialreich

»Für uns war das deutsche das kriegsstärkste Volk der Erde. Und wenn wir dann auf die Landkarten sahen und fanden, dass von allen europäischen Staaten dieses mächtige Land fast allein ohne jeden Kolonialbesitz war, oder, wenn wir ins Ausland kamen und fanden, dass der Deutsche der Mindestgeachtete unter den Völkern Europas war, dann musste tiefe Beschämung unser Herz erfüllen.«

Carl Peters (1856–1918)
Politiker, Publizist und Begründer der Kolonie Deutsch-Ostafrika

Mit der nationalstaatlichen Einigung von 1871 wurde Deutschland zwar zu einer einflussreichen Großmacht, doch im Gegensatz zu England oder Frankreich besaß es zunächst keine Kolonien in Übersee. Während die anderen europäischen Großmächte im »Scramble for Africa« darum wetteiferten, das Innere Afrikas unter sich aufzuteilen, stand das Deutsche Reich noch im Abseits. Diese abwartende Haltung verärgerte die immer stärker werdende deutsche Kolonialbewegung. Erst 1884 änderte Bismarck seinen Kurs und erwarb aus einer Reihe von außen- und innenpolitischen Gründen mehrere Kolonien: Deutsch-Südwestafrika (das heutige Namibia), Deutsch-Ostafrika (heute Tansania, Burundi und Ruanda), Togo und Kamerun sowie Teile Neuguineas und der westpazifischen Inselwelt.

Dieses Kolonialreich war flächenmäßig zwar über fünfmal so groß wie das Deutsche Reich, in wirtschaftlicher und strategischer Hinsicht aber weitgehend wertlos. Bismarck verlor daher schon bald wieder das Interesse an den Kolonien. 1888 sagte er zu dem Afrikaforscher Eugen Wolf: »Ihre Karte von Afrika ist ja sehr schön, aber meine Karte von Afrika liegt in Europa. Hier liegt Russland. Und hier liegt Frankreich, und wir sind in der Mitte, das ist meine Karte von Afrika.«

Die deutsche Kolonialherrschaft schreckte nicht vor der brutalen Unterdrückung der einheimischen Bevölkerung zurück. Im Zuge der Niederschlagung des Herero-Aufstandes in Deutsch-Südwestafrika 1904 kam es nach Meinung etlicher Historiker zum ersten Völkermord des 20. Jahrhunderts.

Afrika vor dem Ersten Weltkrieg

Deutschland in ein Weltreich zu verwandeln – im Zeitalter des Hochimperialismus erschien das als politische Notwendigkeit. Unbedingt galt es, die Machtsphäre des Reiches zu vergrößern: sei es durch direkte koloniale Landnahme, sei es durch den Aufbau wirtschaftlicher Einflusszonen. Konkrete geographische Präferenzen gab es zunächst kaum. Das hing wiederum mit dem eigentümlichen deutschen Selbstverständnis zusammen. Man verstand sich als eine Macht, die durch ihre schiere Existenz das Recht hatte, überall auf dem Globus mitzuspielen. Das nationale Erbe – Kaiser Karl, Friedrich der Große, Kant und Goethe – schien dazu historisch zu berechtigen. Daher war der deutsche Weltmachtanspruch nicht auf eine spezielle Region beschränkt. Im Gegenteil, die Begehrlichkeiten berührten die Grenzen der Welt: in Südamerika, in der Karibik, im Pazifik, in China, in Afrika und im Nahen Osten.

Und war die internationale Konstellation für die Entfaltung des deutschen Geltungsdrangs nicht gerade besonders günstig? Großbritannien hüllte sich in die »Splendid Isolation«, seine glorreiche Bündnislosigkeit, und hatte sich infolge seines globalen Engagements eine Welt voller Feinde geschaffen. Die Briten hatten Probleme mit den USA in der Karibik und mit Frankreich in Afrika, zudem gab es den alten Konflikt mit dem Angstgegner Russland im Mittleren und Fernen Osten. Der britisch-französische und der britisch-russische Gegensatz galten als unüberwindbar und versetzten das Deutsche Reich in die vermeintlich günstige Position eines Mittlers. Die Politik der »freien Hand« schien das Gebot der Stunde. Konkret bedeutete das: keine Bindungen Berlins an London oder Sankt Petersburg, solange sie nicht zum Vorteil des Reiches ausfielen. Man glaubte, nur abwarten zu müssen, bis die weltpolitischen Erfolge von selbst eintreten würden.

Später, etwa um 1920 herum, so die weit gespannte Vision, hätte man mit der eigenen Schlachtflotte dann ein geeignetes Druckmittel in der Hand, um den Briten einen »Platz an der Sonne« notfalls abzuzwingen. Die deutsche Seemacht sollte so stark werden, dass England mit einem Krieg gegen Deutschland ein tödliches Risiko eingehen würde. Unter diesen Vorzeichen würde London gewiss nachgeben, so das Kalkül. Solange die ab 1898 in Auftrag ge-

Der flottenbegeisterte Wilhelm II. auf der Germaniawerft in Kiel.

gebene Armada allerdings noch nicht fertig war, galt es, in der Defensive zu bleiben und günstige Gelegenheiten auf dem diplomatischen Parkett zu nutzen.

Zunächst scheint alles nach Plan zu verlaufen. Der Streit zwischen London und Paris um den kolonialen Einfluss in Afrika, der 1882 mit der britischen Besetzung von Ägypten begonnen hat, treibt seinem Höhepunkt entgegen. Während die Briten Afrika von Norden und Süden her erschließen, streben die Franzosen von West nach Ost. 1898 treffen die beiden Expansionslinien aufeinander: Im sudanesischen Faschoda stehen sich britische und französische Truppen gegenüber, fest entschlossen, den Machtanspruch ihrer Regierungen durchzusetzen. Die Wellen der nationalen Erregung schlagen in beiden Ländern hoch, man steht kurz vor einem Krieg. Doch die Franzosen geben nach und ziehen sich vor den überlegenen britischen Streitkräften zurück. Der Sudan muss als britische Einflusszone anerkannt werden.

Für kurze Zeit keimt in Deutschland die alte Hoffnung wieder auf, Frankreich könnte im Zuge des Kolonialkonflikts mit England

von seinen Revanchegelüsten dem Nachbarn gegenüber ablassen. In der französischen Presse werden immerhin Stimmen laut, die Großbritannien zum allgemeinen Feind Europas erklären, der weit gefährlicher sei als Pangermanismus oder Panslawismus. Doch die Vorstellung einer deutsch-französischen Verständigung oder gar eines Kontinentalblocks erweist sich als Fata Morgana. Selbst Londons rüde Kolonialpolitik kann die Antipoden Frankreich und Deutschland nicht zusammenbringen. Die Ereignisse in Afrika bestärken die Reichsleitung allerdings in ihrer – falschen – Überzeugung, dass ein Ausgleich zwischen England und Frankreich auf absehbare Zeit undenkbar sei.

Während sich die Beziehungen des Reiches zu Russland im Wesentlichen korrekt gestalten, zeichnen sich im Verhältnis zu Großbritannien seit Mitte der neunziger Jahre zunehmend Probleme ab. Im Januar 1896 beglückwünscht Wilhelm II. per Telegramm Ohm Krüger, den Präsidenten des südafrikanischen Transvaal, zur Abwehr eines Überfalls des Briten Leander Starr Jameson, der mit fünfhundert Mann in den Burenstaat eingefallen war – die Affäre um die so genannte Krüger-Depesche bildet nur den Auftakt für eine tiefe Verstimmung in den deutsch-britischen Beziehungen. Aggressive Pressefeldzüge vergiften in beiden Ländern die öffentliche Meinung. Während die Journalisten des Inselreichs wortgewaltig gegen die deutsche Wirtschaft zu Felde ziehen, wirft die deutsche Publizistik den Briten vor, dem Reich aus Handelsneid den ihm gebührenden Platz in der Welt zu verweigern. Nach wie vor richtet man in Großbritannien das Hauptaugenmerk auf die ökonomische Stärke des Konkurrenten, die deutschen Flottennovellen von 1898 und 1900 spielen zunächst nur eine untergeordnete Rolle. In Pamphleten wird allerdings jetzt schon vor einer deutschen Invasion gewarnt.

In dieser Situation, als das Deutsche Reich den Briten als einer der gefährlichsten Gegner des Empire gilt, scheint sich plötzlich eine Annäherung abzuzeichnen. Immer mehr Stimmen fordern ein Ende der »Splendid Isolation«. Die Zusammenarbeit mit neuen Partnern, so das Kalkül, soll das weltweite Engagement der Briten absichern. In diesem Sinne sondiert der britische Kolonialminister Joseph Chamberlain 1898 beim deutschen Botschafter in London, Paul Graf von Hatzfeldt, die Möglichkeit einer gegen Russland gerichteten deutsch-britischen Allianz in China.

Machte Bernhard von Bülow einen Fehler, als er die Hand Chamberlains ausschlug? Vergab er die Chance, einen Faden zwischen beiden Ländern zu spinnen, aus dem sich später dann eine engere Beziehung hätte ergeben können? Immerhin entstand auch die britisch-französische Zusammenarbeit aus dem Keim einer kolonialen Vereinbarung. Heute ist man sich einig darüber, dass eine echte Bündnischance nie bestand. Zu unterschiedlich waren die Interessen Londons und Berlins, zu groß das wechselseitige Misstrauen. England ging es um die Sicherung des Status quo, das Deutsche Reich wollte genau das Gegenteil: territorialen Zugewinn, mehr internationalen Einfluss und die Anerkennung als Weltreich. London strebte danach, ohne nennenswerte Garantien oder Vorleistungen die deutsche Macht in China gegen Russland einzusetzen. Berlin wiederum wollte auf seine »freie Hand« nur dann verzichten, wenn sich England auf eine feste Allianz mit dem Dreibund einließ – die Lage Deutschlands hätte sich in diesem Fall natürlich schlagartig verbessert. Vor allem wäre man der Gefahr eines Zweifrontenkrieges gegen Frankreich und Russland entronnen. Doch Großbritannien wollte sich nicht derart eng an die kontinentaleuropäische Politik binden, schon gar nicht so plötzlich.

Vier Jahre später öffnete das britisch-japanische Abkommen den Weg aus der »Splendid Isolation«. Großbritannien trat in das Bündnissystem der Mächte ein. Noch ahnte niemand, dass der Ausgleich mit Frankreich und sogar mit Russland schon bald darauf folgen würde. Dennoch war die Bilanz der deutschen Weltpolitik bereits um 1900 wenig eindrucksvoll. Das Reich hatte sich einen Teil von Neuguinea, das chinesische Pachtgebiet Kiautschou sowie West-Samoa sichern können. Angesichts der großen Konkurrenz um die wenigen noch nicht verteilten Landstriche auf dem Erdball war das besser als nichts. Doch die großen Kolonialpläne in Südamerika, der gewünschte Erwerb einer Karibikinsel und der Philippinen, die Errichtung weiterer Kolonien in Afrika und Asien – all das scheiterte. Vor allem Großbritannien und die USA legten Deutschland dabei er-

folgreich Steine in den Weg. Die Tür zum Klub der Weltreiche blieb weiterhin verschlossen.

Warum eigentlich, so muss man sich fragen, strebte das Reich derart nach Weltgeltung? Warum machte man es nicht so wie Frankreich? Das Land beteiligte sich nicht an den Debatten über zukünftige Weltreiche. Mit Kolossen wie den USA oder Russland wollte man sich von vornherein nicht messen. Paris beschränkte sich auf strategische Allianzen, zuerst mit Sankt Petersburg, dann auch mit London. Im Windschatten dieser Bündnisse ließ sich dann erfolgreich kolonialisieren. Aus deutscher Sicht aber war das kein

Kaiser-Wilhelm-Gedächtniskirche – Stein gewordenes Symbol für die Allianz von Staat und Kirche.

Vorbild. Frankreich, der »Rentnerstaat ohne Kinder«, sei infolge seiner sinkenden Geburtenzahlen zum Verfall verurteilt. Im internationalen Konzert der Mächte werde es bald eine »quantité négligeable«, eine unbedeutende Größe, sein. Insbesondere die rechte Presse in Deutschland frohlockte über den vermeintlichen Niedergang Frankreichs: »Schon ertönt der Schreckensruf: Finis Galliae!«, hieß es in einem konservativen Blatt.

Nein, das zur Selbstbeschränkung verdammte Frankreich konnte natürlich nicht als Beispiel dienen. Das angeblich zu Höherem bestimmte Deutschland durfte sich nicht an Großmächten orientieren, es musste den Weltmächten USA, Großbritannien und Russland nacheifern. Die deutsche Öffentlichkeit verkannte allerdings, dass – mit Ausnahme der Vereinigten Staaten – auch die Giganten des internationalen Systems Bindungen eingehen mussten, um Besitz und Einfluss zu wahren. Selbst sie konnten nicht so tun, als wären sie allein auf der Welt.

Die Bombe tickt

Nach der Jahrhundertwende begann sich das Mächtesystem zu verändern. Großbritannien stärkte nach der Verständigung mit Japan seine Position gegenüber Russland. 1904/05 erschütterte dann der russisch-japanische Krieg die Grundfesten des Zarenreiches. Nun blickten alle auf das ruhelose und zuweilen ungeschickt agierende Deutsche Reich, die potenzielle Hegemonialmacht des Kontinents. Aus Angst vor erneuter Isolierung brach Großbritannien mit allem, was ihm außenpolitisch bislang heilig gewesen war. Es band sich zunächst immer stärker an Frankreich, später dann auch an Russland. Londons Handlungsspielraum – obgleich formal noch immer vorhanden – engte sich faktisch immer stärker ein. Der deutsch-österreichische Zweibund und die Tripel-Entente, die Allianz aus Großbritannien, Frankreich und Russland, wandelten sich zu Offensivblöcken und die internationalen Beziehungen erstarrten. Sie verloren die Elastizität, mit der es seit den Napoleonischen Kriegen immer wieder gelungen war, die große Katastrophe zu verhindern.

Die Kehrtwende der britischen Außenpolitik hatte fatale Auswirkungen für das Deutsche Reich. Indem die alten britisch-französischen und britisch-russischen Gegensätze abklangen, löste sich die scheinbar natürliche Position Berlins als Mittler zwischen den Fronten in Luft auf. Die Reichsleitung – bestehend aus Wilhelm II., Reichskanzler Bernhard von Bülow und dem Auswärtigen Amt – war jedoch nicht in der Lage, auf die neue Situation angemessen zu reagieren. Politische Mäßigung vertrug sich nicht mit der Anwartschaft auf ein allseits respektiertes Weltreich.

Der Machtanspruch Deutschlands brach nun umso stärker hervor und traf auf den erbitterten Widerstand Großbritanniens, Frankreichs und Russlands. Krampfhaft auf den eigenen Vorteil und die eigene Sicherheit bedacht, gestanden sie den Deutschen keinen Expansionsraum zu – und bewirkten damit gewiss nicht das, was sie eigentlich erreichen wollten. Der isolierte Zweibund riss mit seiner Risikopolitik die Welt in einen fürchterlichen Krieg, der das Zarenreich untergehen ließ und England derart schwächte, dass es vom Thron der führenden Weltmacht abtreten musste.

Angesichts der internationalen Konstellation stand Deutschland kurz nach der Jahrhundertwende vor einer grundsätzlichen Entscheidung: Es konnte sich mit einem Dasein als saturierte Großmacht abfinden, oder es musste Krieg führen, um das Verlangen nach nationalem Prestige zu stillen. Beide Wege erschienen sowohl der Reichsleitung als auch einer immer stärker auf außenpolitische Erfolge drängenden Öffentlichkeit nicht gangbar. Daher setzte man auf diplomatischem Parkett die Brechstange an, um doch noch den ersehnten Durchbruch zu erzielen.

Während der ersten Marokko-Krise 1905/06 – es ging um die französische Vormachtstellung im Nordwesten Afrikas – übte Berlin massiven Druck auf die noch junge »Entente cordiale« zwischen Frankreich und Großbritannien aus. Die erzwungene Konferenz verlief jedoch vollkommen anders, als die Deutschen erwartet hatten: Nicht Frankreich geriet in die Isolation, sondern Deutschland. Briten, Russen, Amerikaner und sogar die Italiener schlugen sich auf die Seite der bedrängten Franzosen. Einzig Österreich-Ungarn unterstützte das Deutsche Reich – dessen herausforderndes Verhalten hatte die Bindung zwischen London und Paris deutlich gefestigt. Zu allem Übel legten die Briten 1907 auch noch die Streitigkeiten mit Russland im Mittleren Osten bei.

Das harsche Auftreten Berlins gegenüber Sankt Petersburg in der bosnischen Annexionskrise von 1908/09 tat ein Übriges, um den noch losen Ring um das Reich fester zusammenzuschmieden. Die zweite Marokko-Krise im Jahr 1911 wurde zum Debakel für das Deutsche Reich. Um den eigenen Machtanspruch vor Ort zu demonstrieren, entsandte die Regierung das Kanonenboot »Panther« ins marokkanische Agadir – eine Aktion, die Teile der deutschen Presse in Verzückung versetzte. »Hurrah! Eine Tat. Endlich eine Tat, eine befreiende Tat, die den Nebel bittersten Missmutes in deutschen Landen zerreißen muss«, jubelte die »Rheinisch-Westfälische Zeitung«. Doch die Hoffnungen auf Kolonialgewinn erfüllten sich nicht. Dass sie den hohen Erwartungen der Öffentlichkeit nicht gerecht werden konnte, diskreditierte die deutsche Regierung auch innenpolitisch.

Um ein Haar wäre es wegen des »Panthersprungs« sogar zum bewaffneten Konflikt mit England und Frankreich gekommen. Die Reichsleitung erkannte, dass es so nicht weitergehen konnte. Europa würde sonst mit Volldampf auf einen Krieg zusteuern – den immer mehr Deutsche allerdings für unvermeidlich hielten. Doch Reichskanzler Bethmann Hollweg gelang es nicht, das Schiff auf Friedenskurs zu bringen. Vor allem scheiterte sein Versuch, eine tragfähige Verbindung zu London aufzubauen.

Das lag zum Teil am deutschen Flottenbau, der den antideutschen Kräften im britischen Außenministerium Auftrieb verlieh.

Weit wichtiger war jedoch die Tatsache, dass das Foreign Office längst profranzösisch und prorussisch dachte. Den britischen Diplomaten ging es darum, eine deutsche Hegemonie auf dem Kontinent zu verhindern, um die Sicherheit des Empire zu gewährleisten. Diese Position war letztlich nicht verhandelbar, auch wenn das Reich auf den Flottenbau verzichtet hätte. Aus diesem Grund blieb die 1912/13 anberaumte deutsch-englische Détente, was sie stets gewesen war: eine auf Randfragen beschränkte Zusammenarbeit, die

Auf die außenpolitischen Entscheidungen hatte der Reichstag keinen Einfluss.

immer dann an ihre Grenzen stieß, wenn essenzielle Interessen beider Staaten auf dem Spiel standen.

Niemand in den europäischen Machtzentralen hätte zu jenem Zeitpunkt der Gegenseite größere Zugeständnisse gemacht, um den Frieden zu wahren. Sicherlich wäre die Eskalation der Lage zu verhindern gewesen, wenn das Deutsche Reich sich in machtpolitischen Fragen gemäßigt hätte. Möglicherweise hätte man so auch England wieder als unabhängigen Schiedsrichter gewonnen. Aus Sicht der Verantwortlichen gab es jedoch kaum Handlungsalternativen. Vielen war klar, auf welche Katastrophe Europa sich zubewegte. Einen Ausweg wusste allerdings niemand zu weisen, da der Krieg noch immer als legitimes letztes Mittel der Politik galt.

Soziale Spannungen zwischen Arbeiterschaft und konservativen Eliten kennzeichnen die gesellschaftliche Stimmung vor dem Ersten Weltkrieg.

Das System der europäischen Pentarchie war den Spannungen des Hochimperialismus nicht gewachsen. Der Geltungsdrang des aufstrebenden Deutschen Reiches, die Sicherheitsbedürfnisse Großbritanniens und Frankreichs, die Expansionsgelüste des Zarenreiches und die Interessen der maroden Donaumonarchie ließen sich nicht mehr miteinander in Einklang bringen. Insofern kann der Gang der Dinge nach den machtpolitischen Verschiebungen der Jahrhundertwende nicht verwundern. Man muss nicht von Zwangsläufigkeit sprechen, doch stellt man die damalige Mächtekonstellation und die nationale Gestimmtheit der Menschen dieser Zeit in Rechnung, dann ist kaum vorstellbar, dass die europäische »Urkatastrophe« hätte verhindert werden können.

Seit den Balkankriegen der Jahre 1912/13 war klar, dass sich der Brandherd im Südosten Europas kaum mehr kontrollieren ließ. Alle Großmächte, auch Russland, hatten versucht, diesen Konflikt zu verhindern. Die kleinen Staaten Serbien, Montenegro, Bulgarien und Griechenland waren längst vom Sog des Nationalismus erfasst und dachten gar nicht daran, sich Vorschriften machen zu lassen. Im Oktober 1912 erklärten sie dem Osmanischen Reich den Krieg, um den Türken ihre europäischen Besitzungen endgültig zu entreißen. Die kleinen Armeen waren überraschend erfolgreich, das Krisenmanagement wurde zunehmend schwierig. Mit Macht drängten die serbischen Streitkräfte in Richtung Adria und riefen damit Österreich-Ungarn auf den Plan. Um jeden Preis wollten die Habsburger verhindern, dass die Flammen der nationalen Befreiung auf den Vielvölkerstaat übergriffen. Wenn die Serben sich am Mittelmeer festgesetzt und die für Österreich-Ungarn lebenswichtige Straße von Otranto bedroht hätten, so hätte das den Kriegseintritt Wiens provozieren müssen, dem Deutschland wahrscheinlich gefolgt wäre. Europa stand am Rande des Abgrunds.

In seltener Einmütigkeit gelang es dem Auswärtigen Amt und dem Foreign Office, die Katastrophe noch einmal abzuwenden. Serbien erhielt keinen Zugang zum Meer, stattdessen schuf man den Pufferstaat Albanien. Der Frieden währte jedoch nicht lange. Die siegreichen Balkanstaaten gerieten bald in einen heftigen Streit um die Beute. Im nun folgenden Zweiten Balkankrieg bewährte sich das internationale Krisenmanagement erneut. Auch diesmal konnte der gefährliche Konflikt zwischen der Donaumonarchie und Serbien eingedämmt werden. Die Gefahr war damit aber nicht gebannt. Im Gegenteil, überall setzte sich stärker denn je die Überzeugung durch, dass es bald zum großen Krieg kommen würde. Deutschland, Frankreich, Russland und Österreich-Ungarn begannen nun ein Wettrüsten, das die angespannten internationalen Beziehungen zusätzlich belasten musste.

In diesem aufgeheizten Klima können selbst kleine Unachtsamkeiten eine handfeste Krise auslösen. Als der deutsche Generalleutnant Otto Liman von Sanders im November 1913 von der Reichsregierung in die Türkei entsandt wird, um dort das Kommando über die türkischen Truppen an den Meerengen zu übernehmen, droht Sankt Petersburg mit dem Äußersten. Das Zarenreich fühlt sich ein weiteres Mal gedemütigt, nachdem es bereits 1908 in Bosnien und 1912/13 in der Adriafrage vor dem Zweibund zurückweichen musste. Die russische Führung sieht sich dem wachsenden Druck von Presse und Öffentlichkeit ausgesetzt, außenpolitisch wieder selbstbewusster aufzutreten. Außenminister Sergej Sasonow und Kriegsminister Wladimir Suchomlinow weigern sich, den deutschen General an einem für Russland so sensiblen Ort wie den Meerengen zu dulden. Notfalls wollen sie seine Versetzung mit Waffengewalt erzwingen. In letzter Minute kann Ministerpräsident Wladimir Kokowzow die erhitzten Gemüter beschwichtigen, während das Deutsche Reich und die Türkei einlenken. Liman erhält einen weniger brisanten Posten. Kurz darauf entbrennt ein Pressekrieg zwischen Russland und Deutschland. Beide Seiten werfen einander Angriffsabsichten vor. Erneut zeigt sich, wie angespannt die Lage in Europa ist.

»Der Sprung ins Dunkle«

Im Sommer 1914 standen die Zeichen dann unverkennbar auf Sturm. In den Hauptstädten setzten sich die Falken gegen die Tauben durch. Kokowzow, der bislang die offensiven Bestrebungen der russischen Außenpolitiker gebremst hatte, war im Februar des

Jahres zurückgetreten. In Wien glaubten Kaiser Franz Joseph I. und seine Berater, den schwelenden Konflikt mit Serbien nur noch gewaltsam lösen zu können. Und in Deutschland geriet Bethmann Hollweg bei seinem Kampf gegen die auf Krieg drängenden Militärs in eine immer aussichtslosere Lage. Im Juni 1914 passierte eine Heeresvorlage die russische Duma. Zu den insgesamt 1,8 Millionen Soldaten, über die das Zarenreich bereits verfügte, sollten weitere 400 000 Mann kommen. Wenn diese Aufrüstung erst einmal abgeschlossen wäre, so argumentierten die Falken, würde Deutschland dem Zarenreich, das ja überdies mit Frankreich verbündet war, machtlos gegenüberstehen.

Die Häupter des Zweibundes: Kaiser Wilhelm II. und der österreichische Kaiser Franz Joseph I.

Zudem erfuhr man im Auswärtigen Amt im Juni 1914 von geheimen englisch-russischen Marineverhandlungen. Der britische Außenminister Sir Edward Grey leugnete solche Gespräche zwar vehement. Doch in Deutschland erkannte man, dass Großbritannien bereit war, sich an das Zarenreich zu binden, und als neutraler Schlichter in künftigen Krisen nicht mehr in Frage kam. Damit verlor Bethmann Hollweg seinen letzten Trumpf im Konflikt mit den Falken. Fatalistisch sah er nun der unausweichlich scheinenden Eskalation entgegen.

Das Attentat auf den österreichischen Thronfolger Franz Ferdinand in Sarajevo am 28. Juni 1914 ist letztlich das entscheidende Signal. Das Deutsche Reich und Österreich-Ungarn schlagen daraufhin den Kurs einer Risikopolitik ein, die Europa in einen fürchterlichen Krieg stürzen wird.

In Wien ist man entschlossen, auf den terroristischen Anschlag bosnischer Serben mit aller Härte zu reagieren. Am liebsten würde man einen regional begrenzten Krieg gegen Serbien führen und damit das Land als politischen Machtfaktor ausschalten. Doch wie wird sich der mächtige Bundesgenosse Deutschland verhalten? Das ist entscheidend für die weitere Vorgehensweise. Da bei einem Angriff auf Serbien unweigerlich die Gefahr eines Krieges mit Russland droht, das sich als Schutzpatron des kleinen slawischen Staates fühlt, muss sich Wien zunächst der Unterstützung Berlins versichern. Diesmal kommen von dort keine mäßigenden Appelle, im Gegenteil: Am 5. Juli sichert Wilhelm II. zu, Österreich-Ungarn in allen seinen Schritten zu unterstützen.

Doch die Worte des Monarchen bedeuten nicht viel. Entscheidend ist die Haltung des Reichskanzlers. Bethmann Hollweg erklärt am nächsten Tag, dass es an Österreich-Ungarn liege, sein Verhältnis zu Serbien zu klären. Wien könne »hierbei – wie auch immer [die] Entscheidung ausfallen möge – mit Sicherheit darauf rechnen, dass Deutschland als Bundesgenosse und Freund der Monarchie hinter ihr stehe«. Mit diesem »Blankoscheck« bürdet sich die Reichsregierung ohne Zweifel einen erheblichen Teil der Schuld am Kriegsausbruch auf. Wien muss sicherlich nicht erst zum Angriff gedrängt werden. Doch ohne die Rückendeckung des mächtigen Bündnispartners würde Österreich-Ungarn niemals militärisch handeln.

Allen Beteiligten ist bewusst, dass der zu erwartende Schlag gegen Serbien einen umfassenden Kontinentalkrieg auslösen kann. Doch man ist bereit, dieses Risiko einzugehen: Falls Russland eine militärische Aktion gegen Belgrad, möglicherweise auf Druck Frankreichs, dulden würde, wäre damit ein großer Prestigegewinn für Österreich-Ungarn verbunden – künftig würden die Habsburger auf dem Balkan herrschen, und die Großmacht Russland würde sich nach einer solchen Niederlage womöglich von den Westmächten

Kaiser und Seefahrer: Wilhelm II. an Bord seiner Luxusjacht »Meteor«.

abwenden. Der Zweibund hofft also, die Entente mit dem Hebel Serbien »auseinander zu manövrieren«. Falls Sankt Petersburg jedoch zum Krieg entschlossen ist, dann sollte man ihn besser jetzt führen, als in zwei bis drei Jahren einem noch stärker aufgerüsteten Zarenreich gegenüberzustehen. Außerdem bietet die Lage im Sommer 1914 aus Sicht der Berliner Regierung den Vorteil, dass Wien sich aus dem möglichen großen Konflikt nicht heraushalten kann und an der Seite des Bündnispartners kämpfen muss.

Anfang Juli begeben sich die führenden deutschen Politiker und Militärs wie jedes Jahr in den Sommerurlaub. Der Reichskanzler hat allen explizit dazu geraten. Im Ausland soll keinesfalls der Eindruck einer aufziehenden Krise entstehen. Nur Bethmann Hollweg und sein Außenminister Gottlieb von Jagow bleiben in Berlin. Der Kaiser schifft sich dagegen auf seine Jacht »Hohenzollern« ein und bricht zur traditionellen Nordlandreise auf. Er ist damit von den diplomatischen Ränkespielen der beiden folgenden Wochen weitgehend abgeschnitten.

Erst am 23. Juli reagiert Wien offiziell auf die Ermordung des Thronfolgers. Um 18 Uhr übergibt der österreichische Gesandte in Belgrad eine Demarche. Die serbische Regierung wird darin ultimativ aufgefordert, die Propaganda gegen die Habsburgermonarchie aus allen Bereichen des öffentlichen Lebens zu verbannen. Vor allem aber soll Serbien die Behörden Österreich-Ungarns an der Unterdrückung subversiver Bewegungen sowie an der gerichtlichen Untersuchung des Attentats beteiligen. Diese Klauseln tangieren die Souveränität des Landes, was das auf 48 Stunden befristete Ultimatum unannehmbar macht.

Belgrad antwortet überaus geschickt. Eloquent geht man auf die Forderungen Wiens ein. Die gewünschte Mitwirkung bei der Aufklärung des Anschlags wird jedoch zurückgewiesen. Österreich-Ungarn bricht daraufhin die diplomatischen Beziehungen ab, mobilisiert einen Teil seiner Truppen und erklärt Serbien am 28. Juli den Krieg. Am Tag darauf lässt die österreichische Führung Belgrad unter Artilleriebeschuss nehmen, um eine friedliche Lösung des Konflikts, die noch immer möglich ist, zu verhindern.

Russland ist entschlossen, Serbien gegen einen Angriff beizustehen, und beginnt schon am 26. Juli mit geheimen Truppenmobilisierungen. Das bleibt den deutschen Militärs allerdings nicht verborgen und heizt die Situation nur noch weiter an. Umso geringer sind die Chancen für die zaghaften Versuche der Reichsleitung, doch noch einen Richtungswechsel vorzunehmen. Wilhelm II. äußert als Erster Zweifel am Konfrontationskurs. Nach Lektüre der serbischen Antwortnote glaubt er, dass »jeder Grund zum Kriege« entfallen sei. Serbien habe in demütigster Weise vor Österreich-Ungarn kapituliert. Es genüge nunmehr, Belgrad zu besetzen, um ein Faustpfand in der Hand zu haben.

Bethmann Hollweg leitet die Forderung des Kaisers weiter, verleiht ihr aber nicht den nötigen Nachdruck. Wilhelm II. will gewiss keinen Krieg und hat auch nicht auf diesen hingearbeitet. Allerdings betrachtet er eine militärische Auseinandersetzung durchaus als legitimes Mittel der Politik, da ist er ganz ein Kind seiner Zeit. Die russischen Kriegsvorbereitungen vom 26. Juli und vor allem die Teilmobilmachung drei Tage später lösen dann einen verhängnisvollen Automatismus von Aktion und Reaktion aus, der bald nicht mehr aufzuhalten ist. Zwischen dem 1. und dem 6. August 1914 erklären die europäischen Großmächte einander den Krieg.

In Berlin, Wien und Sankt Petersburg waren die Weichen im Juli 1914 so gestellt, dass der Zusammenprall kaum verhindert werden konnte. Aber selbst wenn es gelungen wäre, in letzter Minute die Notbremse zu ziehen, wäre die Katastrophe wohl nur aufgeschoben worden. Ein glimpflicher Ausgang dieser Krise, gleich an welches Szenario man dabei denkt, hätte kein Problem gelöst. Vermutlich wäre der Handlungsdruck auf der einen oder anderen Seite nur noch stärker geworden.

Spätestens 1916/17, wenn Russland sein Rüstungsprogramm abgeschlossen hätte, wäre ein offensives Auftreten des Zarenreichs in Südosteuropa und damit ein neuer Zusammenstoß mit dem Zweibund zu erwarten gewesen. Nein, die Regierungen Europas hätten auch nach einer Schlichtung im Sommer 1914 ihre weltpolitischen Interessenkonflikte kaum ausgleichen können. Es hätte dazu eines fundamentalen gesellschaftlichen Umdenkens bedurft, wie es erst endgültig nach der Katastrophe des Zweiten Weltkriegs in Europa stattgefunden hat.

Wenngleich die deutsche und die österreichisch-ungarische Politik in der Juli-Krise einer defensiven Grundhaltung entsprangen, trug der Zweibund doch die Hauptverantwortung für den Ausbruch des Ersten Weltkriegs. Gewiss darf die Mitverantwortung anderer Mächte, insbesondere Russlands, nicht außer Acht gelassen werden. Tatsache bleibt jedoch, dass Berlin und Wien gleichermaßen auf einen Waffengang drängten.

Rückblickend mutet dieser Kurs unverantwortlich an. In der Tat lautet der entscheidende Vorwurf, dass sich weder die Reichsleitung noch der österreichische Ministerrat ausreichend Gedanken über die Gefahren eines großen Krieges machten. Sie verließen sich allzu blauäugig auf die optimistischen Versprechungen der Militärs. Der Heeresführung kam mit Sicherheit eine bedeutende Mitschuld am Ausbruch des Krieges zu. Wie unglaublich leichtfertig mancher General den Kriegsausbruch aufnahm, zeigt die Reaktion des preußischen Kriegsministers Erich von Falkenhayn. Am 4. August bemerkte er: »Wenn wir auch darüber zugrunde gehen, schön war's doch.«

Augusterlebnis

Am 31. Juli erreicht die Nachricht von der russischen Generalmobilmachung Deutschland, und die Regierung verkündet die »drohende Kriegsgefahr«. Die allgemeine Anspannung steigt ins Unerträgliche. Besonders in den großen Städten gehen die Menschen auf die Straße. Am 1. August wird die deutsche Mobilmachung verkündet, und die patriotischen Demonstrationen erreichen ihren Höhepunkt. In Berlin versammeln sich über 40 000 Menschen vor dem Stadtschloss. Vom Balkon aus hält Wilhelm II. eine Ansprache, die berühmt werden sollte: »In dem jetzt bevorstehenden Kampfe kenne ich in meinem Volke keine Parteien mehr. Es gibt unter uns nur noch Deutsche. Und welche von den Parteien auch im Laufe des Meinungskampfes sich gegen mich gewandt haben sollten, ich verzeihe ihnen allen. Es handelt sich jetzt nur darum, dass alle wie Brüder zusammenstehen.« Auch in anderen Metropolen des Reiches bricht sich der Jubel Bahn, selbst eine Arbeiterstadt wie Oberhausen wird von der allgemeinen Hochstimmung ergriffen. Gewiss empfinden die Teilnehmer der Aufmärsche und Feiern ein starkes Zusammengehörigkeitsgefühl. Von der Einheit des ganzen Volkes zu sprechen würde allerdings den Bogen überspannen. Die Begeisterung über den Kriegsausbruch ist zunächst vor allem eine Angelegenheit

Propagandapostkarten beschwören gleich nach Kriegsausbruch die Einheit der tief gespaltenen Gesellschaft.

des Bürgertums in den großen Städten. Selbst ein so feinsinniger Dichter wie Rainer Maria Rilke läuft über den Münchner Odeonsplatz und begrüßt den Krieg mit dem Ruf: »Ein neuer Gott!«

Überall dort, wo im Laufe des Monats Soldaten aus den Kasernen in Richtung Front abziehen, feiert man spontane Volksfeste, die alle Gesellschaftsschichten ergreifen. Selbst in den Arbeitervierteln weht jetzt die schwarz-weiß-rote Fahne, und patriotische Lieder erklingen. In den ersten Tagen mag man noch zwischen Hoffen und Bangen schwanken. Doch dann treffen am 7. August die ersehnten Erfolgsmeldungen ein – irrtümlich wird der Fall der Festung von Lüttich bekannt gegeben –, und nun folgt eine Siegesfeier der nächsten, auch wenn man hier oftmals nur Falschmeldungen bejubelt.

Rund 260 000 Männer melden sich bis zum 11. August freiwillig zum Kriegsdienst, 144 000 werden in die Armee aufgenommen – eine gewaltige Zahl, wenn man bedenkt, dass die Wehrpflicht die männliche Bevölkerung bereits mehrheitlich erfasst. Nur Jungen unter siebzehn und Männer über fünfzig Jahren sowie Angehörige der wenigen noch nicht einberufenen Reservedivisionen können sich überhaupt melden. Die Freiwilligen kommen aus allen Bevölkerungsschichten, das Bürgertum scheint allerdings die Mehrheit zu stellen. Beflügelt von einem starken Gemeinschaftsgeist, legen viele Menschen in diesem Sommer auch eine ungeahnte Spenden- und Hilfsbereitschaft an den Tag.

Der Schriftsteller Klaus Mann sollte später die Stimmung jener Tage so beschreiben: »Wenn ich versuche, die Atmosphäre von 1914 wieder einzufangen, so sehe ich flatternde Fahnen, graue Helme mit possierlichen Blumensträußchen geschmückt, strickende Frauen, grelle Plakate und wieder Fahnen – ein Meer, ein Katarakt in Schwarz-Weiß-Rot. Die Luft ist erfüllt von der allgemeinen Prahlerei und den lärmenden Refrains der vaterländischen Lieder. ›Deutschland, Deutschland über alles‹ und ›Es braust ein Ruf wie Donnerhall …‹ Das Brausen hört gar nicht mehr auf. Jeden zweiten Tag wird ein neuer Sieg gefeiert. Das garstige Belgien ist im Handumdrehen erledigt. Von der Ostfront kommen gleichfalls Bulletins. Frankreich, natürlich, ist im Zusammenbrechen. Der Endsieg scheint gesichert: Die Burschen werden Weihnachten zu Hause feiern können.«

Blut und Eisen

Doch die Hoffnung der Deutschen auf einen schnellen Sieg wurde schon bald bitter enttäuscht. Nach wenigen Monaten erlahmte die Kraft des deutschen Vormarschs in Frankreich und die Front erstarrte im Stellungskrieg. Zum Sinnbild des Krieges wurden die schrecklichen Materialschlachten an der Westfront: an der Somme, bei Ypern und vor allem um Verdun. Auch wenn Verdun nicht die verlustreichste Schlacht des Ersten Weltkriegs war, so ging der Name dieser Stadt doch als Inbegriff des erbarmungslosen Stellungskriegs in die Annalen ein. Nirgendwo sonst kämpften und starben so viele Soldaten auf so engem Raum. Erstaunlich ist, dass man die Männer noch nicht einmal in dieses Höllenfeuer hineintreiben musste. Von Ausnahmen abgesehen, ergaben sie sich stumm und diszipliniert in ihr Schicksal.

Der Dramatiker Ernst Toller, der von März 1915 bis April 1916 an der Westfront kämpfte, fasste das emotionale Abstumpfen, das schlichte Funktionieren und den sinnlosen Tod des einfachen Landsers später in plastische Worte: »Die großen Empfindungen werden stumpf, die großen Worte klein, Krieg wird zum Alltag, Frontdienst zum Tagwerk, Helden werden Opfer, Freiwillige Gekettete, das Leben ist eine Hölle, der Tod eine Bagatelle, wir alle sind Schrauben einer Maschine, die vorwärts sich wälzt, keiner weiß, wohin, die zurück sich wälzt, keiner weiß, warum, wir werden gelockert, gefeilt, angezogen, ausgewechselt, verworfen – der Sinn ist abhanden gekommen, was brannte, ist verschlackt, der Schmerz ausgelaugt, der Boden, aus dem Tat und Einsatz wuchsen, eine öde Wüste.«

Das Leben in den mit Granattrichtern übersäten Mondlandschaften der Materialschlachten veränderte die Soldaten. Die Allgegenwart des Todes, die zerfetzten Leiber der Kameraden, das Schreien der Verwundeten, der Gestank der Leichen ließen das bürgerliche Dasein der Friedenszeit in weite Ferne rücken. Hier galten die Gesetze einer abgestumpften und verrohten Schützengrabengemeinschaft: Das Schimpfen auf das schlechte Essen gehörte ebenso dazu wie der Hass auf die Etappe und auf eitle Vorgesetzte. Mit der Lebens- und Erfahrungswelt der Daheimgebliebenen hatte all das

Deutsche Infanterie im Stellungskrieg.

nichts mehr zu tun. Front und Heimat waren zwei völlig verschiedene Sphären. Wenn die Soldaten auch über einen regen Postverkehr und – eher seltene – Kurzurlaube in Kontakt mit ihren Angehörigen standen, so war doch eine fortschreitende Entfremdung nicht zu übersehen. Einzig die Sehnsucht nach Frieden bildete, je länger der Krieg dauerte, ein immer stärker werdendes Band zwischen den Schützengräben und dem Heimatgebiet.

Den eisernen Siegeswillen der Politiker und Generäle auf beiden Seiten beeinträchtigte der millionenfache Tod nur unwesentlich. Jahr um Jahr ließen sie ihre Armeen gegeneinander anrennen, unfähig zu erkennen, dass es in einem solchen Kampf im Grunde keine Sieger geben konnte. Oberster Befehlshaber der deutschen Truppen war der Kaiser. Für ihn führte der preußische Generalstabschef die Operationen. Schon zu Friedenszeiten hatte Wilhelm II. nur sporadisch Einfluss auf die Politik gehabt. Im Krieg aber verfiel er zu einer machtlosen Gestalt, von den einflussreichen Militärs um Feldmarschall Paul von Hindenburg und Erich Ludendorff ins Abseits gedrängt. Bereits im November 1914 bekannte er gegenüber Prinz Max von Baden: »Der Generalstab sagt mir gar nichts und fragt mich auch nicht. Ich trinke Tee und säge Holz und gehe spazieren, und dann erfahre ich von Zeit zu Zeit, das und das ist gemacht, ganz wie es den Herren beliebt. Der Einzige, der ein bisschen netter zu mir ist, ist der Chef der Feldeisenbahnabteilung, der erzählt mir alles, was er macht.«

Anstatt innen- wie außenpolitisch auf Mäßigung und politischen Ausgleich zu drängen, stärkte der Kaiser, wenn er konnte, meist den Hardlinern den Rücken. Ein besonders gravierender Fehler war die Wiederaufnahme des uneingeschränkten U-Boot-Krieges im Februar 1917. Bewusst zog man mit dieser Entscheidung die Vereinigten Staaten in den Krieg. Als die USA am 6. April 1917 dem Deutschen Reich den Krieg erklärten, war dessen Niederlage nicht mehr aufzuhalten. Nur wenn Washington neutral geblieben wäre, hätte Berlin noch die Chance auf einen glimpflichen Friedensschluss gehabt. Doch die Reichsleitung beharrte darauf, im Osten und im Westen expansive Kriegsziele durchzusetzen, um endlich den Durchbruch zur allseits respektierten, unabhängigen Groß- beziehungsweise Weltmacht zu schaffen. Damit wurden die Weichen zur Jahreswende 1916/17 unwiderruflich in Richtung Untergang gestellt.

Innenpolitische Konflikte

Unheil drohte dem Kaiserreich aber nicht nur durch die feindliche Mächtekoalition. Auch im Inneren begann es spätestens ab 1916 zu gären. Nachdem Wilhelm II. im August 1914 den Geist der Einheit beschworen und den so genannten »Burgfrieden« eingeleitet hatte, wurde bald absehbar, dass ein langer Krieg die innenpolitische Lage durch Flügelkämpfe in den Parteien weiter komplizieren würde. Die unterschiedlichen Vorstellungen über einen zukünftigen Frieden und die Frage der demokratischen Reformen sollten zu einer tiefen Spaltung der Parteienlandschaft führen.

Konservative, Nationalliberale und Zentrum strebten nach einem »Siegfrieden«, wie es wohlklingend hieß, der Deutschland mehr

Chronik

Countdown – Der Untergang des Kaiserreichs

1918	
28. Januar	Massenstreiks in Berlin und anderen deutschen Großstädten
3. März	Unterzeichnung des Friedens von Brest-Litowsk mit Russland
März–Juli	Die deutschen Offensiven an der Westfront scheitern unter hohen Verlusten
8. August	Durchbruch der Alliierten bei Amiens
27. September	Alliierte Truppen durchbrechen die Siegfriedlinie
29. September	Die Oberste Heeresleitung fordert den sofortigen Waffenstillstand
3. Oktober	Prinz Max von Baden wird Reichskanzler
24.–28. Oktober	Verfassungsreform, Einführung der parlamentarischen Monarchie
26. Oktober	General Erich Ludendorff wird entlassen
28. Oktober	Beginn der Meuterei auf Schiffen der deutschen Hochseeflotte
4. November	Beginn des Matrosenaufstandes in Kiel
7. November	Revolution in München: Sturz der Wittelsbacher
9. November	Revolution in Berlin: Prinz Max von Baden erklärt den Thronverzicht Wilhelms II., Zusammenbruch der Monarchie, Friedrich Ebert wird mit der Reichskanzlerschaft betraut
10. November	Wilhelm II. flieht ins holländische Exil
11. November	Matthias Erzberger (Zentrum) unterschreibt den Waffenstillstandsvertrag
28. Juni 1919	Unterzeichnung des Friedensvertrags von Versailles

Meuternde Matrosen in Kiel, 1918.

oder minder umfangreiche Gebietsgewinne bescheren sollte. Im Falle eines militärischen Triumphes, so hofften sie, würden auch die Rufe nach einer Demokratisierung des Reiches verstummen und die gefürchtete Revolution ließe sich abwenden. Diesen Kurs unterstützten außerparlamentarische »Pressure-Groups« wie die Alldeutschen, die Wirtschaftsverbände und die 1917 gegründete »Vaterlandspartei«, ein nationalistischer, antibritischer Verband mit rund 1,25 Millionen Mitgliedern. Auf der anderen Seite standen die SPD und die linksliberale Fortschrittspartei, die Annexionen – von wenigen Ausnahmen abgesehen – strikt ablehnten und auf innenpolitische Reformen drängten. Einzig die Gruppe um den Nationalliberalen Gustav Stresemann trat für einen Siegfrieden und die weitere Parlamentarisierung ein.

Allerhöchste Lagebesprechung: Paul von Hindenburg, der Kaiser und Erich Ludendorff.

Die schwache Reichsleitung tat ein Übriges, um das Land innenpolitisch in die Sackgasse zu manövrieren. Kanzler Bethmann Hollweg scheiterte mit seinem Versuch, durch eine »Politik der Dia-

gonalen« den tiefen Riss in der politischen Landschaft zu kitten. Mit seiner wankelmütigen Haltung konnte er keine der beiden Seiten zufrieden stellen. Da Wilhelm II. mit den ihm zugedachten Führungsaufgaben vollkommen überfordert war, gerieten die Innen- und Außenpolitik des Reiches immer stärker unter den unheilvollen Einfluss der Militärs.

Je länger der Krieg dauerte, desto schwieriger wurde es für die MSPD (Mehrheits-SPD), ihre Kooperation mit der Regierung fortzuführen. Die Bevölkerung war immer weniger bereit, die gewaltigen Lasten des Krieges – das Inferno an den Fronten und die eklatanten Versorgungsmängel im Innern – stillschweigend zu ertragen. Der schlimme Hungerwinter 1916/17, die russische Februar-Revolution, die das Zarenregime hinwegfegte, die Kriegserklärung der USA – all das schürte die Unzufriedenheit in einem solchen Ausmaß, dass im April 1917 eine Streikwelle ausbrach, die das ganze Land erfasste. Diesmal ging es nicht nur um mehr Lebensmittel wie in den spontanen Hungerkrawallen seit Herbst 1915 – die Arbeiter forderten jetzt auch politische Reformen.

Die sozialdemokratische Loyalität zur Regierung hatte bis dahin nur dürftige Ergebnisse gebracht. Auf lokaler Ebene übernahmen SPD-Vertreter öffentliche Ämter und zogen in Kommunalvertretungen ein. Im Reichstag arbeitete die SPD in zwei Gremien mit der linksliberalen Fortschrittlichen Volkspartei, dem Zentrum und teilweise auch mit den Nationalliberalen zusammen: in dem am 6. Juli 1917 zur Koordinierung der Mehrheitsparteien gebildeten Interfraktionellen Ausschuss sowie dem Ende 1916 aus dem Haushaltsausschuss gebildeten Hauptausschuss. Hier kündigte sich bereits die Nachkriegskoalition der Jahre 1919/20 an.

Obwohl der Reichstag seine Kompetenzen ausdehnte und sich mit dem Hauptausschuss das Recht nahm, ständig über außen- und innenpolitische Fragen zu beraten, blieb seine Macht doch sehr begrenzt. Die Gesetzgebungsinitiative hatte er schon zu Beginn des Krieges an den Bundesrat abgetreten, der bis November 1918 insgesamt 852 Notstandsverordnungen erließ. Außerdem waren die Parteien von wichtigen Informationen abgeschnitten und hatten daher ein vollkommen unrealistisches Bild von der militärischen Lage.

Auf die Außenpolitik der Regierung konnte der Reichstag somit noch immer nicht einwirken. Daran änderte auch die Friedensresolution der Mehrheitsparteien vom 19. Juli 1917 nichts, die der Zentrumsabgeordnete Matthias Erzberger angeregt hatte und die in nebulösen Worten für einen Frieden ohne Annexionen eintrat. Der neue Kanzler, Georg Michaelis, der Bethmann Hollweg im selben Monat abgelöst hatte, fühlte sich nicht an die Resolution gebunden, und im Ausland blieb sie ohnehin wirkungslos.

Der bescheidene Kompetenzzuwachs des Parlaments konnte nicht darüber hinwegtäuschen, dass grundlegende innenpolitische Reformen bislang ausgeblieben waren. Bethmann Hollweg hatte es immer wieder bei vagen Andeutungen belassen, bevor er sich im März 1917 für eine weiter reichende Demokratisierung aussprach. Insbesondere das antiquierte Dreiklassenwahlrecht in Preußen sollte nun reformiert werden. Es sicherte den Konservativen im preußischen Abgeordnetenhaus 1913 eine überlegene Mehrheit von 148 Sitzen, obwohl sie nur 15 Prozent der Stimmen auf sich vereinigt hatten. Die SPD, für die 28 Prozent aller Wähler votiert hatten, musste sich mit zehn Sitzen begnügen.

Kurz nach Kriegsausbruch forderte der SPD-Politiker Otto Braun, der spätere preußische Ministerpräsident, eine Reform des Wahlrechts und griff dabei die berühmte Sentenz Wilhelms II. auf: »Der Kaiser hat erklärt, er kenne jetzt keine Parteien mehr, er kenne nur noch Deutsche. Hoffentlich kennt er auch nach dem Kriege in Preußen nur noch Deutsche, nicht solche der I., II., III. Wählerklasse.« Der Weg zur Reform war weit. Erst am 7. April 1917 kündigte Wilhelm II. – als König von Preußen – in seiner so genannten Osterbotschaft die Abschaffung des Dreiklassenwahlrechts an. Damit war aus seiner Sicht bis ans absolute Limit gegangen: »Die Osterbotschaft wird – nach dem Kriege – durchgeführt, darüber hinaus gehe ich auf keinen Fall.« Die Einführung des geheimen und direkten Wahlrechts wurde also ein weiteres Mal verschoben und sollte erst nach Kriegsende erfolgen.

Für Reformen war es höchste Zeit: Am 15. April musste die Regierung die Brotrationen erneut herabsetzen, die innenpolitischen Spannungen nahmen weiter zu. Die entscheidende Zusage, dass

künftig jede Stimme gleich gewertet werde, fehlte noch immer. Was für die Konservativen weit über das Ziel hinausging, war für die SPD viel zu wenig. Der SPD-Vorsitzende Friedrich Ebert sagte im Juli 1917 im Hauptausschuss des Reichstags: »Schöne Reden, Erklärungen und kaiserliche Botschaften über die Neuorientierung im Innern genügen nicht. ... Wozu die großen Opfer, wenn die Regierung nicht gewillt ist, uns das Notwendigste, Unentbehrlichste, Selbstverständlichste: die politische Gleichberechtigung, zu gewähren.«

So sehr die MSPD die starre Haltung der Regierung auch anprangerte, so wenig konnte sie sich dazu durchringen, von ihrer generellen Linie – Kritik ja, Blockade nein – abzurücken. Die Parteiführung verurteilte sogar die Streiks: Damit lasse sich an der Not der Menschen doch nichts ändern. Trotz dieser Devise kam es immer wieder zu massenhaften Arbeitsniederlegungen. Offensichtlich hatte die Partei ihre Basis nicht mehr im Griff. Ohne Zweifel gärte es gewaltig in der deutschen Bevölkerung. Es musste endlich Schluss sein mit Hunger, Elend, Perspektivlosigkeit, Massensterben und politischer Ohnmacht. Die Regierung ließ sich von dem Protest nicht erweichen. Mit rücksichtsloser Härte gingen die Behörden gegen Demonstranten vor. Tausende streikender Arbeiter wurden eingezogen und an die Front geschickt.

Während der Kugelhagel an der Front die Soldaten zu Hunderttausenden zerfetzte oder verstümmelte und der Hunger in der Heimat Zehntausende dahinraffte, träumten die konservativen und bürgerlichen Eliten noch immer von Deutschlands Größe, ohne sich für die Belange der Volksmassen wirklich zu interessieren. Deren Leidensdruck war mittlerweile unerträglich geworden, zumal ihnen niemand überzeugend erklären konnte, wofür sie Leib und Leben eigentlich opfern sollten. Anfang 1918 erreichten die Streiks dann ungeahnte Dimensionen. Allein in Groß-Berlin traten am 28. Januar 400 000 Arbeiter in den Ausstand. Auch in Kiel, Hamburg, Halle und Magdeburg gingen vor allem die Rüstungsarbeiter auf die Straße mit der Forderung nach »Frieden, Freiheit und Brot«. Unüberhörbar erschallte nun der Ruf nach einem schnellen Friedensschluss ohne Annexionen und einer durchgreifenden Demokratisierung des Landes.

Das Elend des Krieges – nach dem Scheitern der Frühjahrsoffensive 1918 sank die Moral der deutschen Truppen auf einen neuen Tiefpunkt.

Die MSPD stand angesichts der Massenstreiks vor einer Zerreißprobe. Einerseits unterstützte sie die Ziele der Arbeiter, andererseits wollte sie den Draht zur Regierung nicht abreißen lassen. Parteichef Friedrich Ebert, der Fraktionsvorsitzende Philipp Scheidemann und Vorstandsmitglied Otto Braun entschlossen sich, in die Streikleitung einzutreten, um zu vermitteln. Mit diesem Spagat wollten sie beiden Seiten gerecht werden – tatsächlich dankte ihnen niemand dafür. Die politischen Partner aus dem bürgerlichen Lager ver-

urteilten ihr Verhalten scharf, während der Streik doch gewaltsam niedergeschlagen wurde. Die Reichsleitung setzte Kriegsgerichte ein, militarisierte die Betriebe und ließ streikende Arbeiter an die Front strafversetzen. Ein letztes Mal gelang es der Staatsmacht, den Deckel auf dem brodelnden Kessel zu halten.

Der militärische Zusammenbruch

Im Frühjahr 1918 verbessert sich die Stimmung im deutschen Westheer noch einmal deutlich. Die Erfolge in Italien Ende 1917 und der Sieg an der Ostfront – am 3. März 1918 unterzeichnet Russland den Friedensvertrag von Brest-Litowsk – nähren die Hoffnung, in einer letzten großen Offensive den Krieg endlich beenden zu können. Die Soldaten sind beeindruckt von der gewaltigen Angriffsstreitmacht, die die Oberste Heeresleitung für die Frühjahrsoperationen zusammenzieht. Die täglichen Strapazen, die schlechte Verpflegung, die ständige Lebensgefahr treten in den Hintergrund.

Am 21. März 1918 beginnt die deutsche Frühjahrsoffensive in Frankreich. Die ersten Anfangserfolge steigern die Hoffnungen und Erwartungen in der Heimat und an der Front. Nach dreieinhalb Jahren des quälenden Stellungskriegs kommt wieder Bewegung in den Kampf. Jetzt muss es gelingen, auch noch die Westmächte niederzuringen. Als dann aber Mitte Juli der letzte deutsche Offensivstoß scheitert, brechen alle Hoffnungen wie ein Kartenhaus in sich zusammen. Der gewaltigen Materialüberlegenheit britischer, französischer und amerikanischer Truppen ist das ausgelaugte deutsche Heer nicht mehr gewachsen. In einer letzten Willensanstrengung haben die schlecht verpflegten deutschen Divisionen eine Offensive nach der anderen vorgetragen. Jetzt liegen die ausgemergelten und stark dezimierten Truppen in kaum ausgebauten Stellungen. Die Hoffnung auf einen Sieg ist endgültig dahin.

Für die einfachen Soldaten hatte der Krieg jeden Sinn verloren. Sie waren müde, schlapp und ausgebrannt und dachten nur noch daran, die eigene Haut zu retten. Hinter der Front trieben sich Tausende von Soldaten herum, die nicht mehr bereit waren, sich für eine verlorene Sache noch kurz vor Kriegsende zu opfern. Das Phä-

Propagandapostkarte, die jede Mitverantwortung der deutschen Monarchie am Weltkrieg leugnet.

nomen nahm derartige Ausmaße an, dass man von einem verdeckten Militärstreik sprechen kann. Die Schätzungen gehen von 750 000 bis zu einer Million »Drückebergern« in den letzten Kriegsmonaten aus. Aber auch im Heimatgebiet fiel die Bereitschaft, den Krieg weiter zu führen, vollends in sich zusammen. Die Obrigkeit reagierte besorgt. Der Berliner Polizeipräsident beschrieb die Stimmung im Juli 1918 folgendermaßen: »Im Volk wird nur noch die Frage mit Interesse erörtert, die Beendigung des Krieges, und es mehren sich in bedenklichem Umfang die Stimmen für ›Frieden um jeden Preis‹. Denn jeden graut es vor dem fünften Kriegswinter.«

Der Oberbefehlshaber der Alliierten, General Ferdinand Foch, befahl am 18. Juli die Gegenoffensive. Dabei zielte er auf die weit vorgeschobenen, exponierten deutschen Stellungen, was schnelle Erfolge versprach. Mit einem überraschenden Panzerangriff gelang es den Franzosen, den Frontbogen an der Marne einzudrücken. Am 8. August erlebte das deutsche Heer seinen schwarzen Tag. Britische Panzer überrollten die deutschen Stellungen südlich von Amiens. 70 Prozent der Verluste bei diesen Angriffen waren Gefangene – ein deutliches Anzeichen dafür, wie demoralisiert die Truppe war. Generalmajor Friedrich Karl von Lossberg erkannte die Schwäche der Verbände und schlug vor, die Frontbögen zügig zu räumen und sich auf die gut ausgebaute Siegfriedlinie zurückzuziehen.

Doch Ludendorff weigerte sich vehement, dem Gegner kampflos Boden preiszugeben. Er war nicht müde geworden, Optimismus zu verbreiten und den Sieg vorauszusagen. Nun hatte er Angst davor, die unvermeidliche Niederlage einzugestehen. Sein Aufstieg und seine Macht gründeten in dem verbreiteten Glauben, er könne die Gegner Deutschlands schlagen. Im Augenblick offensichtlichen Ver-

sagens war er nicht in der Lage, innerlich eine Kehrtwende zu vollziehen. Es konnte einfach nicht sein, was nicht sein durfte.

Ein deutscher Stabsoffizier, Korvettenkapitän Bogislav von Selchow, hat die Atmosphäre in den höchsten Stäben während dieser Tage treffend festgehalten. Er notierte in seinem Tagebuch: »Die Stimmung im Hause ist sehr ernst. Allmählich merken auch die Nicht-sehen-Wollendsten, dass etwas faul ist im Staate Dänemark. Es ist merkwürdig, dass diese Leute, solange die Erde besteht, anscheinend immer in der Überzahl sind. Ich glaube nicht, dass der alte Darwin Recht hat, wenn er behauptet, dass die Menschen vom Affen abstammen. Ich bin vielmehr fest davon überzeugt, dass die Menschen vom Strauß abstammen. Neunzig von hundert aller Menschen, ach was sage ich, neunundneunzig von hundert mindestens stecken, wenn eine Gefahr auf sie zukommt, den Kopf in den Sand und wollen nicht sehen und nichts hören.«

Tatsächlich ließ sich der militärische Erosionsprozess nicht mehr aufhalten. Am 27. September durchbrachen britische Divisionen die Siegfriedlinie. Dahinter gab es praktisch keine befestigte Stellung mehr. Zudem trafen nun auch Hiobsbotschaften vom Balkan ein. In kurzer Zeit riss eine alliierte Offensive die Front der bulgarischen Verbündeten ein. Die bulgarischen Verbände strömten in wilder Flucht nach Norden. In Sofia gingen die Massen auf die Straßen. Angesichts der hoffnungslosen militärischen Lage bat die bulgarische Regierung am 25. September um Waffenstillstand und unterzeichnete vier Tage später in Saloniki einen entsprechenden Vertrag.

Ludendorff war nun endgültig gezwungen, sich der verzweifelten Situation zu stellen. Er teilte dem nach Spa ins Große Hauptquartier geeilten Außenminister Paul von Hintze mit, dass die Regierung auf der Grundlage des 14-Punkte-Programms von US-Präsident Woodrow Wilson sofort um einen Waffenstillstand ersuchen müsse. Jeden Moment könne der Durchbruch der Westmächte erfolgen, man dürfe keine Zeit mehr verlieren. Außerdem solle die Regierung umgebildet und der Einfluss des Reichstags entscheidend vergrößert werden. Der bislang mehr oder minder ahnungslosen politischen Führung des Reiches und den Spitzen der Parteien gingen erst jetzt die Augen auf.

Wie konnte sich die Lagebeurteilung der Obersten Heeresleitung in so kurzer Zeit so radikal ändern? Die Erkenntnis der Niederlage war sicher schon vorher da gewesen. Doch noch hatte die irrationale Hoffnung überwogen, dass sich irgendwie alles zum Guten wenden könnte. Nach dem Durchbruch der Siegfriedlinie musste man in der Tat mit dem Zusammenbruch des Westheeres rechnen. Das Ausscheiden Bulgariens öffnete den Alliierten den Balkan, zumal auch die Türkei und Österreich-Ungarn kurz vor dem militärischen und politischen Kollaps standen. Als die Niederlage nicht mehr abzuwenden war, trachtete Ludendorff danach, sich selbst und das Militär von der politischen Verantwortung zu befreien und alles Weitere einer parlamentarisch abgestützten Regierung zu überlassen. Wichtig war nur, dass der Frieden kam, bevor das Heer zerfiel. Darum drängte er so vehement zur Eile.

Neue Zeiten

Im Reich selbst hatten sich die Vorboten einer neuen politischen Zeit bereits deutlich bemerkbar gemacht. Im Interfraktionellen Ausschuss des Reichstags attackierten die SPD und Teile des Zentrums die Regierung Georg Graf von Hertlings, der seit November 1917 Reichskanzler war. Sie sei offenbar unfähig, sich gegen die Allmacht der Obersten Heeresleitung durchzusetzen, die im Osten ihre eigenen Expansionsträume zu verwirklichen suche. Da die innenpolitischen Reformen nicht vorankamen, war diese Regierung nach Meinung der Mitte-links-Parteien nicht geeignet, einen Sonderfrieden abzuschließen – eine Einschätzung, die gewiss zutraf. Es zeugt allerdings von der Weltfremdheit der Parlamentarier, dass sie zu diesem Zeitpunkt eine Verständigung mit den Westmächten prinzipiell noch immer für möglich hielten.

Die Stimmen, die eine Einbeziehung parlamentarischer Kräfte in die Regierungsverantwortung forderten, waren mittlerweile nicht mehr zu überhören. Ende September 1918 einigten sich die drei Mehrheitsparteien SPD, die liberale Fortschrittliche Volkspartei und Zentrum im Interfraktionellen Ausschuss auf einen umfangreichen Maßnahmenkatalog. Dieser lief im Wesentlichen auf einen Frieden

ohne Annexionen und auf die Parlamentarisierung des Landes hinaus. Reichskanzler Hertling war entschlossen, gegen diese aus seiner Sicht unzumutbaren Forderungen energischen Widerstand zu leisten. Seine Position wurde allerdings unhaltbar, als Ludendorff selbst einen Friedensschluss verlangte und dafür plädierte, das Parlament in die politische Verantwortung zu nehmen. Am 30. September 1918 trat Hertling zurück.

Um zu retten, was noch zu retten war, musste rasch eine neue Regierung gebildet werden. Einen geeigneten Kandidaten für die Kanzlerschaft zu finden war in jenen Tagen allerdings alles andere als einfach. Schließlich einigte man sich auf Prinz Max von Baden, den Thronfolger des süddeutschen Großherzogtums. Er trat seit langem für innenpolitische Reformen und einen Frieden ohne Annexionen ein – für den Hochadel war das zweifellos eine außergewöhnliche Haltung. Das neue Reichskabinett besetzte er mit Politikern aus allen Parteien, auch der SPD. Die Exekutive spiegelte also ein breites gesellschaftliches Spektrum wider. Wenn Max von Baden auch die richtigen Einsichten mitbrachte, so fehlte es ihm jedoch an der notwendigen Führungsstärke, um die dramatischen Ereignisse im Oktober 1918 beeinflussen zu können. Zudem galt die

Unter dem Titel »Neue Zeiten« karikiert der Maler George Grosz bitter das gesellschaftliche Durcheinander nach dem Ersten Weltkrieg.

Berufung eines Prinzen im In- und Ausland nicht gerade als Signal für einen demokratischen Aufbruch – der liberale Impetus dieser Regierung wurde nicht erkannt.

Die neue Reichsleitung nahm am Abend des 3. Oktober ihre Arbeit auf und sandte eine erste Note an den amerikanischen Präsidenten Wilson. Er wurde gebeten, auf der Grundlage seiner 14 Punkte einen Waffenstillstand herbeizuführen. Die Note wurde in der Presse veröffentlicht, sodass sich die breite Masse der Bevölkerung jäh mit der militärischen Realität konfrontiert sah. Seit September 1914, als Bethmann Hollweg beschloss, die Niederlage an der Marne zu verheimlichen, hatte die Reichsleitung die Bevölkerung über die tatsächliche militärische Lage stets im Unklaren gelassen. Dadurch war ein Sonderfriede erschwert worden, denn die Annexionisten hielten bis zuletzt an dem Glauben fest, die Karte Europas ließe sich nach deutschen Vorgaben neu gestalten.

Nun traf die Wahrheit zumindest die konservativen und bürgerlichen Eliten wie ein Hammerschlag. Tatsächlich hatte Deutschland keinerlei Verhandlungsspielraum mehr. Die Alliierten waren entschlossen, das Reich zur Kapitulation zu zwingen und ihre Bedingungen für einen Friedensschluss zu diktieren. Sie übten scharfe Kritik am deutschen Regierungssystem und forderten entsprechende Reformen. Unter dem außen- wie innenpolitischen Druck wurde die Parlamentsregierung, die faktisch seit dem 3. Oktober bestand, nun auch rechtlich verankert. Die Verfassungsänderung trat offiziell aber erst am 28. Oktober in Kraft. Sie legte fest, dass der Kanzler dem Reichstag und dem Bundesrat verantwortlich war, Kriegserklärungen der Zustimmung des Parlaments bedurften und der Kaiser in militärischen Angelegenheiten nicht ohne den Regierungschef handeln durfte. Damit war endlich der Primat der Politik gegenüber dem Militär durchgesetzt. Daran hatte es bislang immer gefehlt. Allerdings ließ die hastig improvisierte Verfassungsänderung noch viele Fragen ungeklärt.

Die tief greifenden innenpolitischen Umwälzungen nahm man in der deutschen Öffentlichkeit kaum mehr wahr. Das beherrschende Thema war die Frage, ob man auf die Bedingungen Wilsons eingehen sollte oder nicht. Die vorbehaltlose Akzeptanz der 14 Punkte

bedeutete etwa den Verlust von Elsass-Lothringen. Vor allem galt es zu bedenken, dass man sich mit der Unterzeichnung eines Waffenstillstands den Siegermächten auf Gedeih und Verderb auslieferte. Die besetzten Gebiete mussten dann geräumt werden, Flotte und schwere Waffen waren zu übergeben. Die Alliierten wollten es den Deutschen von vornherein unmöglich machen, die Kämpfe wieder aufzunehmen. Es entbrannte ein heftiger Streit darüber, ob man vor diesen als demütigend empfundenen Forderungen kapitulieren oder den Krieg fortsetzen sollte.

Nach der Panik von Ende September beurteilte die OHL die Lage nun mit einem Male zuversichtlicher. Nach der dritten harschen Antwortnote Wilsons entschlossen sich Hindenburg und Ludendorff, den Kampf mit allen Mitteln fortzusetzen, und erließen einen entsprechenden Armeebefehl. Doch die Zeiten, in denen die Heeresleitung die Politik des Reiches in wesentlichen Zügen bestimmt hatte, waren vorbei. Vizekanzler Friedrich von Payer – er vertrat den erkrankten Max von Baden – pochte am 25. Oktober auf den Primat der Politik, dem sich die OHL unterzuordnen habe. Am nächsten Tag nahm Ludendorff nach einem heftigen Zusammenstoß mit dem Kaiser seinen Abschied.

Nun war der Weg zum Waffenstillstand endgültig frei. Ohnehin wäre die Fortsetzung der Kämpfe militärisch und erst recht politisch sinnlos gewesen. Unübersehbar löste sich das Westheer allmählich auf. Anfang November gewannen die alliierten Armeen rasch an Boden. Als man am 11. November die Kampfhandlungen einstellte, stand die Front kurz vor dem Zusammenbruch. Bereits am 3. November hatte Österreich-Ungarn den Waffenstillstand von Villa Giusti geschlossen – die Alliierten hätten ungehindert in Süddeutschland einmarschieren können.

Diese Lagebeschreibung macht deutlich, wie absurd die später in die Welt gesetzte Dolchstoßlegende war, der zufolge die Revolutionäre in der Heimat dem unbesiegten Heer in den Rücken fielen und so die Niederlage des Deutschen Reiches herbeiführten. Die Revolution verhinderte allenfalls die Fortsetzung der Kämpfe bis ins Frühjahr 1919, was Deutschland weitere blutige Verluste und höchstwahrscheinlich auch noch sehr viel härtere Friedensbedingungen

Heil und Sieg,
und
gute
Beute
Günther Nagel

ersparte. Bereits seit dem Kriegseintritt der USA und dem Scheitern der Frühjahrsoffensive im Westen lief die Entwicklung unausweichlich auf eine Niederlage zu.

Revolution

Warum, so könnte man fragen, kam es zu jenem Zeitpunkt überhaupt noch zu revolutionären Unruhen, wo doch bereits über den Waffenstillstand verhandelt und Ende Oktober sogar die parlamentarische Monarchie eingeführt wurde? Das ist leicht zu beantworten: Die innenpolitischen Reformen kamen viel zu spät, um überhaupt noch eine Wirkung entfalten zu können. »Wenn die deutschen Eliten verlangt hätten, dass der Kaiser als Repräsentationsfigur erhalten bleiben soll, hätten die Westmächte dies wahrscheinlich akzeptiert«, so der Historiker Alexander Demandt. Doch nicht nur die Alliierten forderten die Abdankung des Kaisers. Auch weite Teile der deutschen Eliten empfanden Wilhelm II. inzwischen als unhaltbar und drängten auf die Abdankung des Monarchen. Ein rechtzeitiger Thronverzicht des Hohenzollern wäre ein unmissverständliches Signal für den Anbruch einer neuen Zeit gewesen und hätte die Monarchie vielleicht noch retten können. Die anderen Monarchen in Deutschland, etwa der württembergische König, waren bei ihren Untertanen nämlich überaus beliebt. Doch Wilhelm II. lehnte – unterstützt von Hindenburg und General Wilhelm Groener – jeden Gedanken in diese Richtung strikt ab.

Unterdessen zogen sich die Waffenstillstandsverhandlungen in die Länge. Niemand wusste, ob die Führung nicht doch noch einen Endkampf anordnen würde. Das Volk war nicht länger bereit, für den Kaiser Krieg zu führen. Es wollte den Frieden, und zwar schnell. Während sich die Reichsleitung im Krisenmanagement versuchte, kam es an drei Orten unabhängig voneinander zur Eskalation: In Kiel meuterten die Matrosen der Hochseeflotte, in München ging das Volk unter Führung des Sozialisten Kurt Eisner auf die Straße, und in Berlin riefen die Spartakisten zum Generalstreik auf.

Propagandapostkarte, die den Kampf gegen Frankreich und Russland zynisch verharmlost.

»Lieb Vaterland, magst ruhig sein, die Flotte schläft im Hafen ein.« Mit solchen Versen spottete der Volksmund über die untätige

Hochseeflotte, die lediglich in der Skagerrak-Schlacht im Juni 1916 weithin sichtbar in Aktion getreten war. Die Marineführung war sich dieser Tatsache nur zu sehr bewusst. Nach der Waffenstillstandsforderung der OHL vom 29. September 1918 ging die Seekriegsleitung sogleich daran, einen bereits seit langem geplanten Flottenvorstoß in die Themse-Mündung vorzubereiten. Diese letzte große Schlacht sollte die Bedeutung der Hochseeflotte eindrucksvoll unter Beweis stellen. Zugleich ging es um die zukünftige Existenzberechtigung der Tirpitz-Flotte und des Seeoffizierskorps, also um die Selbsterhaltung einer Waffengattung, die seit 1916 massiven Anfeindungen ausgesetzt war. Außerdem glaubte man, der Royal Navy so schwere Verluste zufügen zu können, dass Großbritannien hinter den USA zu einer Flottenmacht zweiten Ranges absinken würde. Das würde in den Nachkriegsjahren den Wiederaufbau der eigenen Marine erheblich erleichtern.

Am 29. Oktober, einen Tag vor dem geplanten Vorstoß, kursieren unter den Besatzungen wilde Gerüchte über eine bevorstehende Todesfahrt. Kaum ein Matrose will kurz vor Kriegsende noch für die Zukunftspläne der Admiralität sterben. In der Nacht kommt es zu offenen Befehlsverweigerungen, die ein solches Ausmaß annehmen, dass Flottenchef Admiral Franz von Hipper die Operation absagt. Er lässt die Aufrührer festnehmen und löst die in Wilhelmshaven zusammengezogene Flotte auf. Die Einheiten, deren Mitglieder besonders heftig protestiert haben, werden nach Kiel verlegt, die inhaftierten Rädelsführer ebenfalls.

Die Lage lässt sich jedoch nicht mehr unter Kontrolle bringen. Bei ihrer Ankunft in Kiel gehen die Matrosen auf die Barrikaden, binnen zwei Tagen ist die Stadt in ihrer Hand. Gustav Noske, der SPD-Regierungsbeauftragte, schafft es zwar, die Ordnung in Kiel notdürftig wiederherzustellen, doch aufhalten kann er den revolutionären Flächenbrand nicht. Am 5. November greifen die Unruhen auf Wilhelmshaven, Cuxhaven und Lübeck über. In Hamburg treten bereits die von den Sozialisten organisierten Arbeiterscharen auf den Plan. Was als Matrosenmeuterei begonnen hat, wächst nun zu einer politischen Revolutionsbewegung heran. Am 6. November herrscht

auch in zahlreichen mitteldeutschen Städten Aufruhr. Im ganzen Land formieren sich jetzt Arbeiter- und Soldatenräte und reißen die lokale Macht an sich. Die alte Ordnung des wilhelminischen Reiches bricht fast ohne Widerstand zusammen.

Am 7. November wird München von der Revolution erfasst. Die Kriegsmüdigkeit und die Verbitterung über die besonders schweren Verluste der bayerischen Truppen mischen sich hier mit der Ablehnung der Zwangswirtschaft und den Ressentiments gegen Preußen. Hinzu kommt, dass man nach dem Ausscheiden Österreich-Ungarns aus dem Krieg den Vormarsch alliierter Truppen nach Süddeutschland befürchtet. Kurt Eisner von der bayerischen USPD stellt sich an die Spitze der erregten Volksmassen, lenkt geschickt allen Zorn auf die Monarchie und ruft für Bayern die Republik aus.

In Berlin bereiten unterdessen der Spartakusbund und Teile der USPD, somit der linke Flügel der Sozialdemokratie, mit russischer Unterstützung den Aufstand vor. Als die nahezu ohnmächtige Reichsregierung am 4. November endlich Versammlungsverbote ergehen und einige Rädelsführer festnehmen lässt, entschließen sich die Aktivisten zum Handeln. Am 9. November bricht in Berlin der Generalstreik aus, den jetzt auch die SPD unterstützt, weil der Kaiser sich nach wie vor weigert abzudanken. Der Umsturz ist nicht mehr aufzuhalten. Arbeiter und Soldaten strömen auf die Straßen und legen das öffentliche Leben lahm.

In dieser Situation tritt Max von Baden die Flucht nach vorn an. Eigenmächtig erklärt er den unverzüglichen Thronverzicht Wilhelms II. sowie des Kronprinzen und ernennt Friedrich Ebert zum neuen Reichskanzler. Die Ereignisse überstürzen sich. Um zwei Uhr nachmittags ruft Philipp Scheidemann vor dem Reichstagsgebäude die Republik aus. Zwei Stunden später tritt Karl Liebknecht, der Führer der deutschen Kommunisten, auf den Balkon des Berliner Schlosses und proklamiert die sozialistische Republik. Welche Bewegung sich durchsetzen würde, ist noch nicht abzusehen – die Monarchie in Deutschland hat jedenfalls formal zu bestehen aufgehört.

Wilhelm II. war zu diesem Zeitpunkt nur mehr Zaungast der Ereignisse. Seit Ende Oktober hatte man im Großen Hauptquartier von

Mit dem Friedensvertrag im Spiegelsaal von Versailles war nach nur 38 Jahren das Schicksal des Deutschen Kaiserreichs endgültig besiegelt.

Spa die Idee erwogen, dass der Kaiser ein ruhmreiches Ende an der Front suchen könnte. Das wurde ebenso verworfen wie die Überlegung, den Monarchen als König von Preußen nach Berlin zurückkehren zu lassen. Zur vollständigen Ohnmacht verdammt, flüchtete sich Wilhelm II. in Drohungen und wüste Beschimpfungen. Am 8. November polterte er: »Werdet ihr in Berlin nicht anderen Sinnes, so komme ich nach Abschluss des Waffenstillstands mit meinen Truppen ... und schieße die Stadt zusammen, wenn es sein muss.« Einen Tag später hieß es: »Ja, wer hätte das gedacht, dass es so kommen würde. Das deutsche Volk ist eine Schweinebande.« Als der Kaiser schließlich in Gefahr geriet, meuternden Truppen in die Hände zu fallen, legten Hindenburg und Groener ihm dringend nahe, ins Exil zu gehen. Immer noch zögernd, gab Wilhelm II. schließlich nach. Am Morgen des 10. November traf er in Holland ein, wo ihm die Regierung Asyl gewährte. Er sollte nie mehr nach Deutschland zurückkehren, 1941 starb er in seinem Domizil in Doorn.

Am 11. November unterzeichnete dann der Zentrumspolitiker Matthias Erzberger im Wald von Compiègne den Waffenstillstandsvertrag. Der Krieg war zu Ende. Unter den enormen Belastungen einer vierjährigen Materialschlacht war das deutsche Kaiserreich schließlich zusammengebrochen. Seit dieses Reich 1871 gegründet worden war, hatte es den deutschen Regierungen an Flexibilität gemangelt. Weder war es ihnen gelungen, den Staat den politischen und gesellschaftlichen Herausforderungen der Zeit anzupassen, noch hatten sie in weiser Voraussicht den Kurs einer maßvollen Außenpolitik eingeschlagen. So ist die Geschichte über die Hohenzollern hinweggegangen – ebenso wie über die Habsburger in Wien und die Romanows in Sankt Petersburg.

SÖNKE NEITZEL
GÜNTHER KLEIN

Die Autoren

Daniel Gerlach, geboren 1977 in Wuppertal, studierte Geschichte und Islamwissenschaft in Hamburg und an der Sorbonne in Paris. Er lebt als freier Journalist und Dokumentarfilmautor in Berlin und ist Mitherausgeber des Fachmagazins *zenith – Zeitschrift für den Orient.*

Georg Graffe, 1957 geboren in Bad Kreuznach. Studium der Philosophie und Geschichte an den Universitäten Mainz und Edinburgh. 1985 Staatsexamen. Seit 1987 Mitarbeiter der IFAGE-Filmproduktion, Wiesbaden. Autor und Regisseur zahlreicher Fernsehdokumentationen, u. a. mehrere Folgen der Serien *Terra X, 2000 Jahre Christentum, Schauplätze der Weltkulturen, Imperium* und *Bibelrätsel.* Außerdem Autor mehrerer Buchbeiträge.

Michael Gregor, geboren 1951, studierte an der Film- und Fernsehakademie in Berlin bei Michael Ballhaus, Peter Lustig und Peter Lilienthal. 1975 folgte der erste eigene Dokumentarfilm, danach Aufträge als News-Fotograf in Beirut und Angola. Seit 1978 Regie und Kamera bei dokumentarischen Spielfilmen und Reportagen über kulturelle und politische Themen mit Schwerpunkt Lateinamerika sowie bei historischen Dokumentationen, u.a. für die Sendereihe *Sphinx.*

Hans-Christian Huf, geboren 1956 in Starnberg, studierte Geschichte und Politik in Deutschland und Frankreich. Er ist beim ZDF verantwortlich für zahlreiche erfolgreiche Primetime-Reihen sowie historisch-politische und kulturwissenschaftliche Sendungen. Seine Bücher sind Bestseller und wurden in zahlreiche Sprachen übersetzt. Zuletzt erschienen: *Söhne der Wüste – Expeditionen in die Stille* (2002), *Mit Gottes Segen in die Hölle – Der Dreißigjährige Krieg* (2003), *Imperium – Vom Aufstieg und Fall großer Reiche* (2004) und *Das Bibelrätsel – Geheimnisse der Heiligen Schrift* (2005).

Günther Klein, geboren 1956 in Flensburg, studierte evangelische Theologie, Kunstgeschichte und Journalistik in München, Wien, Berlin und Mainz. Seit 1983 ist er als Autor und Regisseur bei verschiedenen Sendern tätig, u. a. für die ZDF-Dokumentarreihen *Reisebilder aus der DDR, Politische Justiz in der DDR* sowie zahlreiche Kulturfeatures. Seit 1991 ist er Redaktionsleiter der IFAGE-Filmproduktion in Wiesbaden. Für seine Arbeit wurde Klein u. a. mit dem Europäischen Filmpreis (für *Eifel*) und dem Bayerischen Fernsehpreis (*Im Zeichen des Kreuzes – 2000 Jahre Christentum*) ausgezeichnet.

Bernd Liebner, geboren 1942, war nach dem Studium der Romanistik, Anglistik und Philosophie zunächst Assistent an der Hochschule für Bildende Künste in Hamburg und ist heute freiberuflich als Autor und Regisseur von Fernsehspielen und Dokumentarfilmen tätig. Er wurde mit dem Preis der Deutschen Akademie der Darstellenden Künste und dem Adolf-Grimme-Preis ausgezeichnet. Mehrere Buchveröffentlichungen, u. a. *Verspottet. Ortrun und Erhard Schott* (1983), *Die Seidenstraße. Mythos und Gegenwart* (1999).

Sönke Neitzel, geboren 1968 in Hamburg. Er ist Professor für Neuere und Neueste Geschichte an der Johannes-Gutenberg-Universität Mainz. 2001 war er Gastdozent an der University of Glasgow. Seit 1994 ist er Fachberater der Redaktion Zeitgeschichte des ZDF. Mehrere Buchveröffentlichungen zum Ersten und Zweiten Weltkrieg. Zuletzt erschienen: *Abgehört. Deutsche Generäle in britischer Kriegsgefangenschaft 1942-1945* (2005).

Literatur- und Quellenverzeichnis

Die letzten Tage von Peking

Bland, J.O.P., Backhouse, E.: *China under the Empress Dowager,* London 1911 (deutsche Ausgabe: *China unter der Kaiserin Witwe,* Berlin 1912)

Bland, J.O.P., Backhouse, E.: *Annals and Memoirs of the Court of Peking,* Boston 1914

Buckley Ebrey, Patricia: *The Cambridge Illustrated History of China,* Cambridge 1996 (deutsche Ausgabe: *China. Eine illustrierte Geschichte,* Frankf./M. 1996)

Dabringhaus, Sabine: *»Der Boxeraufstand in China (1900/1901): Die Militarisierung eines kulturellen Konflikts«,* in: *»Barbaren« und »Weiße Teufel«: Kulturkonflikte und Imperialismus in Asien vom 18. bis zum 20. Jahrhundert.* Auch, Eva-Maria, Förster, Stig (Hrsg.), Paderborn, München, Wien, Zürich 1997

Derling, Princess: *Two Years in the Forbidden City,* New York 1911

Farrère, Claude: *Opium,* München 1920

Fleming, Peter: *Die Belagerung zu Peking,* Frankf./M. 1997

Fu, Hu: *Tales of the Qing Court,* Hong Kong 1990

Grießler, Margareta: *China. Alles unter dem Himmel,* Sigmaringen 1995

Loti, Pierre: *Les derniers jours de Pekin,* Paris 1901 (deutsche Ausgabe: *Die letzten Tage von Peking,* Dresden o. J.)

Preston, Diana: *Besieged in Peking. The Story of the 1900 Boxer Rising,* London 1999 (deutsche Ausgabe: *Rebellion in Peking – Die Geschichte des Boxeraufstands,* Stuttgart, München 2001)

Robson, Michael: *Opium: The Poisoned Poppy,* Hong Kong 1992

Seagrave, Sterling: *Dragon Lady – The Life and Legend of the Last Empress of China,* New York 1992 (deutsche Ausgabe: *Die Konkubine auf dem Drachenthron – Leben und Legende der letzten Kaiserin von China 1835-1908,* München 1994)

Seitz, Konrad: *China. Eine Weltmacht kehrt zurück,* Berlin 2000

Spence, Jonathan D.: *To Change China: Western Advisers in China 1620-1960,* Boston 1969

Spence, Jonathan D.: *The Gate of Heavenly Peace,* New York 1981 (deutsche Ausgabe: *Das Tor des Himmlischen Friedens. Die Chinesen und ihre Revolution 1895 –1980,* München 1985)

Spence, Jonathan D.: *The Search of Modern China,* New York 1990 (deutsche Ausgabe: *Chinas Weg in die Moderne,* München, Wien 1995)

Spence, Jonathan D.: *God's Chinese Son: The Taiping Heavenly Kingdom of Hong Xiuquan,* New York 1997

Spence, Jonathan D.: *The Chan's Great Continent: China in Western Minds,* New York 1998

Trevor-Roper, Hugh: *Hermit of Peking. The Hidden Life of Sir Edmund Backhouse,* London 1976

Varè, Daniele: *The Last Empress,* Garden City, N. Y. 1936 (deutsche Ausgabe: *Die letzte Kaiserin,* Berlin, Wien 1937)

Wang, Daocheng: *Jian Ming Qingshi (Eine kurze Geschichte der Qingzeit),* Beijing o. J.

Wang, Daocheng: *Cixi Taihou (Kaisermutter Cixi),* Beijing o. J.

Warner, Marina: *The Dragon Empress: Life and Times of Tzu'hsi 1835-1908 Empress Dowager of China,* New York 1972 (deutsche Ausgabe: *Die Kaiserin auf dem Drachenthron. Leben und*

Welt der chinesischen Kaiserinwitwe Tz'u-hsi 1835-1908, Würzburg 1974)

Yehenala, Genzheng: *Wo suo zhidao de Cixi Taihou (Kaisermutter Cixi, wie ich sie kenne),* Beijing 2005

Das Ende des Zarenreichs

Ausstellungskatalog: *Nicholas & Alexandra – The Last Imperial Family of Tsarist Russia,* London 1998

Geo Epoche Nr. 6 *Im Reich der Zaren,* Hamburg 2001

Hosking, Geoffrey: *Russland – Nation und Imperium 1552 – 1917,* Berlin 2000

Maylunas, Andrei, Mironenko, Sergei: *Eine Liebe für die Ewigkeit – Nikolaus und Alexandra, das letzte Zarenpaar,* München 1999

Nolte, Hans-Heinrich: *Kleine Geschichte Russlands,* Stuttgart 2003

Weber, Hermann: *Lenin – Monographie,* Reinbek bei Hamburg 1970

Sturm über dem Bosporus

Demandt, Alexander (Hrsg.): *Das Ende der Weltreiche. Von den Persern bis zur Sowjetunion,* München 1997

Diner, Dan: *Versiegelte Zeit. Über den Stillstand in der islamischen Welt,* Berlin 2005

Faroqhi, Suraiya: *Geschichte des Osmanischen Reiches,* München 2000

Faroqhi, Suraiya: *Kultur und Alltag im Osmanischen Reich,* München 2003

Gost, Roswitha: *Die Geschichte des Harems,* Düsseldorf 2002

Jorga, Nicolae: *Geschichte des Osmanischen Reiches. Nach den Quellen dargestellt.* 5 Bde., Darmstadt 1997

Kreiser, Klaus: *Der osmanische Staat 1300-1922,* München 2001

Lodemann, Jürgen, Pohl, Manfred: *Die Bagdadbahn. Geschichte und Gegenwart einer berühmten Eisenbahnlinie,* Mainz 1989

Majoros, Ferenc, Rill, Bernd: *Das Osmanische Reich 1300-1922. Die Geschichte einer Großmacht,* Wiesbaden 2004

Matschke, Klaus-Peter: *Das Kreuz und der Halbmond. Die Geschichte der Türkenkriege,* Düsseldorf 2004

Matuz, Josef: *Das Osmanische Reich. Grundlinien seiner Geschichte,* Darmstadt 1996

Rill, Bernd: *Kemal Atatürk,* Hamburg 2004

Runciman, Steven: *Die Eroberung Konstantinopels 1453,* München 2005

Mit Glanz und Gloria in den Untergang

Dülffer, Jost, Kröger, Martin, Wippich, Rolf-Harald (Hg.): *Vermiedene Kriege. Deeskalation von Konflikten der Großmächte zwischen Krimkrieg und Erstem Weltkrieg 1865-1914,* München 1997

Förster, Stig: *Der doppelte Militarismus. Die deutsche Heeresrüstungspolitik zwischen Status-quo-Sicherung und Aggression 1890-1913,* Stuttgart 1985

Gründer, Horst: *Geschichte der deutschen Kolonien,* Paderborn 1985

Halder, Winfried: *Innenpolitik im Kaiserreich 1871-1914,* Darmstadt 2003

Hildebrand, Klaus: *Das vergangene Reich. Deutsche Außenpolitik von Bismarck bis Hitler,* Stuttgart 1995

Loth, Wilfried: *Das Kaiserreich. Obrigkeitsstaat und politische Mobilisierung,* München 1996

Mommsen, Wolfgang J.: *Großmachtstellung und Weltpolitik. Die Außenpolitik des Deutschen Reiches 1870-1914,* Frankf./M., Berlin 1993

Mommsen, Wolfgang J.: *Bürgerstolz und Weltmachtstreben. Deutschland unter Wilhelm II.,* Berlin 1995 (Propyläen Geschichte Deutschlands, Bd. 7,2)

Mommsen, Wolfgang J.: *Der autoritäre Nationalstaat. Verfassung, Gesellschaft und Kultur des deutschen Kaiserreiches,* Frankf./M. 1990

Neitzel, Sönke: *Weltmacht oder Untergang. Die Weltreichslehre im Zeitalter des Imperialismus,* Paderborn u.a. 2000

Neitzel, Sönke: *Kriegsausbruch. Deutschlands Weg in den Ersten Weltkrieg,* Zürich 2002

Nipperdey, Thomas: *Deutsche Geschichte 1866-1918. Bd. 1: Arbeitswelt und Bürgergeist.* München 1990; *Bd. 2: Machtstaat vor Demokratie,* München 1992

Schmid, Michael: *Der »Eiserne Kanzler« und die Generäle. Die deutsche Rüstungspolitik in der Ära Bismarck (1871-1890),* Paderborn 2003

Ullrich, Volker: *Die nervöse Großmacht. Aufstieg und Untergang des Deutschen Kaiserreiches 1871-1918,* Frankf./M. 1997

Namensregister

Ortsregister

Bildnachweis

Die Bilder der einzelnen Kapitel stammen, soweit nicht gesondert aufgeführt von:
Bernd Liebner (Kapitel 1)
Michael Gregor (Kapitel 2)
Daniel Gerlach (Kapitel 3)
Günther Klein (Kapitel 4)

AKG-Images 6/7, 104, 111, 117, 125, 126, 135, 136, 143, 146, 149, 152, 159, 250, 253, 256, 261, 269, 293, 305, 307, 308, 312, 317, 324
Aperture Foundation, Inc, New York 64, 94
Bibliothèque Nationale de France 55, 213
Bildagentur Bridgeman 8
China Pictorial Publications 23, 60, 70, 77, 82, 91
Cornelsen Verlag 176/177
Der große Bildatlas zur Weltgeschichte, Paul List Verlag 114/115, 238/239, 258/259, 284
Fogg Art Museum, Harvard University, Cambridge, Massachusetts 18
Presidential Palace, Nanjing 97
The Forbidden City Publishing House 43, 44, 49, 52, 67, 74
Ullstein Bild 40, 98/99, 100, 103, 129, 130,132, 139, 140, 145, 166, 170/171, 172, 248/249, 273, 274, 278, 289, 294
University Museum and Art Gallery, The University of Hong Kong 57, 79
Valentine Vester, Jerusalem 226, 228, 237
zenith – Zeitschrift für den Orient 214/215, 230, 232

DAS NÖRDLICH
DIE NORD SEE
Spitzbergen
Nowaja Semlia
Grönland
Island
EUROPA
Deutschl.
Petersburg
Moskau
Paris
London
Mittell. Meer
Sibirien
Polar Kreis
Tobolsk
Jakutsk
Ochotsk
Kamtschatka
Chinesisches Reich
Mongolei
Gobi
Turfan
Tibet
China
Canton
Persien
Arabien
Bagdad
Mekka
Hindostan
Bombay
Calcutta
Bengalen
Ceylon
Hinter Indien
Japan
Yeddo
Luzon
Borneo
Celebes
Sumatra
Java
Afrika
Sahara gross
Sudan
Aegypten
Nubien
Abissinien
Guinea
Congo
Zanguebar
Madagascar
Bourbon
Natal
Cap d. g. Hoffnung
Kafferei
Atlantisches Meer
Ascension
St. Helena
Arabisches Meer
Indisches Meer
Amsterdam
St. Paul
Kerkuelen
Neu Holland
Van Diemens Land
Sydney
Neu Guinea
Carolinen
Marianen
Südlicher
DAS SÜDLIC
Länge von Paris in Zeit
Greenwich Westlich 0 Östlich
Östl. v. Ferro
Westl. 0 Östl. v. Paris